U0633998

权威·前沿·原创

BLUE BOOK

智 库 成 果 出 版 与 传 播 平 台

北京高等教育蓝皮书

BLUE BOOK OF BEIJING HIGHER EDUCATION

北京高等教育发展研究报告
（2022~2023）

RESEARCH REPORT ON THE DEVELOPMENT OF HIGHER
EDUCATION IN BEIJING (2022-2023)

主　编／杨振军　王怀宇
副主编／王　铭

社会科学文献出版社
SOCIAL SCIENCES ACADEMIC PRESS（CHINA）

图书在版编目（CIP）数据

北京高等教育发展研究报告 . 2022-2023 / 杨振军，
王怀宇主编；王铭副主编. -- 北京：社会科学文献出
版社，2023.4
（北京高等教育蓝皮书）
ISBN 978-7-5228-1496-4

Ⅰ. ①北… Ⅱ. ①杨… ②王… ③王… Ⅲ. ①地方教
育-高等教育-发展-研究报告-北京-2022-2023
Ⅳ. ①G649.281

中国国家版本馆 CIP 数据核字（2023）第 038324 号

北京高等教育蓝皮书
北京高等教育发展研究报告（2022~2023）

主　　编／杨振军　王怀宇
副 主 编／王　铭

出 版 人／王利民
组稿编辑／张雯鑫
责任编辑／张　超
责任印制／王京美

出　　版／社会科学文献出版社·皮书出版分社（010）59367127
　　　　　地址：北京市北三环中路甲 29 号院华龙大厦　邮编：100029
　　　　　网址：www.ssap.com.cn
发　　行／社会科学文献出版社（010）59367028
印　　装／天津千鹤文化传播有限公司

规　　格／开　本：787mm×1092mm　1/16
　　　　　印　张：16.5　字　数：245 千字
版　　次／2023 年 4 月第 1 版　2023 年 4 月第 1 次印刷
书　　号／ISBN 978-7-5228-1496-4
定　　价／128.00 元

读者服务电话：4008918866

编 委 会

主　任　方中雄　北京教育科学研究院院长

副主任　钟祖荣　北京教育科学研究院副院长

委　员　线联平　北京市高等教育学会会长

　　　　谢　辉　北京市社会科学院党组书记

　　　　王战军　北京理工大学研究生教育研究中心主任

　　　　桑锦龙　北京教育学院副院长

　　　　秦惠民　北京外国语大学国际教育学院院长

　　　　刘复兴　中国人民大学教育学院院长

　　　　周海涛　北京师范大学教育学部高等教育研究院院长

　　　　王晓阳　首都师范大学教育学院高教所所长

　　　　姜丽萍　北京市教育科学规划领导小组办公室主任

编　写　组

主　编　杨振军　王怀宇

副主编　王　铭

成　员　（按篇章顺序排列）

唐广军　刘　娟　赵新亮　纪效珲　杨　楠

张　炼　韩亚菲　朱贺玲　朱慧欣　王名扬

唐　亮　田　鹏

主要编撰者简介

杨振军　博士，北京教育科学研究院高教所副所长（主持工作），副研究员。主要从事高等教育政策、高等教育质量监测与评价、高等职业教育等领域的研究工作。主持北京市社会科学基金项目和教育科学规划课题等 3 项、其他委托课题 5 项。参与国家社会科学基金、北京市财政专项和各级各类横向委托课题 20 余项，公开发表论文 30 余篇，出版学术专著 1 部，参编 3 部，研究成果有 9 项获奖，其中，"基于年度报告的北京高等职业教育质量常态监测机制的建设与实践"获得 2017 年北京市教育教学成果奖一等奖；《高等教育强国梦：中国高等教育区域发展理论新探》荣获第五届全国教育科学研究优秀成果。2016 年和 2020 年两度入选北京教育科学研究院"青年英才奖励计划"。

王怀宇　博士，北京教育科学研究院高教所研究员，院学术委员会委员。主要研究方向为高等教育政策、高等教育质量监测与评价、创新创业教育等。主持和参与国家级、省部级各类项目与课题 40 余项，发表相关学术论文 40 余篇，出版学术专著 1 部，合著 1 部，参编 6 部。其中，专著《教授群体与研究型大学》2010 年获北京市第十一届哲学社会科学优秀成果奖二等奖，2011 年获教育部第四届全国教育科学研究优秀成果奖三等奖，2008 年获北京市高等教育学会第七次优秀高等教育科研成果奖二等奖。参与研制的项目"北京高校本科教学质量'一体四翼'监测模式的探索与实践"荣获 2018 年北京市高等教育教学成果二等奖；参与研究的课题"现代性与大学——社会转型期中国大学制度的变迁"获得教育部第七届高等学校科学研究优秀成果著作类三等奖。

王 铭 博士，北京教育科学研究院高教所副研究员。主要从事高等教育评估监测与改革发展研究。主持北京市社会科学基金项目和教育科学规划课题等3项，参与国家自然科学基金、北京市财政专项和各级各类横向委托课题30余项，公开发表论文30余篇，参编著作10余部，研究成果有8项获奖。2020年入选北京教育科学研究院"青年英才奖励计划"。

前　言

　　站在"两个一百年"奋斗目标历史交汇的重要节点，首都高等教育以习近平新时代中国特色社会主义思想为指导，全面贯彻落实党的十九大和十九届历次全会精神，深入贯彻习近平总书记关于教育的重要论述和对北京一系列重要讲话精神，贯彻落实全国和全市教育大会精神，坚定不移贯彻新发展理念，构建新发展格局，全面提升现代化水平，加快建设高质量教育体系，不断增强服务首都发展的能力和水平，以踔厉奋发的斗志与精神将总书记系列讲话转化为京华大地的生动实践，谱写具有鲜明时代特色、首善标准的北京篇章。

　　党的二十大报告强调了教育对于全面建设社会主义现代化国家的基础性、战略性支撑作用，高等教育在教育强国、科技强国、人才强国建设中的地位进一步凸显。在新的历史起点，为全面展示北京高等教育事业发展与改革的成就，直面问题与挑战，促进首都高等教育研究的繁荣，进一步推动首都高校和教育智库深度合作的机制创新，北京教育科学研究院启动《北京高等教育发展研究报告》编撰项目。《北京高等教育发展研究报告》全方位展现北京高等教育事业年度发展状况，深度聚焦首都高等教育领域重大改革举措、成就与问题，通过系列报告、政策研究、热点分析等多种形式，及时、全面、深入地反映首都高等教育改革发展的实际，凸显年度性、发展性和改革性，为加快构建首都高质量高等教育体系、深入推进高等教育治理体系与治理能力现代化提供智力支持。

　　《北京高等教育发展研究报告（2022～2023）》分为总报告、分报告、

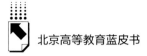

专题篇、热点篇四个部分。其中，总报告全面总结概括"十四五"开局之年首都高等教育事业发展的总体情况并对未来发展趋势进行研判；分报告分别从研究生教育、本科教育和高等职业教育三个层次类型深度剖析各级各类教育的年度发展特征和标志性成就以及面临的问题与挑战；专题篇就北京高教发展中的重大问题在"双一流"高校建设、高校创新创业教育和高等教育国际化等方面进行了讨论；热点篇主要选取高校内部现代治理体系建设、拔尖创新人才培养、高校学生满意度调查和高等教育信息化等视角开展深入研究。

希望本书出版能够充分发挥"存史、资政、宣传、育人"的作用，为参与首都高等教育现代化建设的教育决策部门、教育管理者、教育科研工作者以及社会公众提供有益的参考。本书在编撰过程中得到北京教育科学研究院、北京市教育科学规划办公室、北京市高等教育学会和在京高教研究机构的大力支持与帮助，在此表示衷心感谢。书中若有不足之处，欢迎广大读者批评指正。

《北京高等教育发展研究报告（2022~2023）》编委会

2022年11月2日

摘　要

2021 年，北京高等教育在外部复杂环境变化的情况下，保持了稳步发展的总体态势，结构效益持续优化，内涵建设走向深入。北京高等教育坚持首善标准，全面落实立德树人根本任务，在高校分类发展、空间布局调整、打造高精尖学科、"破五唯"、稳就业等方面取得显著成效。面向"十四五"时期，北京高等教育应坚持以首善标准深化改革，以完善治理体系和提升治理能力为主要保证，以数字化赋能和扩大开放为重要依托，在服务国家战略中把握新机遇，坚定走内涵发展、差异化发展和特色发展之路。

研究生、本科、高等职业教育是北京高等教育的基本组成部分。2021年，北京巩固全国研究生教育高地优势，系统提升高层次人才培养能力，服务首都"四个中心"城市战略定位，在"双一流"建设背景下，今后仍需要在学科建设、专业学位发展、学位论文质量、导师队伍建设等重点领域和关键环节持续发力。北京本科教育以习近平新时代中国特色社会主义思想为指导，全面深化本科教育改革，加快高质量教育体系建设，提升本科教育现代化水平，在拔尖创新人才培养、"四新"专业建设、创新创业教育、学生学习成果等方面取得成效，未来将进一步创新人才培养机制、深化教育教学改革。北京高等职业教育紧密围绕"四个中心"城市定位，加强顶层设计、深化内涵建设，推出一系列重要举措推进高质量发展，但目前仍存在高职专业与行业匹配度不够、在首都新发展格局中的定位不清晰以及现代职业教育体系有待加强等问题，建议通过优化专业、改革评价、增强教改项目、推进体系建设等途径提升发展水平。

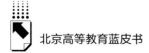

　　本报告围绕"双一流"建设、创新创业教育、疫情下的国际交流等主题开展政策研究。北京首轮"双一流"建设在高校共建、一流学科、高精尖学科、教师队伍、创新人才培养和绩效评价制度等六个方面采取了重要建设措施，在一流学科建设、经费投入、师资队伍、人才培养、科研产出、社会服务和国际交流合作等七个方面取得积极成效。北京高校创新创业教育改革发展呈现四个转变：人才培养理念从创业就业发展为创新创业，课程建设从"双创课程"发展到"课程双创"，师资建设从"双师"建设发展为专兼融合，创新创业训练从单打独斗发展为校级合作。在对优秀实践案例总结基础上提出未来发展的三个趋势，即"思政、双创、产业行业认知"三融合教学理念、基于真实情境的项目式学习与实践、聚焦学习过程的创新创业能力增值评价。后疫情时代高校国际合作交流发展面临的环境发生深刻变化，基于北京高校"十四五"规划文本分析，北京高校国际合作交流发展以拓展国际合作空间、"量质"双提升等为基本特征，通过采取拓展国际办学空间、增强国际化办学能力、探索合作办学新模式等举措积极推进，建议北京高校对区域教育合作做好战略规划，更新国际化发展理念、优化高校国际化发展策略。

　　高校内部治理、拔尖创新人才培养、学生满意度、教育信息化是近年来北京高等教育发展的研究热点。基层学术组织治理体系和治理能力的现代化是大学治理改革的关键，学部制改革整合相似学科性质的院系，搭建跨学科合作平台，为学科之间的交叉与融合提供了组织保障。以清华大学为例开展的拔尖创新人才培养案例研究，系统梳理学校在基础学科拔尖创新人才培养模式上的实践探索，深入分析"因材施教项目""基础科学班""清华学堂人才培养计划""强基书院"等组织模式的发展脉络与培养举措，探索在培养过程中取得的成果和引发的思考。2021 年北京高校学生满意度调查的对象为 9 所高校的 652 名研究生、1148 名本科生和 3 所高职院校的 375 名高职生。结果显示，三类学生最满意的均是"校园安全"，最大压力均来自"就业前景"；研究生就业、本科生读研、高职生升本是其毕业后的主要打算，计划创业的学生占比非常少；研究生在国内读研是"不后悔"的首选，导研关系良好，部分学生认为存在"学术不端"和"在项目中'打工'"的问题；本科生对"上大学期待很高"，但是"任课教师课外与学生沟通"较少，"所学专业与期盼"存在差距；高职生认为"尽职尽责的教师"很多，但是"读高职不是首选""所学专业与期盼"存在差距。在信息化建设方面，北京高校充分发挥区位、资源、科研等各方面优势，深入实施国家教育数字化战略行动和北京智慧城市发展行动纲要，加强教育信息化统筹、创新教育模式、打破数据孤岛、提升教学服务能力、服务国家创新战略、全面提升教师信息素养。

关键词： 高等教育　教育改革与发展　首善标准　北京市

目 录 ⟨⟩

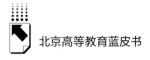

皮书数据库阅读**使用指南**

总 报 告
General Report

B.1
2021年北京高等教育改革发展
回顾与展望

杨振军　王怀宇*

摘　要： 2021年，北京高等教育事业经受住了新冠肺炎疫情等复杂外部环境变化的冲击，保持了稳步发展的总体态势，结构效益持续优化，内涵建设走向深入。北京高等教育坚持首善标准，全面落实立德树人根本任务，高度重视教师队伍建设，持之以恒狠抓教育教学改革，深入推进产教融合，在高校分类发展、空间布局调整、打造高精尖学科、破"五唯"、稳就业等方面取得显著成效，高等教育对新时代首都发展综合支撑能力持续提升，高等教育改革发展的北京特色更加彰显。在新的历史时期，北京高等教育面临实现更高水平教育现代化新目标、新要求和更加复杂内外

---

* 杨振军，教育学博士，北京教育科学研究院高教所副所长，副研究员，主要研究方向为高等教育政策、高等教育质量监测与评价、高等职业教育等；王怀宇，教育学博士，北京教育科学研究院高教所研究员，主要研究方向为高等教育政策、高等教育质量监测与评价、创新创业教育等。

部发展环境的严峻考验。如何在高质量发展大局下大力提高市属高校整体实力，在深入推进京津冀协同发展格局中破解办学空间不足难题，在国家开展职业本科试点的背景下推动高职教育破茧重生，在大力引进高水平人才的同时真正把人才用好，在做好常态化疫情防控的同时推进高等教育扩大开放，都是北京高等教育改革发展必须面对的新挑战。立足党的百年历史新起点，面向"十四五"，北京高等教育应坚持以首善标准深化改革，以完善治理体系和提升治理能力为主要保证，以数字化赋能和扩大开放为重要依托，在服务国家战略中把握新机遇，坚定走内涵发展、差异化发展和特色发展之路。

关键词： 高等教育　教育改革　北京

2021 年是中国共产党的百年华诞，也是"十四五"开局之年。在"两个一百年"奋斗目标历史交汇的关键节点，我国开启了全面建设社会主义现代化国家新征程。2021 年也是北京加快构建高质量高等教育体系、向高水平教育现代化迈进的重要节点，北京高校以习近平总书记关于教育的重要论述为根本遵循，全面落实立德树人根本任务，积极回应国家和北京重大需求，不断破解发展"难点""堵点"，在调整空间布局、推进分类发展、优化学科专业结构、深化人才培养模式和评价制度改革等方面取得了新的成就。

一　北京高等教育事业发展状况①

2021 年，北京高等教育事业经受住了新冠肺炎疫情等复杂外部环境变

---

① 如无特殊说明，本部分数据来源于 2021~2022 年《北京市教育事业发展统计公报》及《北京市教育事业统计资料》。

化的冲击，保持了稳步发展的总体态势，办学规模稳中有降，结构效益持续优化，内涵建设走向深入。

（一）院校数量与办学条件

截至 2021 年底，北京共有各类高校 110 所，其中，普通高校 92 所，成人高校 18 所，与上一年持平。普通高校中，包括 67 所普通本科高校（其中 59 所具有研究生招生资格）和 25 所独立设置高职院校，高校数量连续三年保持稳定。

随着非首都功能有序疏解，北京高校办学空间调整不断取得新进展。2021 年，北京高校产权占地面积达到 5577.13 万平方米，学校产权校舍建筑面积达到 4254.23 万平方米，分别比上一年增加 15.77%和 0.45%。其中，普通高校改善尤为明显，产权占地面积和校舍建筑面积分别较上一年增加 17.44%和 0.85%。随着北京大学昌平新校区、中央民族大学丰台新校区以及北京信息科技大学昌平新校区等相继投入使用，这些高校的办学空间得到极大改善。相比之下，成人高校办学空间则进一步压缩，产权占地面积和校舍建筑面积分别下降 13.62%和 20.28%。

北京高校固定资产总值呈现持续增长的态势，2021 年达到 2202.92 亿元，较上一年增长 4.61%。其中，教学、科研仪器设备资产值为 724.45 亿元，较上一年出现一定程度的下降，降幅为 0.75%。

（二）在校生规模与结构

2021 年，北京高等教育在校生总规模保持了持续缩减的趋势，由上一年的 194.61 万人降至 178.53 万人，减少 16.08 万人，下降 8.26%。其中，总规模的下降主要源于成人本专科和网络本专科规模的大幅缩减。2021 年，北京成人本专科和网络本专科在校生分别为 9.36 万人和 68.28 万人，较上一年分别缩减 20.54%和 18.56%。另外，高职在校生规模也出现了进一步的缩减，2021 年降至 6.8 万人的规模水平，较上一年减少 6.55%。

相比之下，研究生教育和普通本科教育规模仍然保持持续扩张的态势，研究生教育增幅尤为明显。2021 年，北京研究生在校生总规模达 41.31 万人，比上一年增加6.87%，其中，硕士研究生和博士研究生分别为29.66万人和11.66万人，分别增长6.63%和7.47%，博士研究生的增速要略高于硕士研究生。普通本科在校生达52.77万人，增长较为平缓，仅比上一年增加1.97%（见图1）。

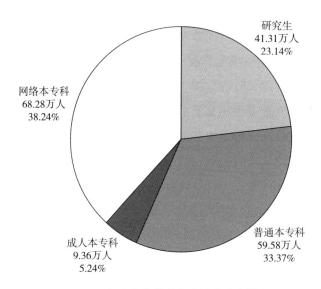

图1　2021年北京高等教育在校生分布情况

（三）师资规模与结构

北京高校教职工队伍持续扩充，专任教师总量保持稳步增长。2021年，北京高校教职工总数达15.76万人，其中专任教师为7.32万人①，比上一年分别增长5.73%和2.62%。与此同时，与办学规模整体收缩相适应，成人高校和独立设置高职院校的专任教师数均呈现一定程度的下降，分别比上一年降低3.17%和2.71%。

北京高校专任教师队伍结构持续优化。教师学历层次进一步提升，具有研究生学历的专任教师占比达到90.38%，比上一年提高1.31个百分点。其中具有博士学位的专任教师占比达到69.41%，比上一年提高2.70个百分

①　另据《北京教育事业统计资料》的数据，专任教师为7.39万人。

点。从年龄结构来看，专任教师队伍源源不断地补充新生力量，35 岁以下青年教师占比达到 18.75%，较上一年提高 0.95 个百分点；40 岁以下中青年教师占比达到的 35.33%。从职称结构来看，尽管北京高校的正高级职称专任教师占比有所下降，副高级职称占比却有所上升，达到了 37.23%，较上一年提升 0.19 个百分点。总的来看，北京高校专任教师具有高级职称的比例仍然保持在 65.52% 的较高水平（见图 2 至图 4）。

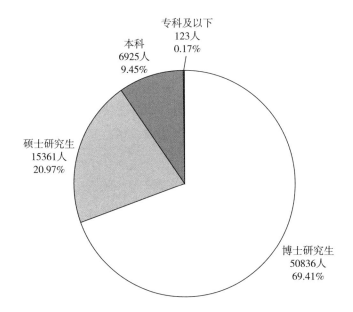

图 2　2021 年北京高校专任教师学历结构情况

（四）教育经费与来源[①]

2020 年，受新冠肺炎疫情冲击叠加减费降税政策等多方面影响，北京市一般公共预算收入出现下降，高校教育经费收入也出现一定程度的下降。2020 年北京高校教育经费收入总计为 1345.36 亿元，比上一年减少 3.41%，

---

① 由于教育经费相关数据公布时间延迟，本部分仅对 2020 年度高等教育经费规模与结构变动情况进行分析。

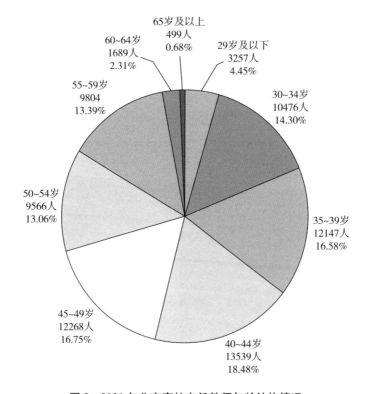

图3 2021年北京高校专任教师年龄结构情况

占全国高校教育经费总收入的份额也由上一年的十分之一强（10.35%）降至9.61%。2020年，北京高校生均教育经费支出达69942.25元，较上一年减少10637.03元，下降13.20%。但是，从相对水平来看，北京高校生均教育经费支出水平仍然处于全国高位，是全国平均水平的1.91倍，在全国31个省区市中排名第二，仅低于西藏。

从经费收入来源看，北京高校以国家财政性教育经费为主的多元化投入格局进一步巩固。国家财政性教育经费在高校教育经费总收入中占比有所下降，但仍保持着投入主渠道地位。2020年，北京高校国家财政性教育经费总额达857.70亿元，在经费总收入中占比达63.75%，较上一年下降4.43个百分点。其中，高校科研经费收入出现较大降幅。2020年北京高校科研经费收入达33.54亿元，较上一年降低9.04%，北京在全国高校科研经费总

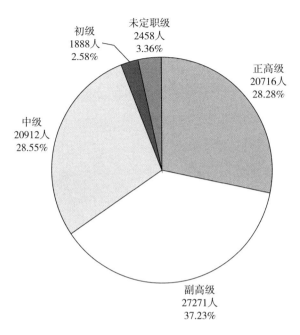

图4 2021年北京高校专任教师职称结构情况

收入中的占比也由上一年的13.72%降至10.11%的水平。相比之下，北京高校的事业收入和捐赠收入保持增长态势，在高校教育经费总收入中的占比均较上一年有所上升，分别提高1.50个百分点和0.17个百分点（见图5）。

（五）学生发展与就业

2021年，北京高校毕业生总规模呈现稳步下降的态势。当年北京高校毕业生总数约为60.92万人，比2020年下降5.37%。其中，包括普通本专科、成人本专科、网络本专科在内的各类高等学历教育毕业生数大多有所下降，以成人和网络本专科生毕业生下降较为明显。普通本专科毕业生为14.73万人，成人本专科毕业生为4.57万人，网络本专科毕业生为31.24万人，分别较上一年下降0.14%、5.23%和10.12%。受近些年人才培养重心高移的影响，北京高校研究生毕业生数增加到10.37万人，较上一年增长3.34%，其中博士毕业生增幅尤其明显，增长7.57%（见表1）。

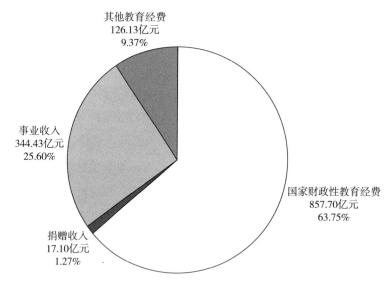

图5 2020年北京高校教育经费收入构成情况

资料来源：教育部财务司、国家统计局社会科技和文化产业统计司编《中国教育经费统计年鉴2021》《中国教育经费统计年鉴2020》。

表1 2021年北京市各类高等学历教育毕业生数变化情况

单位：人，%

项目	2021年	2020年	增长率
(一)普通本专科	147346	147556	-0.14
专科	26930	25840	4.22
本科	120416	121716	-1.07
(二)成人本专科	45733	48258	-5.23
专科	15540	16155	-3.81
本科	30193	32103	-5.95
(三)网络本专科	312381	347565	-10.12
专科	184946	241264	-23.34
本科	127435	106301	19.88
(四)研究生	103714	100366	3.34
硕士	85421	83361	2.47
博士	18293	17005	7.57
毕业生总数	609174	643745	-5.37

资料来源：2020~2022学年度《北京市教育事业发展统计概况》。

在疫情防控常态化背景下，北京高校应届毕业生仍然面临复杂严峻的就业形势。北京市通过开拓市场性岗位、用好用足政策性岗位、帮扶困难毕业生就业、开展积极就业观主题教育、推进创业带动就业等五大类、40余项具体措施促进毕业生就业。2021年北京高校毕业生就业工作平稳有序，毕业生就业情况总体稳定。

（六）科研与社会贡献

北京高校科研面向国家重大需求和北京城市功能定位，以服务新发展格局和高质量发展为主攻方向，不断完善前沿科学中心布局，以提升原始创新能力为导向，着力打造国家战略科技力量。

2021年，教育部启动首批未来技术学院建设，瞄准未来10~15年前沿性、革命性、颠覆性技术，着力培养具有前瞻性、能够引领未来发展的技术创新领军人才，推动从"中国制造"到"中国创造"的转型升级。北京大学、清华大学、北京航空航天大学入选首批12家未来技术学院建设高校，北京入选院校数占全国1/4。

为攻克"卡脖子"核心技术，清华大学成立集成电路学院，聚焦7nm及以下工艺节点的"大尺寸高性能计算芯片""先进工艺技术""EUV光刻以及下一代光刻技术"三个"硬骨头"领域，集中优势资源，攻坚克难，打造自强之"芯"。清华大学还成立了碳中和研究院，围绕低碳发电与动力、新型电力系统、零碳交通、零碳建筑、工业深度减排技术、减污降碳协同增效、封存与碳汇、气候变化与碳中和战略等方向进行重点攻关。2021年，北京交通大学"智慧高铁系统前沿科学中心"获国家正式立项建设，中心将围绕"全天候列车自主运行""全过程旅客易行服务""全生命高铁健康管理"等三个重点方向的科学技术难题，开展基础理论和应用基础研究，支撑我国"高铁名片"交通强国建设。2021年，首都师范大学作为牵头单位申报的2020年度国家科技创新2030"新一代人工智能"重大项目"复杂版面手写图文识别及理解关键技术研究"获批立项，这是该校首次作为牵头单位获批国家"科技创新2030—重大项目"。

2021 年，北京高校学科整体实力稳步提升，取得一批标志性成果。从 "2021 软科中国最好学科排名" 来看，北京占据绝对优势，在各层次上榜学科数都居全国第一，顶尖学科数量优势明显。以全国前 2 名或者前 2% 作为 "中国顶尖学科" 标准，北京共有 101 个学科上榜，占全国的 42.44%（见表2）。其中，北京大学以 27 个中国顶尖学科位列各校之首，清华大学以 25 个位列全国第二，中国人民大学以 10 个位列全国第三。此外，中国农业大学有 8 个顶尖学科，北京师范大学有 5 个顶尖学科。

表2　2021 年软科全国各地区各层次学科数量统计

单位：个

省份	前 2% 或前 2 名	前 5%	前 10%	前 20%	前 30%	前 40%	前 50%
北京	101	151	209	337	426	504	582
上海	31	66	117	195	263	302	358
江苏	31	57	111	215	333	441	543
湖北	14	32	68	134	182	247	296
陕西	10	18	43	103	162	203	259
四川	8	18	39	75	116	145	185
广东	7	29	72	163	232	281	333
浙江	7	24	61	110	154	207	255
山东	6	10	36	74	135	210	294
安徽	5	8	14	38	70	106	139
黑龙江	3	12	20	43	70	102	126
天津	3	11	33	74	100	125	148
湖南	3	7	36	84	125	162	199
福建	3	5	20	47	83	114	140
吉林	2	7	16	45	68	87	113
甘肃	2	3	7	14	28	47	60
辽宁	1	11	27	56	88	135	175
重庆	1	8	16	48	87	106	140
江西	—	1	4	17	32	57	87
广西	—	1	2	7	19	37	57
云南	—	—	4	13	30	51	68
山西	—	—	4	12	27	50	71

续表

省份	前2%或前2名	前5%	前10%	前20%	前30%	前40%	前50%
河南	—	—	3	34	61	112	153
河北	—	—	1	8	27	43	70
新疆	—	—	—	4	8	17	33
海南	—	—	—	3	5	11	19
内蒙古	—	—	—	2	7	18	32
贵州	—	—	—	2	5	16	28
宁夏	—	—	—	1	2	7	15
青海	—	—	—	1	1	5	8
西藏	—	—	—	—	5	5	6

资料来源：https：//www.shanghairanking.cn/rankings/bcsr/2022。

在 2021 年揭晓的 2020 年度国家科学技术奖通用项目获奖名单中[①]，北京高校作为第一完成人所在单位共获奖 29 项，其中，清华大学获国家最高科技奖 1 项、自然科学奖 7 项、技术发明奖 8 项、科技进步奖 13 项。北京高校占全部高校获奖总数的两成以上（21.17%）。清华大学王大中院士获得国家最高科学技术奖，他带领团队从无到有，实现了我国先进核能技术的跨越发展。清华大学与华能集团、中核集团共同研发建设的石岛湾高温气冷堆核电站示范工程首次并网，在世界范围内率先实现了第四代核电技术落地，实现了我国先进核能技术从"跟跑"、"并跑"到"领跑"的飞跃。

2021 年，北京高校在我国智能科学技术最高奖"吴文俊人工智能科学技术奖"中收获颇丰。清华大学、中国矿业大学、北京邮电大学共斩获 5 个奖项，其中清华大学的"鲁棒高效的深度学习理论与方法"获得自然科学奖一等奖。作为国内知识产权领域的最高奖项，在第二十二届中国专利奖评选中，清华大学、中国石油大学（北京）、北京邮电大学等北京高校共获得金奖 2 项、银奖 3 项，分别占全国高校获奖数的四成和 1/3。

---

① 中华人民共和国科学技术部官网，https：//www.most.gov.cn/cxfw/kjjlcx/kjjl2020/202111/t20211103_ 177782.html。

此外，北京高校在抗新冠病毒药物、高端芯片以及载人航天等多个重要科研领域都取得了重要进展。清华大学张林琦团队自主研发的我国首款获批上市的抗新冠病毒抗体组合药物，于 2021 年 12 月获得国家药监局应急批准上市。北京大学在高端芯片领域取得重要进展，"硅基片上一体化集成的高能效电容型感知芯片"、"二维半导体单晶晶圆的可控制备"和"探测半导体界面晶格动力学的新谱学方法"等三个项目入选 2021 年度中国半导体十大研究进展。

二 改革发展亮点与特色

2021 年，北京高等教育坚持首善标准，围绕服务国家重大需求和北京城市功能定位，积极开拓进取，勇于求新求变，改革发展取得了新的成就，彰显了北京特色和北京模式。

（一）奋力谱写立德树人新篇章

北京高等教育始终牢牢把握为党育人、为国育才的初心和使命，坚持党的全面领导，遵循教育发展规律，坚持把立德树人融入思想道德教育、文化知识教育、社会实践教育各环节，全面提高立德树人水平和人才培养质量，持续探索中国特色、首都特点的教育发展之路。

在党的政治建设方面，北京高度努力以高质量党建引领首都高等教育高质量发展。北京在全国率先制定实施了《关于加强高校党的政治建设的若干措施》和 100 条任务清单①，首都高校打好政治建设攻坚战取得重要阶段性成果，在全国发挥了重要示范作用；在基层党组织建设方面，通过"赋权、赋责、赋能"全面增强高校基层党组织组织力，在全国率先制定了高校院系党组织会、党政联席会制度，每年支持基层党支部建设经费 7000 余万元，加大了指导和保障力度。目前入选教育部全国示范党组织 338 个，列

---

① 党悦：《坚持党建引领　形成生动实践》，《现代教育报》2022 年 10 月 14 日。

全国第一位，高校基层党的建设质量显著提升。①

加强政策引领，全面规划布局，整体协调推进。2021年先后出台《北京市"十四五"时期教育改革和发展规划（2021～2025年）》《北京市大中小幼一体化德育体系建设指导纲要》《全面推进北京高等学校课程思政建设工作方案》等系列文件，全方位部署谋划立德树人工作，以"实现立德树人融入教育教学各环节，学生品德修养、综合素质、运动技能、审美情趣、劳动实践能力全面提升"为主要目标，实现五育并举，全面落实立德树人根本任务。同时，北京市作为全国首批"三全育人"综合改革试点区，历经三年建设取得丰硕成果，将综合改革不断引向深入，努力建设成为全国"三全育人"首善之区，充分发挥示范和引领作用。

推进课程思政与思政课程同向同行。坚持以习近平新时代中国特色社会主义思想统领高等教育改革发展，北京在全国率先全面开设了"习近平新时代中国特色社会主义思想概论"必修课，扎实推进习近平新时代中国特色社会主义思想进教材、进课程、进头脑。率先打造高精尖水平高校思政课，在全国37所重点马克思主义学院（简称马院）中，北京有5所，同时分三批遴选产生了26所北京市重点建设马院，思政课建设走在了全国前列。2021年，北京市委教工委、市教委印发《全面推进北京高等学校课程思政建设工作方案》，在全市高校、全部学科专业中全面推进课程思政建设，引导北京高校各类课程与思政课程同向同行，指导高校结合专业特点分类推进课程思政建设，积极探索课程思政建设方法路径。2021年北京市遴选课程思政示范课程，其中，普通本科教育297门、继续教育30门、研究生教育113门、高等职业教育40门，全面推进课程思政高质量建设。在系列措施推动下，北京高校思政课改革的教学和教学研究导向更加鲜明，课堂内容越来越"新"，教学方式也越来越"活"，形成了首都师范大学"第一班主任"等一批思政育人工作新模式，打造了具有首都特色的北京高校思政育人工作新品牌，全面覆盖、类型丰富、层次递进、相互支撑的课程思政体系

---

① 《奋力谱写首都教育改革发展的时代华章》，《现代教育报》2022年10月14日。

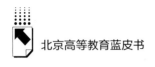

已初步形成。

充分发挥首都政治优势，开展年度特色教育活动。以"永远跟党走"为主题，全面推进覆盖全体师生、贯穿全年的主题教育活动，将"跟名师大家学党史、听身边党员讲党史"的学校小课堂与服务保障庆祝建党100周年重大活动和北京冬奥会、冬残奥会志愿服务、服务首都"四个中心"功能建设等社会大课堂同向同行，将党史学习教育与立德树人根本任务有机结合。在建党100周年系列庆祝活动中，组织3万余名师生参与服务保障，广大师生接受了最直接、最深刻的爱国主义教育。近50所高校和中小学组建合唱团和献词团，发出了"请党放心，强国有我"的时代最强音。

（二）高度重视教师队伍建设

教师是教育工作的中坚力量，没有高水平的师资队伍，很难培养出高水平的创新人才，也很难产生高水平的创新成果。2021年4月，习近平总书记在清华大学考察时再次强调，教师要成为"大先生"，做学生为学、为事、为人的示范，促进学生成长为全面发展的人，为新时代高校教师队伍建设指明了方向。北京高校认真学习贯彻《关于加强新时代高校教师队伍建设改革的指导意见》等文件精神，强化师德师风建设，不断提升教师教书育人本领，营造尊师重教的良好风尚，努力建设高素质专业化创新型教师队伍。

坚持党建引领，筑牢思想根基。围绕建党百年，北京高等教育系统紧扣"学史明理、学史增信、学史崇德、学史力行"的要求，将党史学习与"四史"教育一体推进、贯通结合，面向广大教师特别是青年教师、海外归国教师，开展主题鲜明、内容丰富、形式多样的思政教育活动，引导广大教师成为胸怀"国之大者"，在实现第二个百年奋斗目标新征程上牢记为党育人、为国育才的初心使命，始终同党和人民站在一起，自觉做中国特色社会主义的坚定信仰者和忠实实践者。

健全教师思政建设工作的体制机制。各高校从政治建设的高度认识和把握教师队伍思想政治工作，强化党委统一领导，明确高校党委教师工作部职能设置和运行机制，健全学校党委、院（系）党组织、教师党支部三级联动的教师工作机制，基本形成了党委集中统一领导，党政齐抓共管，教师工作部门统筹协调，其他各部门履职尽责、协同配合的大教师工作格局。

中国矿业大学将思想政治和师德师风考察贯通教师发展全过程，通过入职初审、登记核查、综合面试、专岗专审、报到查验、在职跟踪"六把关"，严把教师队伍"政治关口"。北京科技大学建立教师党支部"三必"机制，教职工评聘晋升"必听"党支部意见，干部提任选拔"必找"党支部书记谈话，教职工考核"必经"党支部审核，落实教师党支部政治功能，充分发挥基层党组织政治把关、引领作用。实施"双带头人"制度，充分发挥教师党员模范带头作用和基层党组织的战斗堡垒作用。

资料来源：摘编自《中国矿业大学本科教学质量报告》。

不断完善师德师风建设长效机制。启动贯穿全年的师德专题教育。各高校按照教育部《关于在教育系统开展师德专题教育的通知》要求，组织广大教师围绕习近平总书记关于师德师风的重要论述、"四史"学习教育、师德优秀典型先进事迹、新时代师德规范、师德警示教育等5个重点方面开展专题教育。各高校在党史学习教育中深入学习贯彻《新时代高校教师职业行为十项准则》《研究生导师指导行为准则》《关于加强和改进新时代师德师风建设的意见》等文件精神，通过强化师德考评，开展多层次的典型选树宣传活动，坚持依法依规严肃查处师德失范问题，推动师德管理在制度化、常态化、法治化轨道上坚实迈进。

首都师范大学坚持把师德建设放在教师队伍建设首位，探索形成"六个着力"师德建设模式。着力加强制度建设，建立健全教师工作部牵头、院系督促、教师落实的制度体系；着力创新师德教育，坚持每月

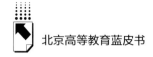

理论学习，举办师德大讨论；着力抓好典型选树，开展七届师德先进评选，连续出版《师德风采录》，评选百名基础教育优秀校友；重点抓好青年教师和高端人才，着力开展师德社会实践；通过影片、壁画、雕塑、书法等形式，着力加强文化涵养；着力促进教师发展，师德师风建设与教师发展工作一体推进。

资料来源：摘编自《首都师范大学本科学质量报告》。

强化教师发展平台体系建设，持续提升教师育人能力。举办首届高校教师教学创新大赛，各校"以赛促建、以赛促教、以赛促研、以赛促创"，引导教师开拓教学理念思路、创新教学方法模式，为全校教师提供互动交流、资源共享、成果展示的大平台，树立教学创新应用典范，促进教学创新共同体建设。为发挥教学名师的示范引领和辐射带动作用，提升教师教育教学水平和学校办学质量，北京市持续开展"全国高校黄大年式教师团队"创建以及"教学名师奖""教学名师（青年）奖""优秀专业课（通识课）主讲教师"评选等活动。各校通过黄大年教师团队创建和示范活动，营造育人和科研良好氛围，搭建教师交流学习平台，有力促进教师团队建设工作。2021年有70名教师被授予第十七届北京市高等学校教学名师奖，69名教师获得第五届北京市高等学校青年教学名师奖。各校根据常态化疫情防控需要和高等教育发展新形势，依托教师发展中心以及基层教学组织，积极组织有针对性的高质量培训，加强教师信息技术应用能力培训，着力增强教师信息化素养，不断提升教师应用信息技术、人工智能等创新教育教学方式的能力。

深化教师综合管理制度改革，努力提升教师职业吸引力。各高校严格落实教师选聘思想政治素质和业务能力双重考察制度，将思想政治和师德师风考察贯通教师发展全过程，通过入职初审、登记核查、综合面试、专岗专审、报到查验、在职跟踪实现"六把关"。不断完善绩效工资分配制度，优化绩效工资结构。推进职务科技成果产权改革，鼓励和规范高校教师通过技术创新、科技开发、成果转让和决策咨询等方式服务社会。不断完善岗位聘任、教师荣誉和表彰等制度，健全教师激励约束机制，切实增强教师职业的获得感、幸福感。

北京工业大学作为北京市属高校唯一的科研人员职务科技成果所有权与长期使用权试点单位，学校将职务科技成果以"共同产权人""赋权"于科研人员，科研人员的奖励分配比例提升到最高90%，在全国率先实践"先赋权后转化"新路径。把以增加知识价值为导向的分配政策落实落细，以赋权改革激发科研人员的创新积极性，成为科技成果转化新的"动力源"。2021年，北京工业大学专利转化数量位居全国高校第13名。

资料来源：摘编自《北京工业大学本科教学质量报告》。

（三）持之以恒狠抓本科教学改革

《北京市"十四五"时期教育改革和发展规划（2021~2025年）》明确提出"提升本科教育教学水平"的基本任务。为进一步落实规划要求，北京市制定《北京高等教育本科人才培养质量提升行动计划（2022~2024年）》，将开展人才培养模式改革实践、夯实本科教育教学基础、全面推动实践创新教育改革、不断提升教师教学水平、持续优化教学条件保障、完善教学质量监控体系作为主要任务，深化本科教育教学改革，创新人才培养机制，培养一流人才方阵，实现北京高等教育内涵发展、特色发展、差异化发展。

持续推进教改立项、专业和课程建设工作，充分发挥示范引领作用。为进一步推动优质教育资源和成果共享，加快构建一流培养体系，全面提高北京高等教育人才培养质量，继续开展"本科教学改革创新项目"建设工作，2021年共有240个项目获得立项支持。其目标是紧密结合国家发展战略和北京市经济社会发展需求，发挥学校办学优势及特色，以育人为核心，开展教育教学改革，有效发挥教学改革在提升人才培养能力中的重要作用。在完善专业课程体系建设方面，北京高校在第二批全国"双万计划"建设中，有 410 个专业入选国家级"一流专业"，231 个专业入选省市级"一流专业"，108 种教材获评首届国家教材成果奖。同时，北京市继续启动"优质本科课程"和"优质教材课件"评选工作，共有 229 门课程和 226 种教材课件获得支持，这些举措进一步激发教师对本科教学的积极性，不断更新教学理念，推进课程创新与课程建设，提高教材课件的规范性和前沿性。

在强化资源统筹方面，北京市不断推动"双培计划""外培计划""实培计划"的结构优化和质量提升，同时重点建设 8 个"北京学院"和 8 个"卓越联盟"，促进在京部属高校和市属高校的交流合作。以外培计划为例，北京已经累计支持 2530 多名学生到境外 30 余所知名大学学习，在专业、课程、教材、实践教育、科研创新、师资建设等方面开展了广泛合作。①

（四）高校分类发展深入推进

高等教育机构的多样化是高等教育普及化阶段的基本特征，分类管理也是国际通行的促进高校多元化发展的主要模式。2018 年中共北京市委、北京市人民政府出台《关于统筹推进北京高等教育改革发展的若干意见》，对新时期北京高等教育分类发展进行了顶层设计，明确了"内涵发展、特色发展、差异化发展"的基本思路，将市属高校分为高水平研究型大学、高水平特色大学、高水平应用型大学和高水平技能型大学四种类型进行建设，推动各校在不同层次、不同学科和不同领域办出特色，争创一流。为加快推进分类发展，北京市教工委对市属高校办学定位进行逐一调研，并印发了《北京市属公办本科高校分类发展方案》。2021 年，北京高校分类发展扎实推进。一是在推进"双一流"建设方面持续发力，引导在京"双一流"建设高校主动服务国家重大战略和首都高质量发展，北京大学、清华大学、中国人民大学等 34 所在京高校顺利完成首轮"双一流"建设任务，91 个学科成功入选新一轮国家"双一流"建设名单，北京率先建成一流大学群。二是加快研究构建市属高校分类发展政策体系，探索完善分类管理、分类支

---

① 李祺瑶、牛伟坤：《北京教育加快走向世界》，《北京日报》2022 年 9 月 6 日。

持、分类发展的引导机制。各市属高校进一步聚焦定位，凝聚共识，坚持有所为有所不为，集中力量打造优势学科专业，突出重点、凝练特色、不断提升人才培养质量，分类发展格局已初步形成。

（五）空间布局调整取得显著进展

校园高度聚集于城六区、办学空间不足，是多年来困扰北京部分高校事业发展的老大难问题。"小而散"不仅推高了办学成本，还带来交通安全等方面的隐患以及校园文化建设方面的困难。近年来，北京严格落实中央批复的《北京城市总体规划（2016~2035年）》，按照非首都功能疏解的有关要求，统筹推进良乡、沙河高教园区和高校新校区建设，北京高校空间调整优化取得巨大进展。沙河、良乡高教园区一批高校新校区相继建成入驻，一批高校积极响应"区区有高校"号召，选址新校区并陆续建设投入使用。2021年，北京电影学院怀柔新校区、中央民族大学丰台校区、北京信息科技大学昌平校区相继启用，北京科技大学、北京交通大学、中国地质大学、北京林业大学作为首批4所高校正式启动了雄安校区规划建设，这些高校办学空间不足问题得到极大缓解。2021年北京普通高校生均产权占地面积由原来的48.98平方米增加至55.73平方米，提高13.77%。其中，新校区正式投入使用高校改善尤为明显，北京电影学院等9所高校生均产权面积增加50%以上。以北京电影学院为例，怀柔校区投入使用后，其生均产权占地面积由之前的28.06平方米增至106.56平方米[1]，生均教学行政用房面积也由16.94平方米增至45.86平方米[2]，两项指标均远超教育部艺术类普通高校监测（基本）办学条件合格标准（生均占地面积88平方米，生均教学行政用房面积18平方米），办学空间不足问题得到极大改善。同时，与首都区域功能定位相匹配、产业需求相契合的高等教育资源布局也日渐形成。[3]

---

① 数据来源：《北京市教育事业统计资料（2020~2021学年度）》《北京市教育事业统计资料（2021~2022学年度）》。

② 数据来源：教育部高等教育质量监测国家平台。

③ 桑锦龙：《新时代推进首都高等教育高质量发展的思考》，《北京教育（高教）》2022年第1期。

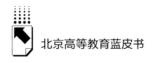
（六）致力打造高精尖创新中心和高精尖学科

为抢占未来经济科技发展的先机和科技创新体制机制改革桥头堡，服务北京和国家创新驱动发展战略，2014 年起，北京开始实施"高等学校高精尖创新中心建设计划"，整合中央在京高校、市属高校和国际创新资源三方力量，打造科技特区和人才特区。高精尖创新中心按照政府主导、高校支撑、多主体参与、实体运行的原则，主动面向国家重大战略和北京经济社会发展需求，聚焦科技创新主战场，不断创新科研体制机制，积极构建符合高校实际、服务区域发展、全创新链聚力攻关的科研组织新模式。"十三五"以来，北京市先后认定两批共 22 个高精尖创新中心，其研究范围涵盖工程科学与新兴技术、未来芯片技术、大数据科学与脑机智能、智能机器人与系统、软物质科学与工程等领域。北京市财政对高精尖中心按照项目建设给予五年一周期的支持，每年给予每个中心 5000 万元至 1 亿元的经费投入。经过"十三五"时期的建设，北京高精尖创新中心在科技研发、人才培养以及体制机制改革等方面均取得了显著成效，聚拢一大批高层次人才，产出一批标志性创新成果，逐渐成为领域人才汇聚和培育的高地，形成了高水平科技创新的北京模式。2021 年开启第二个周期建设，重点面向新一代信息技术、集成电路、生物医学、营养健康、碳达峰与碳中和、智能装备制造等领域统筹布局建设 10 个左右高精尖中心，为北京率先建成国际科技创新中心和首都高质量发展提供科技支撑。

作为首批认定的北京高等学校高精尖创新中心，清华大学未来芯片技术高精尖创新中心充分发挥多学科优势，汇聚了清华大学精仪系、电子系、微纳电子系、物理系、自动化系、计算机系等院系的优势力量，搭建了全球开放型微米纳米技术支撑平台，不仅从新原理和新材料层面展开了一系列的颠覆式创新研究，在 Nature、Science 等顶尖期刊发表多篇论文，同时注重技术研发和原创核心技术的成果转化，在北京孵化了近十家芯片初创公司，为清华大学芯片学科建设以及北京芯片产业的发展起到了重要作用。

北京材料基因工程高精尖创新中心由北京科技大学、北京信息科技大学、中国科学院物理研究所、中国钢研科技集团有限公司联合成立，中心实施人事与科研特区制度，实行研究团队PI负责制，给予PI相应的科研自主权、人事管理权和经费支配权。采用"长期聘任—短期兼职—合作研究"相结合的人才队伍组建模式，提供具有国际竞争力的薪酬体系，汇集该领域顶尖人才，以期通过原始创新，突破一系列国民经济和国防发展亟须解决的新材料技术瓶颈，降低我国关键材料的对外依存度，满足高端制造业和高新技术发展对新材料的迫切需求。2021年，该中心曲选辉教授和章林教授团队与北京天宜上佳高新材料股份有限公司联合研制了耐寒性刹车闸片，推动了我国新型时速350公里复兴号高寒动车组问世，将使我国高铁在严寒地区冬天时可不再减速运行，为发展具有自主知识产权的高速列车产业和保障高铁自主发展战略做出了重要贡献。

资料来源：摘编自相关院校官网。

在国家"双一流"建设的关键时刻，为推动高校学科整体水平提升，增强学科服务国家战略和区域经济社会发展的能力，加快一流大学和一流学科建设，北京于2019年启动高校"高精尖"学科建设，要求高校结合自身实际，有针对性地进一步凝练学科方向，在打造高水平创新团队，提升人才培养质量、科研水平、对产业转型升级贡献率和国际化办学水平等方面进行两至三个周期的重点建设。北京市首批遴选53所高校的99个"高精尖"学科，每个学科在建设周期内按照最高5000万元的总额予以支持。2021年，为加强高精尖学科建设过程管理，强化跟踪问效，构建竞争激励机制和动态调整机制，全面提升高精尖学科建设水平，北京市教委委托第三方评估机构组织开展北京高校高精尖学科建设中期考核评估工作。评估结果显示，绝大部分高精尖学科建设成效显著，较好地完成了阶段建设任务和建设目标，19个高精尖学科评估优秀，72个高精尖学科评估合格，8个高精尖学科需限期整改。"高精尖"学科建设对于北京高校学科布局结构调整优化和学科融合发展发挥了有力的推动作用，为新时期北京打造一批国际或国内一流的优势特色学科以及新兴前沿交叉学科奠定了坚实基础。

（七）产教融合不断深化

北京深入探索产教融合新路径和新模式，促进教育链、人才链与产业链、创新链有机衔接，为产业转型升级和首都高质量发展注入新动能。2021年，北京市发展和改革委员会、北京市教育委员会出台《关于深化产教融合提升人力资源质量的实施意见》，全面推进产教融合型城市建设，提出"到2025年左右……形成产教深度融合、校企'双元'育人的发展格局"的目标任务。2021年，北京高等教育面向国家重大战略和北京高精尖产业结构、城市运行与发展、高品质民生需求，持续优化学科专业结构，全面提升服务国家战略和首都城市发展能力。鼓励行业、企业、院校、政府共建产教融合创新平台，以各类产业学院、工程师学院、技术技能大师工作室为依托，推进各类产教融合创新平台建设。以北京服装学院北京时尚产业学院、北方工业大学数字产业学院、北京印刷学院龙港产业学院等为代表的一批校企共建共管产业学院建立，开启了应用型人才培养模式的新探索。与此同时，北京高职院校持续深化"工程师学院""技术技能大师工作室"建设，目前已建成29个工程师学院和13个技术技能大师工作室，覆盖13所高职院校和近40家企业。通过共同打造一批集高水平实训、应用技术研发、工艺与产品开发于一体的共享型实训基地或生产性实训基地，行业龙头企业深度参与学校专业规划、课程设置、教材开发、教学设计、教学实施，以及开展订单培养、推广现代学徒制改革等多种方式，推进校企协同育人不断走向深入。为激励企业积极性，北京还建立了产教融合型企业认证制度，在已有北京中国核工业集团有限公司等18家国家级产教融合型企业的基础上，确定北京祥龙资产经营有限责任公司、联想（北京）有限公司等16家企业为首批市级产教融合型试点企业，给予"金融+财政+土地+信用"的组合式激励，并按规定落实相关税收优惠政策。

（八）高等教育评价制度改革多重发力

北京高等教育深入贯彻落实中共中央、国务院印发的《深化新时代教育评价改革总体方案》，对现有制度文件进行全面梳理，对负面清单禁止的事项坚决做到令行禁止。同时，坚持破立并举，对标国内外综合改革实践，完善体制机制，教育评价制度改革取得重要进展。

北京高校积极完善学生综合素质评价体系，聚焦德智体美劳"五育并举"，严格规范学生学业评价、积极探索"体美劳"评价，切实引导学生坚定理想信念、厚植爱国主义情怀、加强品德修养、增长知识见识、培养奋斗精神，提升综合素质。中国劳动关系学院修订学生综合素质评价制度文件，变"三好学生"为"五好学生"评选，在原有重点评价学生思想品德、学习成绩、身心健康等三方面素质的基础上，增加审美情操和劳动素养的评价标准。中华女子学院推进体育评价改革，探索新的体育教学模式，通过设计以日常锻炼为主的运动项目"阳光长跑"，制定体育锻炼和体育赛事兑换第二课堂学分制度，鼓励和支持多样化的体育社团发展，引导学生积极参与各类专项体育运动，提升体育素养。中国农业大学以"弘扬耕读文化"为主线，深挖耕读文化价值，整体设计把劳动教育融入思政教育、通识教育、专业教育、劳动实践、文化传承全过程，实行全年劳动教育全周期覆盖。

在研究生教育方面，随着"破五唯"的深入推进，越来越多的高校取消了研究生毕业必须发表学术论文的硬性规定，重点聚焦在研究生学位论文质量等方面持续优化。清华大学新修订《攻读硕士学位研究生培养工作规定》，坚决破除硕士学位评定中的"唯论文"倾向，取消"非专业学位硕士生应至少完成一篇与学位论文内容相关且达到发表要求的论文"的要求，不再把发表学术论文作为申请学位论文答辩或申请学位的前置条件。

各高校将改革教师评价放在突出位置。为改变重科研轻教学的倾向，各高校以立德树人成效为根本标准，完善学校教育教学奖励办法，建立教学奖励长效机制，强化本科教学工作的中心地位，引导教职工钻研教学、潜心育人。在学术评价方面，明确质量和贡献导向，推行以代表性成果和实际贡献

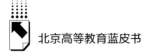
为主要依据的评价方式。清华大学淡化教师聘任标准中的量化指标，比照全球性标杆，在学术评价指标中强调科学研究中的重大原创发现、工程技术创新中的重大技术突破、政策研究中的重大决策支撑、文化传承创新中的广泛影响力作品、服务创新中解决的关键性难题等代表性和标志性成果。中国农业大学摒弃单纯依据数量和SCI论文相关指标评价的奖励方式，重点对成果本身的原创性及对行业产业发展的实际贡献进行评价和奖励。中国传媒大学构建以"代表作、贡献度、主观评价"为核心的教师评价体系，创建丰富多元的代表作指导清单。除论文外，代表作还可包括著作、课程、教材、研究报告、教学案例、行业标准、专利、软件著作权、文艺作品、优秀网络文化成果等。这项改革满足了教师多元发展需求，并赋予教师充分的自我评价权利。

（九）稳就业成效突出

2021年，尽管北京高校应届毕业生总规模略有下降，但待就业毕业生总规模仍保持高位。面对疫情防控常态化和经济下行压力，毕业生就业形势依然复杂严峻，稳就业工作任务艰巨。北京市各部门和高校认真贯彻落实党中央、国务院决策指示，按照北京市委、市政府部署要求，坚持就业育人导向，扎实做好"六稳"工作，全面落实"六保"任务，把高校毕业生就业作为重中之重，通过开拓市场性岗位、用好用足政策性岗位、帮扶困难毕业生就业、开展积极就业观主题教育、推进创业带动就业等五大类、40余项具体措施促进毕业生就业。针对家庭经济困难、身体残疾等情况的毕业生，专门建立工作台账，实行分类帮扶和"一生一策"动态管理，为每位毕业生推荐不少于5个岗位信息，确保有就业意愿的困难家庭毕业生100%实现帮扶。经过各方共同努力，北京稳就业和保就业成效突出，北京地区高校毕业生就业落实率整体较上一年有较大回升。同时，北京地区高校毕业生就业也呈现新的特点和趋势，如出国深造人数普遍下降，境内深造人数稳步增长；灵活就业等成为大学生就业的新形态；非一线城市、基层就业成为毕业生的新选择。

（十）对新时代首都发展综合支撑能力持续提升

北京高等教育资源的富集和层次类型不断优化，极大地满足了首都市民多样化的高等教育需求，为首都市民素质持续提升创造了条件，也为首都经济发展注入了高质量的人力资本和科技创新动力。第七次全国人口普查结果显示，北京劳动年龄人口受教育程度在全国保持遥遥领先地位。在16～59岁劳动年龄人口中，北京一半以上人口都有专科及以上学历，是全国平均水平的1倍以上；近四成具有本科及以上学历，是全国平均水平的近4倍；近一成具有研究生学历，是全国平均水平的近10倍（见图6至图8）。在近些年国家人口红利日趋减弱的背景下，北京优沃的高等教育资源所滋养的人力资本红利和科技红利实际上已成为首都保持高质量发展态势的重要动力源。

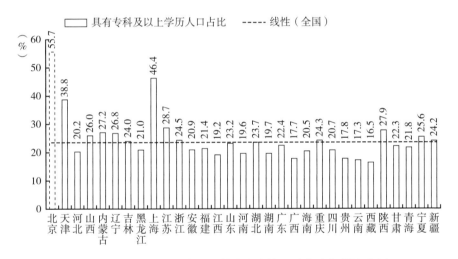

图6　各省份16～59岁人口受教育程度情况对比（专科及以上）

资料来源：《中国统计年鉴2022》第七次全国人口普查数据。

北京高校坚持立足北京、服务北京、融入北京，通过不断优化学科布局、加快培养各类高水平人才、创造前沿科技、发展先进文化，与首都工作同频共振，服务首都发展能力不断增强。面向《北京市"十四五"时期高精尖产业发展规划》提出的"2441"高精尖产业体系，北京高校加大学科

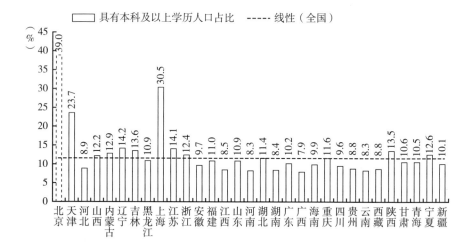

图7 各省份16~59岁人口受教育程度情况对比（本科及以上）

资料来源：《中国统计年鉴2022》第七次全国人口普查数据。

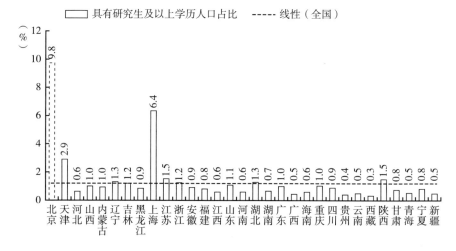

图8 各省份16~59岁人口受教育程度情况对比（研究生及以上）

资料来源：《中国统计年鉴2022》第七次全国人口普查数据。

专业调整力度，积极推进"四新"建设，加快淘汰老旧学科专业，升级改造传统专业，大力发展一批新兴学科专业。2021年，瞄准北京新一代信息技术、智能网联汽车、智能制造与装备、区块链与先进计算、智慧城市、信息内容消费等"北京智造"和"北京服务"产业发展需求,北京高校新设数据科学与大数据技术专业布点 25 个,人工智能专业布点 20 个,大数据管理与应用、机器人工程专业布点 10 个以上,物联网工程、网络与新媒体、艺术与科技等专业布点也有较快增长。北京高精尖产业 2.0 升级版的各类急需紧缺人才培养正在提速。

在疫情防控、乡村振兴、对口支援等多条战线上,北京高校都勇担使命,发挥自身优势,交出令人满意的答卷。面对北京多轮聚集性疫情,各高校均积极稳妥地制定了全面恢复教育教学秩序和加强学生管理工作等方案,多措并举慎终如始抓好师生疫情常态化防控。在各方连续奋战下,北京高校在保障教育教学工作正常开展的前提下,确保全年未发生重大校园聚集性疫情,为首都安全大局做出了重要贡献。与此同时,北京高校科研人员加速科研攻关,加快成果转化落地,为科技抗疫贡献力量。如清华大学生物医学检测技术及仪器北京实验室与北京清华长庚医院等单位联合研制的"基于影像与临床信息的新型冠状病毒 AI 定量辅助诊断系统""快速检测新型冠状病毒的恒温扩增核酸分析系统",在多个城市的新型冠状病毒卫生防疫一线进行示范应用。清华大学生命学院王新泉课题组和医学院张林琦课题组紧密合作,利用 X 射线衍射技术,准确定位出新冠病毒 RBD 和受体 ACE2 的相互作用位点,阐明新冠病毒刺突糖蛋白介导细胞侵染的结构基础及分子机制,从而为治疗性抗体药物开发以及疫苗的设计奠定坚实基础。

在脱贫攻坚战中,北京高校根据中央和市政府部署,发挥自身人才、科技、资源优势,因地制宜,将扶贫与扶智、扶志相结合,扎实推进定点帮扶工作,通过选派挂职干部、驻村第一书记,培训基层干部、教师、技术人员,推广销售特色农产品以及引介推进致富产业项目等多种方式助力精准脱贫和乡村振兴。自 2017 年以来,北京市委教育工委、市教委通过开展试点、全面对接、示范引领、协同推进等方式组织 23 所市属高校及职业院校与本市 34 个低收入村结对实施"引智帮扶"工程。2019 年底,北京市教委组织指导市属高校及有关部属高校成立北京高校"引智帮扶"联盟并建立首批涵盖不同领域的"引智帮扶"专家库,进一步协同资源,精准施策。几年来，北京高校取得显著帮扶成效，市属高校结对帮扶的 34 个村不仅达到脱低标准，还形成了"科技小院"等一批扶贫模式和经验。2021 年，按照北京市委、市政府工作部署，市教委进一步扩大对集体经济薄弱村结对帮扶规模，新增帮扶 20 个集体经济薄弱村，同时新增 3 所高校参与帮扶，坚持持续发力，服务乡村振兴。

在建党百年庆典、备战冬奥等一系列重大活动服务保障任务中，北京高校也做出独特而重要的贡献，向党和人民交上了一份满意答卷。北京高校师生通过参加庆祝中国共产党成立 100 周年大会广场合唱团、献词团、《伟大征程》文艺演出和志愿者服务等多种形式，筑起百年盛典的最美风景线，展现出新时代青年昂扬向上、奋发有为的青春风貌。冬奥成功申办以来，北京多所高校纷纷贡献出科技智慧和文化创意，助力北京冬奥。如北京大学张信荣团队在冬奥会历史上首次应用二氧化碳替代氟利昂制冰，创造了速滑"最快的冰面"，实现了雪场"零度以上造雪"。由北京建筑大学牵头研发的"北京冬奥会临时设施搭建与运维关键技术"等多项成果成功应用于冬奥临时设施工程，为冬奥举办提供了坚实的科技支撑。据不完全统计，北京高校约有 2.25 万人投身服务保障工作，为冬奥会的服务保障工作贡献智慧和力量。[①]

三 北京高等教育发展面临的挑战

新的历史时期，北京高等教育发展的内外部环境发生了重要而深刻的变化，高等教育自身高质量发展的任务变得更加迫切，发展环境更加复杂，北京高等教育如何顺应时代要求，平衡好规模、结构、质量和效益的关系，构筑未来竞争新优势面临严峻考验。

（一）更高水平的教育现代化与市属高校整体质量提升

首都高等教育在我国高等教育现代化进程中发挥着重要的引领和带动作

---

① 何文洁、林艺茹：《首都高校助力精彩冬奥演绎文化魅力、贡献科技力量》，http：//big5. china. com. cn/gate/big5/innovate. china. com. cn/web/gxcx/detail2_ 2022_ 02/24/3280525. html。

用。市属高校作为首都高等教育的重要组成部分，承担着为首都市民提供高等教育机会和服务首都经济社会发展的重要使命。经过70多年特别是改革开放40多年来的改革发展，市属高校围绕服务北京城市发展的基本功能定位，坚持规模、质量、结构、效益协调发展，已经形成了办学规模适中、层次多样、类型多元的基本特征，整体实力持续提升，成为北京在全国率先实现高等教育大众化、普及化的中坚力量，并为首都各条战线输送了大批"留得住""用得上"的高级专门人才。"十三五"时期，北京已经在全国率先实现教育现代化，面向"十四五"，北京提出"全面构建首都高质量教育体系，实现更高水平、更具影响力的教育现代化"新目标。北京教育现代化离不开市属高等教育的现代化，更高水平的教育现代化同样需要更高水平的市属高等教育。市属高校经过多年的发展，已经具备了非常坚实的基础。同时也应看到，虽然北京高等教育总体发展水平仍然保持全国领先地位，但与发达省份相比，规模优势已经被赶超，结构、效益等方面的差距也显著缩小。在这一总的趋势下，受生源下降和非首都功能疏解等因素的影响，市属院校整体规模实际上处于缓慢下降的趋势。然而，在本专科规模优势不再的情况下，北京市属院校的培养层次却没有同步高移，相对来讲，市属院校的研究生教育整体发展是相对滞后的。与上海大学、江苏大学、郑州大学、苏州大学等一批国内其他部分省份综合实力上升很快的地方高校相比，北京市属高校发展速度略显缓慢。随着内外部环境的变化，进入"十四五"以来，面对北京"五子联动"推进高质量发展的新格局和推进首都教育高水平现代化的新要求，加快发展市属高校的任务变得更加紧迫。

（二）办学空间不足与深入推进京津冀协同发展

尽管北京高校空间布局调整近年来取得了显著成效，但由于历史欠账太多，与高校发展现实需求相比仍然任重道远。据统计，截至2021~2022学年，北京仍有约64所高校整体或部分主校区集中于主城区，有53所普通高校生均占地面积未达到教育部监测办学条件合格标准，有17所普通高校生均教学行政用房面积未达到教育部基本办学条件合格标准。由于北京市属院校很多是由大学分校等合并调整而来，小而散的问题尤为突出。目前市属本科高校中有 12 所是多校区办学，最多的北京联合大学有 12 个校区，首都师范大学、北京工业大学、北京物资学院、北京信息科技大学有 7 个校区，另外还有两所高校有 5 个校区。但目前市属本科院校的校均规模只有 7000 人左右，仍远低于 10000 人左右的规模效益水平。尽管各校办学规模不大，但按教育部办学标准衡量，仍有七成市属本科高校没有达到生均占地面积合格标准。随着北京高校办学层次向研究生教育高移，学生宿舍、实验室等办学空间不足等问题变得愈加突出。在高等教育被列入北京产业限制目录的背景下，高校布局调整优化需抓住非首都功能疏解和京津冀协同发展的历史性机遇，加强整体性规划和前瞻性设计，为未来高质量发展奠定更加坚实的基础。与此同时，京津冀协同发展为北京高校办学空间拓展打开了想象空间，未来或许有更多院校会向河北和雄安布局甚至整体迁出。对北京而言，在"雄安新区需要什么就支持什么"的坚定承诺之下，如何在全力支持雄安新区建设和深度融入京津冀协同发展国家战略的同时，进一步巩固和强化高等教育中心地位也将是一个挑战。

（三）试办职业本科与北京高职高质量发展

我国产业转型升级催生了对高素质技术技能人才的巨大需求。北京打造高精尖产业结构、满足高品质民生需求以及提升城市运行与管理水平也需要更多的高技能人才支撑。然而，北京虽是教育资源富集的地区，却时不时会出现"要不要"职业教育的诘问。高职教育作为兼具"高等性"和"职业性"两种属性的特殊教育类型，在高等教育早已实现普及化的时代也一直面临着到底该如何创新发展的现实拷问。自 2014 年以来，随着非首都功能疏解进程的加快，生源危机的隐忧与办学空间的全面限制，使北京高职教育又走到重要的历史关口，如何实现创新发展的问题变得更加紧迫。与此同时，随着职业本科在政策、学制和建制方面的落地和试点推进，在全国其他省份职业本科试点全面展开的背景下，北京亟待回答要不要办、办什么、由谁办和怎么办等一系列问题。值得注意的是，在高等教育资源丰富和职业教育"限制发展"的背景下，北京发展职业本科既要面临全国普遍性问题，还要面对北京特点的特殊问题。从已有办学基础和实践来看，除了25所高职院校，北京还有7所高水平应用型院校和4所独立学院，此外还有多所普通本科院校仍在举办专科教育或是参与"3+2"等贯通人才培养试验，举办职业本科的选项可谓丰富。北京应着眼于推进高水平教育现代化的需要，坚持需求导向，以实力雄厚、特色鲜明的高职院校为主体，以具有高职办学传统的高水平应用型大学为两翼，以院校整体升格和举办职业本科专业一体化推进为基本路径，致力于发展规模适度、结构合理、体现首善标准的高质量职业本科。在这一过程中，需要平衡好快与稳、点与面、名与实的关系，重点从凝聚共识、办学理念、畅通体系、明确标准、创新培养模式、推进分类评价等方面着手，破解制约职业本科发展的关键问题。

（四）高层次人才引进与作用发挥

世界正在经历百年未有之大变局，各国围绕科技制高点的竞争日益加剧。为加快建设世界科技强国、实现高水平科技自立自强提供有力人才保障，习近平总书记在中央人才工作会议上提出，要深入实施新时代人才强国战略，加快建设世界重要人才中心和创新高地，并作出重要战略部署。2021年，北京全面贯彻落实中央人才工作会议精神，紧紧围绕国际科技创新中心建设，加快建设高水平人才高地。北京高校作为高层次人才重要聚集地，应充分发挥高层次人才培养基地和"蓄水池"作用。近年来，北京围绕海外高层次人才引进和服务、国际科技创新中心建设等方面陆续出台重要人才政策，高等教育系统通过持续实施"高层次人才引进和支持计划""特聘教授支持计划""长城学者培养计划""高水平创新团队建设计划""青年拔尖人才培育计划"等项目，强化高层次人才待遇保障和管理服务，使高校高水平人才建设得到不断加强。

同时也要清楚看到，无论是与形成首都高水平人才高地和建设国际创新中心的目标要求相比，还是与部分省份的人才引进力度相比，北京高校的高水平人才引进力度仍存在一定差距，高水平人才不足仍然是制约北京高校特别是市属高校发展的重要瓶颈。在不断加大人才引进力度的同时，如何用好人才，充分发挥高水平人才的引领示范作用，是摆在高校面前的又一挑战。北京高校应坚持首善标准，进一步深化高水平人才评价制度改革，努力构建既具北京特色又有国际竞争比较优势的人才发展体制机制，激发人才的生机活力。

（五）疫情常态化防控与高等教育扩大开放

后疫情时代"百年未有之大变局"加速演变，世界进入新的动荡变革期，经济全球化遭遇逆流，高等教育国际交流合作面临诸多挑战和困难。受常态化疫情防控及有关国家签证限制、边境管理和航班大幅减少等影响，北京高校师生的跨国跨境学习和交流、外国留学生来华留学等都延续了疫情以来断崖式下滑的态势。从学生交流情况来看，2021 年北京高校外出境外交流学生数较上一年下降 65.07%，较疫情前已连续下降约八成。境外到校交流学生数较上一年也下降 12.69%，较疫情前下降约三成。从教师交流情况来看，2021 年北京高校教师境外培训进修人次较上一年下降 70.99%，较疫情前已连续下降 92.27%；境外交流人次较上一年下降 72.01%，较疫情前已连续下降 88.83%。与此同时，留学生教育也受到明显冲击，中断了连续多年的增长势头（见图 9）。2021 年，北京高等教育留学生招生 1.2 万人，

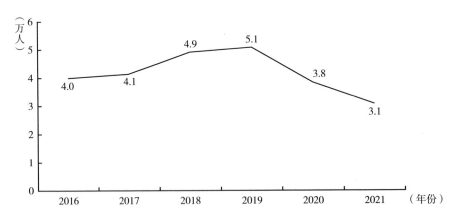

图 9 2016～2021 年北京普通高校留学生在校生变动情况

资料来源：2016～2022 学年《北京市教育事业统计资料》。

较上一年下降 25.48%，较疫情前下降约六成。《首都教育现代化 2035》提出的"2035 年使北京成为全球主要留学中心和世界杰出青年向往的留学目的地"① 的战略目标面临严峻挑战。

四　展望

2021 年 4 月 19 日，习近平总书记在清华大学考察时强调，我国高等教育要立足中华民族伟大复兴战略全局和世界百年未有之大变局，心怀"国之大者"，把握大势，敢于担当，善于作为，为服务国家富强、民族复兴、人民幸福贡献力量。立足党的百年历史新起点，面向"十四五"，北京高等教育将始终心怀"国之大者"，在服务国家战略中把握新机遇，坚定走内涵发展、差异化发展和特色发展之路。北京高等教育坚持以首善标准深化改革，以完善治理体系和提升治理能力为主要保证，以数字化赋能和扩大开放为重要依托，在我国高质量教育体系建设新征程上发挥引领示范作用，为建设教育强国、实现第二个百年奋斗目标、谱写中华民族伟大复兴中国梦的北京篇章做出更大贡献。

（一）构建"大思政"格局，全面落实立德树人根本任务

站在新百年新征程新起点上，北京高等教育要始终秉持为国育才为党育人的初心使命，全面落实立德树人根本任务，加快培养堪当时代重任的社会主义建设者和接班人。各高校应持续深化学校思政课改革创新，继续坚持以首善标准办好思政课，切实打通专业教育与思政教育连接的"最后一公里"，努力构建既有学校特色又符合高等教育基本规律的课程思政教育教学和实践体系；要以系统观念统合和调动思想政治工作各要素，继续充分发挥首都"四个中心"资源优势，将习近平新时代中国特色社会主义思想在京华大地的生动实践转化为鲜活育人课堂，努力打造思想政治教育改革的首都

---

① 北京市人民政府：《首都教育现代化 2035》，2019 年 9 月。

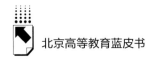

特色和首都模式；全面推进"三全育人"综合改革向纵深发展，切实加强体育、美育和劳动教育，建设"五育并举"的人才培养新体系。

（二）立足北京，深度融入京津冀协同发展战略

在疏解减量的背景下，北京成为全国第一个减量发展的超大城市。减量发展既是挑战，也是深层次的机遇。在深度融入京津冀协同发展国家战略的过程中，北京高等教育从新时代首都工作大局出发，自觉从国家战略要求和更宽广的区域视野来谋划和推动自身发展，通过提升区域发展贡献力来争取更大发展资源，通过增强核心竞争力和区域影响力来进一步保持和强化高等教育中心地位。

（三）深入推进分类发展，提升市属高等教育整体实力

在全面推进首都教育现代化进程中，北京市属高校分类已先试先行，分类发展成为未来一个时期北京高等教育发展的新格局。在这一背景下，北京高等教育要立足国家和北京发展大局，以战略高度认识和把握市属高校的使命和担当，加强对市属高校发展的整体规划和扶持力度。教育决策部门应运用"柔性"思维推进高校治理进程，充分考虑各校实际，加快构建分类发展的配套制度体系，引导各高校面向"十四五"和2035年远景目标找准定位、深化综合改革、不断提升办学水平和凝练办学特色，整体提升市属高校贯彻新发展理念、服务新发展格局的能力和水平。

（四）坚持扩大开放，引领中国特色世界一流大学建设

国际化是北京高等教育高质量发展的必然战略选择，也是服务"四个中心"建设的必然要求。后疫情时代北京高等教育要从服务国家对外开放和"四个中心"建设的大局出发，克服疫情和复杂国际环境等的不利影响，坚持首善标准，在建设中国特色、世界一流大学方面探索出一条新路，加快培养具有全球视野的高层次国际化人才。一方面，坚持扩大开放，深掘潜力，结合国家"一带一路"倡议，拓宽国际交流合作空间；另一方面，创

新合作机制和模式，拓展国际交流与合作深度，在引进境外高水平大学方面积极突破，在满足首都市民在地留学需求的同时，还可发挥"鲇鱼效应"，更好地激发北京高等教育的活力。

（五）推进高等教育治理体系和治理能力现代化

推进高等教育治理体系和治理能力现代化是全面构建首都高质量教育体系，实现更高水平、更具影响力的教育现代化的重要支撑和保证。政府有关部门应坚持依法治教，深化"放管服"改革，进一步落实高校的办学自主权，激发办学活力。高校要全面落实党委领导下的校长负责制，不断加强和改进党的建设，健全党委统一领导、党政齐抓共管、各方协调运行的工作机制，把党的领导贯穿办学治校、教书育人全过程，提高管党治党、办学治校水平。坚持"破立并举"，稳步推进教育评价制度改革。高校要注重评价理念更新，开发更加科学合理的评价方法和评价工具，推动评价结果的及时反馈应用，形成推动质量持续改进的闭环机制，培育先进的质量文化。

（六）扎实推进高等教育数字化战略

进入智能化时代，高等教育数字化成为实现高等教育学习革命、质量革命和高质量发展的重要战略选择和创新路径。高等教育数字化战略已经成为影响甚至决定高等教育高质量发展的重大战略问题。[①] "十四五"时期，北京加快建设全球数字经济标杆城市，坚持数字赋能产业、城市、生活，打造引领全球数字经济发展高地。北京高等教育要将数字化作为构筑未来竞争新优势的战略先手棋，以科技赋能高质量发展。通过统筹做好新型数字化基础设施建设，以信息技术深度赋能教育教学，以数字技术应用推动高校治理和运行模式的创新，率先打造我国乃至全球高等教育数字化转型的新标杆。

---

① 吴岩：《扎实推进高等教育数字化战略行动》，《中国教育报》2022 年 6 月 6 日。

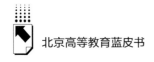

参考文献

北京市教育委员会：《北京市"十四五"时期教育改革和发展规划（2021～2025年）》，http：//jw. beijing. gov. cn/xxgk/zfxxgkml/zwgkjhgh/202109/t20210930_ 2506772. html。

吴岩：《扎实推进高等教育数字化战略行动》，《中国教育报》2022 年 6 月 6 日。

桑锦龙：《新时代推进首都高等教育高质量发展的思考》，《北京教育（高教）》2022 年第 1 期。

中华人民共和国国家统计局：《中国统计年鉴2022》，中国统计出版社，2022。

郑吉春：《全面落实习近平总书记重要批示精神，坚决打好高校党的政治建设攻坚战》，《北京教育（高教）》2020 年第 7 期。

《首都高校基层党建示范引领全国》，《北京日报》2021 年 9 月 22 日。

习近平：《把思想政治工作贯穿教育教学全过程开创我国高等教育事业发展新局面》，《人民日报》2016 年 12 月 9 日。

陈宝生：《开启建设教育强国历史新征程》，《人民日报》2020 年 9 月 10 日。

《习近平谈治国理政》（第三卷），外文出版社，2020。

北京市人民政府：《本市推进一流大学群体建设》，http：//www. beijing. gov. cn/ywdt/yaowen/202106/t20210604_ 2406669. html。

《习近平主持召开科学家座谈会强调面向世界科技前沿面向经济主战场面向国家重大需求面向人民生命健康不断向科学技术广度和深度进军》，《人民日报》2020 年 9 月 12 日。

分 报 告
Sub Reports

B.2

2021年北京研究生教育改革发展报告

唐广军　刘娟*

摘　要： 北京是全国研究生教育高地和博士生教育中心，2021年北京在校研究生超过40万人，其中在校博士生近12万人；在校博士生中，理工农医类博士生占比约为73%；在校硕士生中，专业学位硕士生占比接近57%。北京贯彻落实全国研究生教育会议精神，召开研究生教育会议，出台研究生教育改革发展的纲领性文件，系统推进研究生教育高质量发展。北京研究生培养单位注重价值导向和学科体系建设，全方位提升高层次人才培养能力。面对新形势新任务，北京要发挥"双一流"建设高校和高水平科研机构密集的优势，加快建设全球研究生教育高地。

关键词： 研究生教育　教育改革　北京

---

* 唐广军，管理学博士，北京石油化工学院学科建设办公室副研究员，主要研究方向为学位与研究生教育、高等教育政策与评估；刘娟，通讯作者，北京教育科学研究院高等教育研究所副研究员，主要研究方向为高等教育政策、学位与研究生教育。

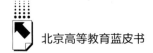
2021年是"十四五"开局之年，是全国研究生教育会议精神①在北京落地生根之年。2021年，北京招收研究生13.93万人，在校研究生41.31万人，毕业研究生10.37万人，是全国研究生教育高地。2021年，北京在校博士生11.66万人，占全国在校博士生比例的22.88%，是全国博士生教育中心②。北京召开研究生教育会议，出台《关于推进新时代北京研究生教育改革发展的实施意见》，落实和深化研究生教育改革，系统推进研究生教育高质量发展。北京研究生培养单位落实立德树人根本任务，在加强思想政治教育工作、优化学科建设体系、创新人才培养模式、加强导师队伍建设、改进教学质量评价等方面进行了一系列探索和创新实践，服务首都"四个中心"城市战略定位。

一 学位与研究生教育发展概况

（一）培养单位与研究生教育规模

1.研究生培养单位

2021年，北京市共有145个研究生培养单位，其中普通高校59所，科研机构86个。59所高校培养单位中，有中央部委高校38所，北京市属高校21所。按照学位授权层次，高校博士学位授予单位有44所，其中包括中央部委高校35所、北京市属高校9所。北京研究生培养单位中有"双一流"建设高校34所。

2.研究生教育规模③

2021年，北京市招收研究生比上年增加0.56万人，研究生招生规模接

---

① 洪大用：《研究生教育的新时代、新主题、新担当》，《学位与研究生教育》2021年第9期；王战军：《中国研究生教育质量报告2021》，中国科学技术出版社，2021，第1~20页。
② 唐广军、王晴：《数说2012~2021年学位与研究生教育发展——基于供给、规模与结构的视角》，《研究生教育研究》2022年第5期。
③ 资料来源：北京市学位与研究生教育数据，来自北京市教育委员会发展规划处《北京市教育事业统计资料（2021~2022学年度）》《北京市教育事业统计资料（2020~2021学年度）》；全国学位与研究生教育数据，来自教育部《2021年全国教育事业发展统计公报》、2022年教育部"教育这十年""1+1"系列发布会④："介绍党的十八大以来研究生教育改革发展成效"。

近 14 万人，具体为 139295 人，其中招收博士生 27884 人，招收硕士生 111411 人。2021 年北京市招收研究生占全国招收研究生（117.65 万人）的比例为 11.84%，招收博士生占全国招收博士生（12.58 万人）的比例为 22.17%，招收硕士生占全国招收硕士生（105.07 万人）的比例为 10.60%。

2021 年，北京市在校研究生较上年增加 2.65 万人，在校研究生超过 40 万人，具体为 413124 人，其中在校博士生 116556 人、在校硕士生 296568 人。2021 年北京市在校研究生占全国在校研究生（333.24 万人）的比例为 12.40%，在校博士生占全国在校博士生（50.95 万人）的比例为 22.88%，在校硕士生占全国在校硕士生（282.29 万人）的比例为 10.51%。

2021 年，北京市毕业研究生较上年增加 0.34 万人，毕业研究生规模具体为 103714 人，其中毕业博士生 18293 人、毕业硕士生 85421 人。2021 年北京市毕业研究生占全国毕业研究生（77.28 万人）的比例为 13.42%，毕业博士生占全国毕业博士生（7.20 万人）的比例为 25.41%，毕业硕士生占全国毕业硕士生（70.07 万人）的比例为 12.17%。

（二）学位与研究生教育结构

1. 在校生学位类型结构

2021 年，北京市 41.31 万在校研究生中，有学术学位研究生 237012 人，其中博士生 108600 人，较上年增加 5925 人，硕士生 128412 人，较上年增加 5099 人；有专业学位研究生 176112 人，其中博士生 7956 人，较上年增加 2172 人，硕士生 168156 人，较上年增加 13352 人。在校研究生中，学术学位研究生的占比为 57.37%，专业学位研究生的占比为 42.63%。在校硕士研究生中，学术学位硕士生的占比为 43.30%，专业学位硕士生的占比为 56.70%，专业学位硕士生占比较"十三五"期间更为优化。[①]

2. 在校生学科门类分布

2021 年，北京市在校博士生为 116556 人。从在校博士生学科门类分布

---

① 刘娟：《"十三五"回顾系列——首都研究生教育规模、层次、类型》，《北京教育（高教）》2020 年第 10 期。

看，工学在校博士生超过 4.75 万人，规模最大，所占比例为 40.79%，其次是理学，在校博士生超过 2.33 万人，所占比例为 20.06%，再次是医学，在校博士生超过 1 万人，所占比例为 8.97%，之后依次为法学（占比 6.24%）、管理学（占比 5.93%）、经济学（占比 4.48%）、文学（占比 3.51%）、农学（占比 3.37%）、教育学（占比 2.65%）、艺术学（占比 1.90%）、历史学（占比 1.06%）、哲学（占比 1.05%），军事学在校博士生最少，所占比例接近为零。在校博士生中，理工农医类博士生占比为 73.20%，人文社科类博士生占比为 26.80%（见表 1）。

表 1　2021 年北京市在校博士生、硕士生学科门类分布情况

单位：人，%

学科门类	博士生	博士生比例	硕士生	硕士生比例
哲　学	1219	1.05	1355	0.46
经济学	5219	4.48	17562	5.92
法　学	7268	6.24	25167	8.49
教育学	3083	2.65	15230	5.14
文　学	4087	3.51	14606	4.93
历史学	1234	1.06	1923	0.65
理　学	23383	20.06	17777	5.99
工　学	47547	40.79	110236	37.17
农　学	3928	3.37	10717	3.61
医　学	10460	8.97	14957	5.04
军事学	3	0.00	8	0.00
管理学	6911	5.93	53938	18.19
艺术学	2214	1.90	13092	4.41
合　计	116556	100.00	296568	100.00

2021 年，北京市在校硕士生为 296568 人。从在校生学科门类分布看，工学在校硕士生超过 11.02 万人，规模最大，所占比例为 37.17%，其次是管理学，在校硕士生超过 5.39 万人，所占比例为 18.19%，再次为法学，在校硕士生超过 2.51 万人，所占比例为 8.49%，之后依次为理学（占比

5.99%）、经济学（占比 5.92%）、教育学（占比 5.14%）、医学（占比 5.04%）、文学（占比 4.93%）、艺术学（占比 4.41%）、农学（占比 3.61%）、历史学（占比 0.65%）、哲学（占比 0.46%），军事学在校硕士生人数极少，所占比例接近为零。在校硕士生中，理工农医类硕士生占比为 51.82%，人文社科类硕士生占比为 48.18%。

2021 年北京市在校博士生、硕士生学科门类分布情况如表 1 所示。

（三）研究生导师数量

2021 年，北京研究生培养单位有研究生导师 66389 名，其中普通高校有研究生导师 55382 名，占比为 83.42%，科研机构有研究生导师 11007 名，占比为 16.58%。2021 年北京研究生培养单位导师数量占全国研究生导师（55.7 万人）的比例为 11.92%。

二　北京研究生教育发展举措与成效

（一）全面部署研究生教育改革发展

2021 年，为深入贯彻落实习近平总书记关于研究生教育工作的重要指示和教育部、国家发改委、财政部共同制定的《关于加快新时代研究生教育改革发展的意见》以及《北京市"十四五"时期教育改革和发展规划（2021~2025 年）》等文件精神，北京出台《关于推进新时代北京研究生教育改革发展的实施意见》（简称《意见》）。《意见》提出到 2025 年，北京市将基本建成结构规模优化、培养特色鲜明、综合实力突出、服务需求有力、拔尖创新人才不断涌现的北京研究生教育体系。到 2035 年，北京成为世界研究生教育高地，为我国研究生教育强国建设提供有力支撑。为此，北京市将推动 13 项改革任务和举措，包括深入开展思想政治教育、分类推进学科建设、加强学位授权统筹、深化招生选拔机制改革等。为加快培养造就大批德才兼备的高层次创新人才，北京市制订《北京研究生教育质量提升行动计划（2022～2024 年）》，提出坚持育人为本、需求导向、内涵发展、改革创新，在加强"双一流"建设、高精尖学科建设、学位授权统筹、培养模式改革、导师队伍建设、质量保障、管理等方面持续发力。到 2024 年底，北京学位与研究生教育实现高质量发展，有效支撑北京建设世界重要人才中心和创新高地，服务北京"四个中心"建设。

（二）系统推进学位授权审核工作

2021 年，通过博士、硕士学位授权审核，北京地区获批新增博士学位授予单位 3 所（北京信息科技大学、北京电子科技学院、国际关系学院），新增硕士学位授予单位 2 所（中华女子学院、中国劳动关系学院）。新增一级学科博士授权点 8 个，其中包括网络空间安全等国家重点发展和急需相关的学科，新增专业学位博士授权点 10 个，全部为重点发展的工程大类博士点。新增一级学科硕士授权点 19 个、专业学位硕士授权点 55 个，为北京研究生教育发展注入了新的活力。

通过 2021 年自主审核，中国人民大学等 3 所自主审核单位撤销硕士学位授权点 3 个，北京大学、中国科学院大学等 9 所自主审核单位增列硕士学位授权点 5 个（均为专业学位类别），增列博士学位授权点 22 个（一级学科 9 个、专业学位类别 5 个、交叉学科 8 个）。自主审核单位增列的博士专业学位类别均为工程大类博士点，增列的交叉学科博士点涉及人工智能、碳中和、生命科学等学科领域。通过 2021 年动态调整，北京交通大学、北京有色金属研究总院等 5 所培养单位撤销硕士学位授权点 6 个（一级学科 2 个、二级学科 3 个、专业学位类别 1 个），北京科技大学、中国航空研究院等 8 所培养单位增列硕士学位授权点 11 个（一级学科 3 个、专业学位类别 8 个）。

（三）加快调整优化学科专业布局①

为贯彻落实全国研究生教育会议精神，北京高校高度重视学科建设工

---

① 本报告涉及的培养单位案例来自该单位网站公布的《研究生教育发展质量年度报告（2021 年度）》或该单位网站相关资料。

作，加快调整学科专业布局，深入推进"双一流"建设。各高校从历史发展与优势特色、国家社会经济发展需求出发，统筹资源配置，不断优化学科专业体系建设。清华大学在设置集成电路科学与工程交叉学科的基础上，成立集成电路学院，瞄准集成电路"卡脖子"难题，聚焦学科前沿、打破学科壁垒、强化交叉融合、突破关键核心技术，培养国家急需人才；紧密结合国家的重大战略需求，精准扩大集成电路等国家急需领域人才培养规模。华北电力大学在高校中率先发布了碳达峰、碳中和行动计划，并作为创始成员加入碳中和世界大学联盟，学校围绕碳中和领域和能源电力行业产业链，构建从基础研究到工程转化完整的创新链，形成"双碳"引领、学科交叉、特色鲜明、结构完整的世界一流能源电力学科体系，从而实现能源电力学科体系的转型升级和高质量发展。

北京高校基于学科优势与特色，深化学科交叉融合和交叉学科建设，为知识生产和高层次人才培养增强动能。北京大学从学校层面构建"区域与国别研究""临床医学+X""碳中和核心科学与技术""数智化+"等学科交叉平台；通过自主审核设置数据科学与工程、整合生命科学、纳米科学与工程等博士学位授权一级交叉学科；通过数字人文建设促进文理大交叉、大融合，为哲学社会科学人才培养注入新的活力。北京协和医学院坚持实施"4+4"临床医学教育模式，面向全球高水平大学招收多学科背景的优秀本科毕业生直接攻读临床医学博士，纳多学科素养者从医，纳天下贤才从医，纳爱医者从医，推动医学教育与多学科融合。首都师范大学增设智能教育学、生物信息学、国别区域研究为交叉学科博士学位授权点，为学校培养高层次复合型人才奠定了基础。首都体育学院实施"体医工"融合创新发展战略，多途径组建"体育人工智能团队""体医工"交叉融合研究团队，以满足提高研究生培养质量的需求。

（四）加强思想政治教育工作

2021年，北京高校围绕立德树人的根本任务，统筹多方育人资源，把思想政治工作融入研究生培养体系中，着力培养德智体美劳全面发展的社会主义建设者和接班人，打造全员全过程全方位的"三全育人"格局。研究生思想政治教育的内容、形式不断创新，组织和人员保障更加有力。各高校聚焦建党百年重大主题，把党史学习教育贯穿于培养过程。作为党创办的第一所新型正规大学，中国人民大学"始终奋进在新时代前列"，学校研究生教育传承红色基因，发挥学科优势，源源不断培养扎根中国大地、堪当时代重任的拔尖人才。中央音乐学院构建"音乐+思政"育人模式，推出"经典铸魂"系列微党课项目讲演音乐会，将艺术实践与思政教育有机融合。北方工业大学围绕建党100周年庆祝活动、服务保障北京冬奥会等重大政治任务加强研究生理想信念和社会主义核心价值观教育；实施"研本1+1"引领计划，发挥研究生对本科生的引领带动作用。

北京高校进一步提升研究生党建工作水平，切实加强研究生思想引领。在2021年教育部组织开展的第二批全国高校"百个研究生样板党支部"和"百名研究生党员标兵"创建（研究生党建"双创"）工作中，北京大学、清华大学、北京农学院等15所北京高校的研究生党支部入选"百个研究生样板党支部"创建名单，中国人民大学、中国农业大学、北京第二外国语学院等19所北京高校的研究生党员入选"百名研究生党员标兵"创建名单，北京高校的具体名单如表2所示。

表2　教育部第二批研究生党建"双创"名单（北京高校）

序号	学校	样板党支部	党员标兵
1	北京大学	哲学系 2019级硕士生党支部	段嘉伦 （药学院）
2	清华大学	航天航空学院 航博181党支部	任浙豪 （地球系统科学系）
3	中国人民大学	经济学院政治经济学 博士班第二联合党支部	周晓辉 （新闻学院）
4	中国农业大学	农学院种子科技研究中心 研究生党支部	杨勇琴 （农学院）
5	北京航空航天大学	交通学院汽车工程系 研究生党支部	唐鹏飞 （经济管理学院）

续表

序号	学校	样板党支部	党员标兵
6	北京科技大学	冶金与生态工程学院 炼铁新技术合理化梯队党支部	郑迪 （土木与资源学院）
7	北京交通大学	计算机与信息技术学院 2018级博士生党支部	谢行思 （土木建筑学院）
8	北京林业大学	林学院 研森经学生党支部	赵森 （水土保持学院）
9	北京工业大学	城市建设学部 硕士道桥工管党支部	连欣康 （信息学部）
10	北京建筑大学	土木与交通学院 道桥工程研究生党支部	陈越 （土木与交通学院结构工程系）
11	北京理工大学	材料学院能源与环境材料系 2019级硕士第三党支部	—
12	北京邮电大学	理学院 研究生物理党支部	—
13	中央美术学院	设计学院 研究生第二党支部	—
14	北京中医药大学	中药学院 中药化学研究生第一党支部	—
15	北京农学院	植物科学技术学院 园艺研究生1支部	—
16	北京化工大学	—	曹洋 （文法学院）
17	中国地质大学（北京）	—	曾杰 （科学研究院）
18	中国石油大学（北京）	—	李磊 （安全与海洋学院海洋油气工程系）
19	中央财经大学	—	王万奇 （马克思主义学院）
20	华北电力大学	—	秦光宇 （经济与管理学院）
21	中央民族大学	—	伊力尔江·哈力克 （管理学院）
22	北京协和医学院	—	孟旭 （中国医学科学院阜外医院）

续表

序号	学校	样板党支部	党员标兵
23	首都医科大学	—	董力 （第四临床医学院）
24	北京第二外国语学院	—	米尧舸 （英语学院）

注：表中北京高校名单根据教育部办公厅《关于公布第二批全国高校"百个研究生样板党支部"和"百名研究生党员标兵"创建名单的通知》（教思政厅函〔2021〕14号）整理。

（五）协同推进课程思政与思政课程

全面推进课程思政与思政课程建设是加强思想政治教育、落实立德树人任务的重要保障。2021年，教育部落实《关于深化新时代学校思想政治理论课改革创新的若干意见》，评选确定研究生教育课程思政示范课程99门、课程思政教学名师和团队99个，其中北京地区高校获批课程思政示范课程25门、课程思政教学名师和团队25个。2021年，北京市出台《全面推进北京高等学校课程思政建设工作方案》，以全面提高人才培养能力为核心，将价值塑造、知识传授、能力培养三者融为一体，使各类课程与思政课程同向同行，并在全市高校、全部学科专业中全面推进。首次评选确定55所高校的113门研究生课程为课程思政示范课程，相应授课教师、教学团队同时认定为北京市课程思政教学名师、教学团队。

中国农业大学持续推进研究生各类课程建设，支持马院开展"本—硕—博"思想政治理论课一体化教学改革与实践研究。课程思政改革全覆盖，发挥课堂教学主渠道、主阵地作用。2021年，支持课程思政类建设项目47项，并以"后立项"形式开展核心课课程思政建设173门。中国传媒大学结合疫情防控，推出"微"思政、"云端"思政、"影像"思政，促进平台课堂与网络课堂的深度融合，探索思政教学形式助力研究生思政课程建设。北京舞蹈学院着眼本学科领域"学研创演"相结合的课程思政教育新形态，不断推进研究生课程思政的研究与实践；挖掘以"舞"为核心、以

"艺术实践"为手段的专业课程育人元素，着力打造"最美课堂"研究生课程思政示范课程；强化顶层设计，积极探索契合学科专业方向及人才培养特性的特色思政课程。

（六）推进人才培养模式改革

北京培养单位高度重视研究生培养模式改革创新工作。从研究生发展的成长成才规律出发，持续深入开展研究生教育改革，积极探索创新本学科领域研究生培养方式。北京邮电大学深化博士研究生教育改革，创新校企联合培养机制，弘扬"网络强国、信息报国"，面向信息科技发展核心关键领域，聚焦集成电路、新一代信息通信技术、关键软件和网络安全等方向的国家急需高层次人才专项计划，与中电科、中移动等企业联合培养博士生，凝练"卡脖子"难题，将人才培养深入产业一线，加快急需人才培养。中国石油大学（北京）全面推进本研一体化人才培养，持续建设培养模式、课程体系、课程建设、实践创新、国际胜任力"五位一体"本研贯通拔尖创新人才培养体系，2021年选拔了本博一体化培养学生55名、本硕一体化培养学生35名。中国运载火箭技术研究院将研究生培养与型号研制紧密结合，研究生学位论文选题均来源于国家重点型号科研项目。研究生既要学习最前沿的学术理论，还要跟随导师接触到型号研制的实际工作，所学所思可以很快在工程实践项目中获得验证，真正实现产学研用一体化。

培养单位持续深化专业学位研究生培养模式改革[①]。北京航空航天大学成立专业学位教育办公室，重点推进工程专业学位"项目制"改革，推动以项目制方式精准对接国家及重点企业行业需求；大力推进产教融合实践基地建设，提升现有基地的利用效率，将青岛、合肥、杭州等9个校地研究院认定为研究生实习实践基地；积极推动学院建立实践基地，新增24个院级基地；2021年，学校共有协议期内的研究生实习实践基地45个。

---

① 马永红、刘润泽、于苗苗：《我国产教融合培养专业学位研究生：内涵、类型及发展状况》，《学位与研究生教育》2021年第7期。

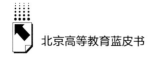

（七）改进研究生课程评价与督导

研究生课程教学评价是培养单位内部质量保障体系的重要组成部分，是研究生教育质量治理的重要形式[①]。各高校进一步推进《深化新时代教育评价改革总体方案》落实落地，加强研究生评教、评导等工作，促进研究生培养质量的提升。2021 年，北京理工大学出台《研究生评教管理规定》和《研究生评导管理规定》，引导研究生借助信息化手段，运用问卷调查、访谈、调研等多样化方式对任课教师和导师给予评价。评教内容主要包括教学目标、教学内容、教学方法、教学效果、思想政治教育等；评导内容主要包括学业指导、师生关系、导师影响、思想政治教育等。

督导是规范研究生教育教学行为、保障研究生教育质量的重要方式。为进一步优化课堂教学质量评价标准，提高研究生课堂教学质量，北京高校加强了教学过程的监督管理，规范教学行为。北京外国语大学依托研究生教育督导委员会，对研究生教育教学、人才培养、学位授予等方面开展监督检查、信息反馈及咨询建议等工作，检查、评估研究生课程教学情况；检查评估内容主要包括教学内容、教学过程、教学质量、教学管理、课程考核与开题答辩等。北京林业大学修订《研究生任课教师及课程教学的相关规定》等，严格落实"学术研究无禁区，课堂讲授有纪律"的要求，加强学风教育和课堂秩序管理；制定《研究生课程教学质量评价实施办法》，构建以研究生网上评价、学院对任课教师的课程教学评价、任课教师的自评、同行（督导）评价"四位一体"的研究生课程教学质量评价指标体系。

（八）加强研究生导师队伍建设

研究生导师作为研究生培养的第一责任人，肩负着培养高水平研究生的崇高使命。为适应新时代对导师队伍的建设要求，增强导师队伍活力，各培

---

① 乔刚、杨旭婷、娄枝：《研究生教育质量治理：科学内涵、转变维度与实践路径》，《研究生教育研究》2021 年第 6 期。

养单位都把研究生导师队伍建设放在重要地位，创新师德师风建设和监督机制，选树师德典型，多渠道加强师德师风展示宣传。中国地质大学（北京）2021年评选"研究生指导名师"9名，此项评选已开展8年，累计评选出67人次"研究生指导名师"，充分发挥优秀导师头雁作用，营造立德树人良好氛围，起到良好示范引领作用。北京化工大学引导教师以德立身、以德立学、以德施教，努力建设师德高尚、业务精湛、育人实效突出的导师队伍，选树"立德树人"优秀导师，突出导师以德育人优秀事迹的示范效应。北京建筑大学牢固树立"师德第一评价标准"的鲜明导向，开展师德承诺，加强日常师德表现和专项考核，对于苗头性、倾向性问题及时给予警示纠正。

各培养单位不断完善导师队伍建设的制度体系，通过强化导师岗位聘任、考核等方式来规范导师指导行为，探索新的指导方式。中国政法大学建立了以政治素质、师德师风、教学科研水平和人才培养成效评价标准于一体的认定（聘任）机制，明确导师岗位资格与招生（指导）资格分离制度，形成进退有序的岗位动态调整机制，增强导师的责任意识和岗位意识；完善招生资格认定标准指标体系；建立跨学科导师条件认定机制，推进跨学科人才培养；鼓励年轻教师参与研究生培养；形成了认定（聘任）、考核、评优、培训"四位一体"的制度体系。中央财经大学加强师资团队建设，完善博士生导师组制度，让更多优秀的年轻教师参与指导；实行博士生"国际导师组"支持计划，邀请有国际影响力的海外学者参与指导。中央美术学院对美术学（造型类）博士生培养实施双导师制，在主要责任导师之外另配一名理论导师，责任导师指导艺术创作部分，理论导师重点培养博士生的理论研究能力并对学位论文进行学术指导和把关，通过双导师协同指导来保证博士生培养质量。中国农业科学院依托导师招生资格年度审核，通过导师自查、研究生评价、院内研究所学位会审查等多种形式，全面考核导师立德树人职责落实情况，导师通过考核方可取得招生资格；2021年完成对院内36个培养单位、2100多名导师的立德树人职责落实情况考核。

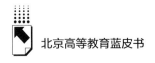
三 北京研究生教育发展的重点难点

（一）学科建设水平仍需提升

学科是研究生教育的重要载体。北京高校学科建设水平在全国处于优势地位，北京有首轮"双一流"建设高校34所，"双一流"建设学科162个，进入"双一流"建设的学科数量在全国居首位，且比排第2位至第5位的上海（57个）、江苏（43个）、湖北（29个）、浙江（20个）四地"双一流"建设学科数量之和还多。整体上看，北京的部委高校学科建设水平突出，市属高校只有3所高校的3个学科进入首轮"双一流"建设范围，学科竞争力和影响力亟待提升。此外，根据首轮"双一流"建设成效评价结果，全国有15所高校的16个学科受到公开警示（含撤销），其中包含北京高校的1个学科。在国家"双一流"建设的推动下，北京市教委于2019年遴选了99个北京高校高精尖建设学科，分布在53所高校。2021年第三方机构对高精尖建设学科开展的中期评估结果显示，19个学科获评优秀，72个学科评估合格，8个学科需限期整改，这从另外一个侧面说明北京高校的学科建设水平仍有较大的提升补强空间。

（二）专业学位产教融合发展机制需健全

2021年北京高校在校专业学位研究生规模已超17万人，在学专业学位硕士生已经远超学术学位硕士生规模。根据国务院学位委员会、教育部印发的《专业学位研究生教育发展方案（2020~2025）》，近几年专业学位研究生教育还有较大的规模发展空间，但需健全产教融合育人机制。产教融合基地对专业学位研究生培养具有重要的支撑作用，如何打造一批高质量的、能有效支撑专业学位研究生教育发展的产教融合基地、研究生工作站等产教融合平台是提升专业学位研究生教育质量的关键。虽然各培养单位都在不同程度上建立了各类产教融合基地，但在制度建设、条件建设方面往往缺乏有力度的保障，基地建设缺乏可持续发展机制，行业企业参与人才培养的积极性和效度有待提高，产教融合基地对研究生培养支撑作用的发挥还不够显著。

（三）博士硕士学位论文质量有待提高

博士硕士学位论文质量是研究生教育质量的重要体现，是质量保障和教育督导的重要方面。在2021年国务院教育督导办组织的全国博士学位论文抽检中，多所北京地区高校有博士学位论文在抽检中被认定为"存在问题论文"。在北京市教委组织的2020年北京地区硕士学位论文抽检中，部分高校出现"存在问题论文"，数量占比接近2%，有的高校存在的问题较为突出，受到市教委约谈。学位论文抽检中持续出现"存在问题论文"，说明高校在学位论文质量保障方面存在漏洞，质量管理存有薄弱环节。

（四）导师队伍建设模式有待改进

导师是研究生教育的重要组成部分，2021年北京高校和科研机构的研究生导师数量已超6.6万人，加强师德师风建设和岗位管理是研究生导师队伍建设的关键。教育部《关于加强博士生导师岗位管理的若干意见》中指出，部分培养单位对导师的选聘、考核不够规范，个别导师的岗位意识需增强。教育部在印发《研究生导师指导行为准则》时强调，导师指导行为准则是完善导师岗位管理制度、明确导师岗位职责、建设一流导师队伍的重要举措。北京高校虽然普遍开展了较为规范的导师资格认定，但师德师风建设仍需加强，对导师的岗位管理机制有待完善，从身份管理向岗位管理的理念和措施均需强化，与岗位管理相关的考核、培训等方面制度也需要完善。

四　北京研究生教育发展的政策建议

北京研究生教育发展对全国研究生教育具有较强的引领示范作用，北京也是新时代教育对外开放的中心窗口和来华留学研究生教育的集中地，因此，北京研究生教育发展要有更强的自觉性、更高的要求，要以具有中国特

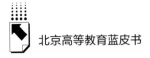
色、国际影响、首善标准的研究生教育为目标，在调整优化学科体系、深入推进产教融合、强化学位论文质量保障、加强导师队伍建设等深化改革的关键领域持续发力，促进研究生教育高质量发展。

（一）基于内外统合的逻辑调整优化学科体系

学科体系在很大程度上决定了知识生产格局、人才培养结构和服务社会需求的潜能。知识的增长、知识生产方式的变革、社会需求的变化又会推动学科体系发生演变。学科体系的调整优化既要合乎学科分化和融合的内在规律性，也要合乎服务国家发展战略、服务区域经济社会发展的外在目的性。北京地区高水平大学密集，学科资源丰富，学科体系调整优化的空间多、弹性大。学科体系调整优化是合规律性与合目的性的统一，要有助于"双一流"建设、打造高水平人才高地、服务国家需求和北京经济社会发展。国家、地方和培养单位都是调整学科体系的主体，调整优化既需要发挥政府的引导作用，也需要发挥培养单位的自主性和积极性，不同类别的学校、不同水平的学科应有不同的优化策略。"双一流"建设高校是培养基础研究人才的主力军和科技创新人才的生力军，要以一流学科建设为引领进行调整优化，打造生态优良的学科集群、学科体系，提升博士生教育质量和一流大学建设整体水平，重点服务国家发展战略。其他高校应以北京高校高精尖学科、学校优势特色学科建设为基础进行调整优化，构建富有活力的学科专业体系，重点服务行业产业和区域经济社会发展。

（二）深入推进产教融合促进专业学位研究生教育发展

随着专业学位研究生教育规模的扩张，特别是专业学位博士生教育将会迎来一个持续扩张时期，其对发展质量提出了更高要求，既要摆脱对学术学位研究生人才培养模式的路径依赖，更要在创新专业学位研究生人才培养模式的基础上有效服务国家需求和行业产业发展，深化产教融合则是其中的关键机制。北京是建设中的国际科技创新中心，在世界知识产权组织《2021年全球创新指数》顶尖科学技术集群排名中列第3位，各类市场主体活跃,高新技术企业近 3 万家,2021 年 R&D 经费投入强度(R&D 经费与地区生产总值之比)高达 6.53%,具备产教融合的良好基础。北京有 80 余所科研机构是研究生培养单位,通过产教融合培养研究生具有天然的优势,但科研机构的专业学位研究生教育发展规模较小。高校作为专业学位研究生培养主力,要深入推进专业学位、学术学位研究生分类培养,构建、完善基于产教融合的专业学位研究生培养方案和培养模式,毕业要求和学位授予标准应强调实践能力和职业发展素质。通过产教深度融合机制,加强产教融合基地建设,将行业企业的资源优势、技术优势和人才优势转化为专业学位研究生教育的人才培养动能,在提升人才培养质量的同时服务行业产业发展,增强专业学位研究生教育服务行业产业发展需求的能力和水平。

(三)加强博士硕士学位论文质量保障

博士硕士学位论文质量是研究生培养质量的集中体现,学位论文抽检发现问题既反映培养指导过程中存在学术性不足,也反映培养单位内部质量保障体系存在治理性短板。随着"双一流"建设、学位点合格评估、各级教育行政部门学位论文抽检等外部力量的驱动,培养单位学位论文质量管理的重要性日益突出。保障学位论文质量,既要加强培养过程监管,也要完善质量保障体系。在加强培养过程监管保证过程质量方面,要改变单一的结果管理模式,做好过程管理与目标管理相结合,首先是注重学位论文的选题质量,需要师生在充分沟通的基础上把握选题的适切性;其次是在中期检查和预答辩、答辩等环节发挥各类委员会的专家作用,通过学术共同体对不同进度和形态的学位论文进行指导。在完善质量保障体系方面,要结合学位论文抽检及事前、事后评审所反映的问题,规范学位授予审核程序和质量标准,对学位论文质量保障体系进行调整和优化。对于各类检查中发现的问题论文应追根溯源并有相应的整改措施。此外,对交叉学科学位论文的评审应有特殊的考虑,避免学科专业归属等送审技术性问题对评审结果造成影响。

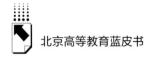

（四）加强师德师风建设和导师岗位管理

导师是研究生培养过程最为关键的因素，是研究生培养的第一责任人。北京研究生导师规模在全国研究生导师总量中占比接近12%，导师队伍建设水平在某种程度上决定了研究生培养质量。加强导师队伍建设，首先是要加强师德师风建设，加强导师责任意识，强化"为党育人、为国育才"的责任担当，规范导师指导行为，落实立德树人职责；其次是要加强导师岗位管理，要建立科学的考核评价制度，对导师的招生资格、培养过程、指导成效等进行定期考核，合理运用考核评价结果，对指导成效突出的导师和导师团队要有激励机制，对考核评价存在问题、导学矛盾突出的导师要有相应的整改举措和岗位调整办法，通过考核评价加快实现从身份管理向岗位管理转变；最后是要加强导师培训，宣讲政策规定和研究生教育形势、明确导师岗位责任和指导行为规范、交流指导经验、提高导师履职能力，特别是对新进入导师队伍的青年教师要进行重点培训，系统加强导师指导能力建设。

随着国家第二轮"双一流"建设的深入推进和北京市《关于推进新时代北京研究生教育改革发展的实施意见》和《北京研究生教育质量提升行动计划（2022～2024年）》落实，北京研究生教育的学科专业布局将进一步优化，研究生教育与科技创新、产业发展将形成更为紧密的结合，有效支撑北京建设世界重要人才中心和创新高地，加快实现研究生教育高质量发展和卓越研究生教育体系构建。

B.3
2021年北京本科教育改革发展报告

王怀宇　王　铭*

摘　要： "十四五"开局之年，北京本科教育以习近平新时代中国特色社会主义思想为指导，深入学习党中央、国务院和北京市相关会议精神，统筹规划本科教育事业改革发展，以立德树人为根本任务，以首善标准持续深化本科教育改革，加快建设高质量教育体系，全面提升本科教育现代化水平。北京本科院校勇于探索、大胆创新，从落实立德树人根本任务、创新人才培养机制、深化教育教学改革、加强教学资源建设、完善教学质量保障等多方面持续发力，奋力书写本科教育事业改革发展新篇章。

关键词： 本科教育　高等教育改革　高质量发展　高等教育现代化

2021年，北京本科教育以习近平新时代中国特色社会主义思想为指导，深入贯彻全国教育大会、新时代全国高校本科教育工作会议和全国高校思想政治工作会议精神，不断夯实本科教育基础地位，努力打造一流本科教育，全方位提升本科人才培养能力，为国家经济建设和首都各项事业发展提供重要的人才支撑。

2021年，北京共有普通本科院校67所。其中，中央部委所属院校（简称部委院校）39所，北京市属院校28所（其中：公办院校22所、民办院

---

* 王怀宇，教育学博士，北京教育科学研究院高等教育科学研究所研究员，主要研究方向为高等教育政策、高等教育质量监测与评价、创新创业教育等；王铭，管理学博士，北京教育科学研究院高等教育科学研究所副研究员，主要研究方向为高等教育评估监测与改革发展。

校 6 所）。人才培养方面，与上一年相比，普通本科教育规模保持稳中略增的总体态势，招生数和在校生数均有所增加，毕业生人数略有下降。其中，普通高校本科招生 13.70 万人，比上一年增加 0.34 万人，增长 2.51%；在校生 52.77 万人，比上一年增加 1.02 万人，增长 1.97%；毕业生 12.04 万人，比上一年减少 0.13 万人。教师队伍方面，普通本科院校专任教师达68124 人，比上一年增长 3.24%。[①] 在 2021 年度首届全国教材建设奖评选中，按照第一完成单位统计，北京高校共获得特等奖 1 项、一等奖 26 项、二等奖 83 项；在首届全国高校教师教学创新大赛中北京高校获一等奖 1 项；在第一、二批产学合作协同育人项目中北京高校共获立项 1226 个。

一 本科教育改革政策与举措

"十四五"时期是首都高等教育全面贯彻落实《北京城市总体规划（2016~2035 年）》、《首都教育现代化 2035》、《北京市"十四五"时期教育改革和发展规划（2021~2025 年）》（简称《"十四五"规划》），向实现高水平教育现代化迈进的重要时期。"十四五"开局之年，北京本科教育站在新的历史起点上，面临一系列新机遇和新挑战，以首善标准持续深化改革，加快建设高质量教育体系，积极构建首都高等教育发展新格局，全面提升本科教育现代化水平。

（一）全面系统谋划，完善立德树人体系建设

健全完善高校铸魂育人体系。为深入贯彻中央有关精神，深入落实北京市《"十四五"规划》及相关工作部署，北京市 2021 年出台《北京高等教育本科人才培养质量提升行动计划（2022~2024 年）》（简称《行动计划》），其中明确提出"健全完善高校铸魂育人体系"任务，主要包括推动

---

① 《2021~2022 学年度北京教育事业发展统计概况》，http：//jw. beijing. gov. cn/xxgk/shujufab/tongjigaikuang/202203/t20220325_ 2709328. html。

三全育人、实现五育并举、发挥思政课立德树人关键课程作用、强化课程思政建设等内容，坚定不移地以首善标准完善立德树人体系建设，努力培养担当民族复兴大任的时代新人。

持续深化思政课程与课程思政内涵建设。思政课是用党的创新理论培根铸魂的主渠道主阵地，是落实立德树人根本任务的关键。北京市持续推进习近平新时代中国特色社会主义思想进教材进课堂进头脑，积极构建以习近平新时代中国特色社会主义思想为核心内容的课程群；不断深化北京市学校思政课"同备一堂课"机制，及时推动习近平总书记最新重要讲话精神融入思政课教学；深入推进实施"公办—民办"高校共建思政课，16个市级重点建设的公立高校马克思主义学院与16所民办高校签署共建协议，重点解决民办高校思政课课程教学、师资培训和教学研究等方面的实际问题，推动思政课程总体水平提升。在市级资金、平台、项目的统筹下，各高校持续深化思政课改革，不断提升教学效果，凝练形成一批高水平的教学成果。

在课程思政建设方面，北京市2021年出台《全面推进北京高等学校课程思政建设工作方案》，明确以"提升高校育人水平，将价值塑造、知识传授和能力培养三者融为一体，使各类课程与思政课程同向同行，构建全员全过程全方位育人格局，培养德智体美劳全面发展的社会主义建设者和接班人"作为课程思政建设指导思想。在此基础上，以准确把握课程思政建设内容、强化课程思政教学体系建设、结合专业特点分类推进课程思政建设、将课程思政融入课堂教学建设全过程、提升教师课程思政建设的意识和能力等为工作重点持续推进北京高校课程思政建设，形成"课程门门有思政、教师人人讲育人"的新局面。

打造具有首都特色的"大思政课"。北京市从市级层面加强统筹规划，形成综合化、系统化的工作思路和实施体系，以"大思政课"理念积极推动新时代高校思想政治教育工作守正创新发展。多年来坚持实施"北京高校新生引航工程"，2021年组织开展包括加强新生党史学习教育、深化理想信念教育、价值观念引领、学习生活帮扶、文明安全教育"四位一体"新生教育模式等12项内容，帮助新生扣好"人生第一粒扣子"。北京高校将服务保障庆祝中国共产党成立 100 周年、北京冬奥会、疫情防控、脱贫攻坚、全面建成小康社会等作为新时代思政课改革创新的重要契机，充分挖掘国家重大活动和重大改革成就中的思想政治教育元素和资源，将京华大地的生动实践转化为增进理论认同的"大课堂"，以首都新时代伟大实践铸魂育人，引导学生勇担当、做贡献，做奋发有为的新时代青年。

（二）优化专业布局，持续深化专业内涵建设

瞄准经济社会发展紧缺人才，创新型、复合型、应用型人才缺口，北京市加快专业建设步伐，大力推进"四新"建设，深化专业结构调整，建立动态调整机制，建设新兴专业，升级改造传统专业，淘汰社会需求不足的专业，不断提升人才培养与经济社会需求的匹配度。2021 年，北京市属普通高等学校新增备案本科专业 36 个，新增审批本科专业 1 个，撤销本科专业 13 个。

新增备案本科专业中近五成属于工学类专业，其中人工智能、智能制造等"新工科"专业在近几年高校专业建设中发展迅猛，体现出以"高科技"为引领的新兴行业成为北京高校专业建设发展的一个重要方向。同时，从服务国家战略、区域经济社会和产业发展需要出发，2021 年北京高校新设 665 个本科专业点，分布在 357 个专业，排在前五位的是数据科学与大数据技术、人工智能、大数据管理与应用、机器人工程、物联网工程。[①] 北京高校专业调整既是对《"十四五"规划》提出的"聚焦现代化经济体系建设，优化学科专业结构，加快培养紧缺人才，加强服务经济社会发展人才支撑"的积极回应，也是对《行动计划》基本任务的具体落实，持续调整和优化专业布局有利于推动高校整合办学资源，优化专业结构，强化优势特色，建成一批强势专业、行业急需专业和新兴交叉复合专业。

充分发挥一流专业建设示范引领作用。国家"双万计划"通过大力建设示范性本科专业引领带动高校凝聚特色、优化专业结构、促进专业建设质

---

① 《北京市高等学校本科教育教学质量分析报告（2020~2021 学年）》。

量提升，推动形成高水平人才培养体系。截至 2021 年底，北京高校共有国家级一流专业建设点 1210 个，其中部委院校 913 个，市属院校 297 个；省级一流专业建设点 474 个，其中部委院校 259 个，市属院校 215 个。[①] 同时，北京市紧密契合"四个中心"建设要求，瞄准"十大高精尖产业"相关专业，面向在京高校先后两批遴选出 100 个"重点建设一流专业"进行为期五年的建设，划拨专项资金予以支持，鼓励对北京经济社会发展贡献明显、潜力巨大的专业发展，以此提高专业建设水平、提升人才培养质量，充分发挥入选专业辐射带动作用，带动相同相近专业发展，形成高校专业合作建设长效机制，增强北京高等教育国际竞争力和影响力。

（三）推进教育教学综合改革，提升课程教材建设水平

以项目为抓手支持教育教学改革创新。北京市积极鼓励和支持高校与教师开展教育教学研究、改革和实践，以"本科教学改革创新项目"为抓手，引导各高校不断完善校内本科教学改革支持体系，积极开展系统性、前瞻性、持续性研究及探索，加快构建体现北京高等教育优势与特色的一流人才培养体系。2021 年共有 240 个项目获得立项支持，项目建设内容既包括综合性育人改革，也包括专业、课程、教材等单项改革，有力推动各高校积极发挥学校办学优势及特色，以育人为核心开展教育教学改革，有效发挥教学改革在提升人才培养能力中的重要作用。

在课程建设方面，北京市通过提升课程教学质量夯实本科教育教学基础，具体措施包括：不断提高课程设置的科学性、规范性和系统性，及时将新理念、新科技、新案例纳入课程教学之中，实现课程的动态优化调整。突出以学生发展为中心，深化小班化、互动式、研究型课堂教学模式改革，提高课堂教学的针对性和区分度。适时公开课程教案，完善以质量为导向的课程建设激励机制。

在教材建设方面，出台《北京市普通高等学校教材管理办法》，坚持高

---

① 《北京市高等学校本科教育教学质量分析报告（2020~2021 学年）》。

校教材凡编必审，教材编写符合程序，编写人员符合标准，教材内容及时修订，鼓励优秀教师开展教材编写工作。明确各类教材选用标准和程序，科学合理选用相关教材，支持学校引进选用国外优秀教材，支持优秀教材"走出去"，扩大我国学术的国际影响力。2021年北京市继续开展"优质本科课程"和"优质本科教材课件"立项建设，激发教师对本科教学的积极性，不断更新教学理念，推进课程创新与课程建设，提高教材课件的规范性和前沿性。

（四）拓宽教师成长渠道，发挥优秀教师"传帮带"作用

北京市深入贯彻教育部等六部门《关于加强新时代高校教师队伍建设改革的指导意见》，全面加强首都高校教师队伍建设，在持续稳步扩大整体规模的同时，强化高水平教师队伍建设，为促进首都高等教育高质量发展提供强有力支撑。

构建多层次、多类型、多形式的教师成长平台。经过长期建设发展，北京高校教师培养逐步形成了以北京市属高等学校教师发展基地、北京市高等学校师资培训中心和各高校自主成立的教师发展中心为依托的多元化发展格局。其中，北京市属高等学校教师发展基地主要依托北京大学等7个部委院校建立，为市属院校教师的继续教育和职业发展提供优质平台，每年遴选市属院校优秀青年教师到基地参加为期1年的研修活动，基地为进一步带动市属院校教学科研水平、教育教学质量的提升打下良好的基础。十余年来，累计已有近千名市属院校青年教师通过基地研修在教学能力和教育科研能力方面得到显著提升。北京市高等学校师资培训中心除常规培训任务外，每年根据高校教师发展需求开展特色培训，2021年举办"课程思政融入金课建设""高等学校新时代教师师德素养提升""高校新入职教师综合能力提升"等系列研修活动，为高校教师成长提供助力。

注重发挥优秀教师"传帮带"作用。北京市积极鼓励教师成为"大先生"，以评选"教学名师奖""教学名师（青年）奖""优秀本科育人团队""优秀专业课（通识课）主讲教师""优秀本科教学管理人员""最美课堂"

等为契机，激发教师开展教学改革的积极性，发挥优秀教师的"传帮带"作用，形成良性竞争氛围和争先创优态势，鼓励教师争做教书育人的楷模。2021年北京市首次举办以"推动教学创新 打造一流课程"为主题的高校教师教学创新大赛，积极推进本科教学改革与创新，选树一批教学思想先进、教学方法创新、基本功过硬的优秀教师（团队），在推进本科教育教学高质量发展过程中起到重要的榜样作用。

（五）广泛搭建平台，深入开展创新创业教育

探索创新创业教育校际合作新模式。充分利用首都高等教育资源优势，持续探索"高校大学生创新创业训练项目校际合作计划"。在2020年共4所高校、14个立项项目、28位导师、64个学生参与的基础上，2021年扩展到12所高校加盟，立项71个项目，涉及跨校师生近400名。该计划以大学生创新创业训练计划为载体，鼓励学生跨校组队、教师跨校指导，通过北京地区高校之间校际合作促进专业优势互补、教学资源共享、协同育人，共同致力于推进北京高校创新创业教育资源的共享和协同发展，探索以项目为抓手的创新型人才培养校际合作机制，受到参与院校师生的高度认可。

政策保障为创新创业护航。北京市持续深入推进《北京高校高质量就业创业计划》的实施，切实对高校大学生创业给予支持，树立大学生创业典型，营造良好的创新创业氛围。2021年继续组织开展北京地区高校大学生优秀创业团队评选工作，共评选出优秀创业团队149支，其中一等奖30支，二等奖51支，三等奖68支。[1] 优秀团队获得的奖励支持包括：一是场地支持，对有场地需求的创业团队在通过审核后可免场租入驻北京高校大学生创业园市级园；二是孵化服务，获奖团队可享受"一街三园多点"大学生创业孵化体系提供的专业培训、法律服务、投融资对接、政策咨询、导师

---

[1] 《关于2021年北京地区高校大学生优秀创业团队评选结果的公示》，http://jw.beijing.gov.cn/tzgg/202107/t20210702_2427821.html。

辅导等一系列服务；三是宣传推广，市教委通过多种形式，对优秀创业团队进行宣传，营造良好的创新创业氛围。

（六）加强资源统筹，促进高校协同发展

北京是优质高等教育资源高度集中的地区。近年来，北京市加强资源统筹力度，采取多项措施大力推进优质资源共享，不断深化部委院校与市属院校的协同发展，将区域高等教育优势转化为支持首都经济社会快速发展的合力。

一是在强化资源统筹方面，北京市不断推动"双培计划""外培计划""实培计划"的结构优化和质量提升，同时重点建设8个"北京学院"和8个"卓越联盟"，促进在京部委院校和市属院校的交流合作。以北京学院为例，作为北京市教委重点支持和推动的建设项目，由部委院校牵头，依托自身办学优势和特色，紧密契合北京市经济社会发展重大需求，接收北京地区高校学生长期访学或参加辅修专业学习，为高校学生特别是市属高校学生提供更好的学习机会。北京学院建设目的在于推进两类院校之间的深度合作，促进优质教育资源的开发与共享，探索人才培养新模式和拔尖创新人才培养新机制，更好地为首都经济建设和社会发展提供人才支持。

二是持续推进专业群建设工作。经过十年建设发展，北京高校已形成计算机与信息类、机械类、英语类、会计类、经济与贸易类、电子信息类、工商管理类、新闻出版类、法学类、管理科学与工程类、西葡语类、文创设计类共12个专业群。各专业群通过成立专家委员会和教学协作委员会对相关本科专业的教学工作进行研究、指导、评估、服务，委员会由来自高校、知名企业和行业的代表组成，汇集了北京高校相关专业建设和教学改革的高水平专家和骨干力量。通过组建专业群，推动高校间同类专业、高校内相近专业之间的合作建设，深化专业建设内涵，提高专业培养方案和课程体系设计的规范化程度，实现资源共享、优势互补，形成专业集群合力，提高高等教育质量。①

---

① 《北京高校专业群建设研讨会召开》，http://jw.beijing.gov.cn/jyzx/jyxw/201601/t20160127_631157.html。

此外，北京市还通过建设"学院路教学共同体""沙河大学城联盟""良乡大学城联盟"等，支持高校间交流合作、共建共享。在区域高等教育协同方面，京津冀三地高校先后组建了"京津冀协同创新联盟""京津冀建筑类高校本科人才培养联盟"等16个创新发展联盟，以北京农学院与天津农学院等高校为试点，稳步开展本科生联合培养工作，推进深层次交流合作。

（七）注重评价实效，强化质量保障体系建设

北京市积极贯彻落实国务院颁布的《新时期教育评价改革总体方案》、《关于深化新时代教育督导体制机制改革的意见》和教育部印发的《普通高等学校本科教育教学审核评估实施方案（2021～2025年）》，在"十四五"规划中明确提出"全面深化新时代首都教育评价改革"的主要任务，积极构建政府、学校、社会等多元参与的评价体系，综合发挥评价结果的导向、鉴定、诊断、调控和改进作用。同时，支持有条件的高校加强教育评价、教育测量等相关学科专业建设，培养教育评价专门人才。在此基础上，《行动计划》进一步强调通过加强教育教学督导和强化教学质量评估等举措不断完善本科教学质量监控体系。同时，积极研制和完善体现首善标准和北京特色、强调质量保障体系建设、凸显高校服务北京城市"四个中心"建设的指标体系，针对不同类型高校开展分类审核评估，引导高校办出特色、办出水平。

（八）完善治理体系，依法依规加强本科教育治理

为建设高质量本科教育体系，"十四五"时期重点任务包括：支持"双一流"建设；深化高等学校分类发展改革；以优化学科专业结构、提升本科教育教学水平、提升人才培养与经济社会需求的匹配度等为抓手，全面提升人才培养质量。在高校分类发展方面，积极探索改革市属高校考核模式，建立分类的财政支持政策，深化市属高校内部人事制度改革，促进市属高校内涵、特色、差异化发展，引导高校在不同类型和不同领域办出特色、争创

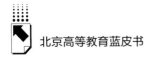

一流。为提高学士学位授予质量，出台《北京市学士学位授权与授予管理办法》，进一步规范和加强学士学位管理工作，推动北京高等教育内涵式发展。在教材建设方面，制定《北京市普通高等学校教材管理办法》，明确管理职责、教材审核、选用、保障、监督等机制，切实提高教材建设和管理水平。在加强涉外治理方面，发布《加强市属高校合作办学管理工作的指导意见》，对高校合作办学管理工作提出六个方面要求；出台《北京地区高等学校招收和培养国际学生管理办法》，研究制定《北京市高等教育来华留学质量发展指标体系》等文件，进一步完善来华留学质量标准和管理服务，优化留学政策环境。

二　本科教育改革成效与进展

2021年，北京高等教育进入全面提质创新的新阶段。各本科院校积极行动，勇于探索、大胆创新，从落实立德树人根本任务、创新人才培养机制、深化教育教学改革、加强教学资源建设、完善教学质量保障等多方面持续发力，奋力书写本科教育事业改革发展新篇章。

（一）立德树人转化为校本特色的育人实践

北京高校持续探索中国特色、首都特点的教育发展之路，创新性探索大学生思想政治教育，扎实推进全国"三全育人"综合改革试点区建设，不断提升高校"三全育人"水平，将立德树人根本任务转化为生动的育人实践。

2021年，北京高校课程思政建设和改革已初步取得一批标志性成果，在教育部公布的课程思政示范项目中，北京高校共有59项入选"课程思政示范课程、教学名师和团队"。在"北京高校教书育人'最美课堂'"评选中，有30门课程获一等奖、50门课程获二等奖。"最美课堂"旨在推动思政课改革创新与庆祝中国共产党成立100周年相结合，要求思政课教师和专业课教师共同围绕"永远跟党走"这一主题进行积极备课和共同授课，集中展示课堂中应有的理论之美、信仰之美、道德之美和文化之美，进一步提升思政课教学的思想性、理论性、亲和力和针对性，这批成果集中展现了北京高校思政课改革创新的突出成效。

北京高校积极落实立德树人根本任务，把思想政治工作贯穿教育教学全过程，在人才培养改革实践中取得显著成效。北京理工大学始终传承"延安根、军工魂"红色基因，以"大思政课"为基石，以师德师风建设为抓手，以服务重大国家需求为使命，着力打造立德树人的"北理工模式"。①学校将思想政治工作体系贯通学科体系、教学体系、教材体系、管理体系等各方面，创新探索出具有北京理工大学特色的系统性一体化全贯通的思想政治工作体系。2021年北京理工大学获批建设全国高校思政课虚拟仿真体验教学中心，北京理工大学思政课正在成为一门承载历史、面向未来的新式课堂。北京联合大学深化"北京味道、联大特色、学生喜爱"思政课教学改革，打造以《这里是北京》思政公开课为核心，以多门校选课程为补充的思政课课程群，获得人民网、中国教育新闻网和"学习强国"平台的关注和报道。同时，学校不断深化课程思政建设，提出"学校要有氛围、学院要有特色、专业要有特点、课程要有品牌、讲授要有风格、教师要有榜样、成果要有固化"的"七有目标"和"七要工作法"，形成了课程门门有思政、教师人人讲育人的教育教学新局面。②

（二）高水平拔尖人才培养领跑教育教学模式创新

"十四五"以来，各类高校顺应科技发展变化，加速推进教育理念、内容、技术、模式的创新，积极开展教育教学模式多元化创新探索。拔尖创新人才、卓越计划2.0等项目聚焦人才培养，推进教育教学改革，以提高专业质量、课程质量、教材质量、技术水平为抓手，积极探索构建世界水平、北

①《打造立德树人的"北理工模式"》，https：//baijiahao.baidu.com/s？id=1718112207380528945&wfr=spider&for=pc。

②《课程门门有思政　教师人人讲育人》，http：//www.jyb.cn/rmtzgjyb/202006/t20200610_335320.html。

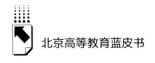
京特色的人才培养体系。

以筑就基础学科拔尖人才培养高地为目标的"拔尖计划"升级实施，北京大学基础数学拔尖人才培养形成"一手抓课堂教学，打下坚实学科基础；一手抓科研训练，提升科研创新能力"的新模式。追求卓越的本科人才培养改革进展顺利，北京化工大学形成"大化工"卓越工程人才培养创新实践，学校与企业共同制定大化工特色的校内外培养方案，重点强化工程领域知识和工程实践训练，培养适应"大化工"领域发展需求的卓越工程师人才。着眼未来和产业创新发展的新型学院陆续建立，清华大学等3所北京高校入选教育部首批未来技术学院，占入选总数的25%。这些学院瞄准未来10~15年的前沿性、革命性、颠覆性技术，不断强化变革、强化创新、强化引领，着力培养具有前瞻性、能够引领未来发展的技术创新领军人才。

（三）"四新"建设深度推进学科专业交叉融合

以促进学科交叉融合为导向的新工科、新农科、新医科、新文科建设稳步推进。在国家"四新"建设引领下，北京市在"本科教学改革创新项目"建设过程中，2021年又单列"四新"建设项目，在240个立项项目中，"碳达峰与碳中和相关战略人才培养"等44项"四新"建设项目获得政策和资金支持。在国家相关建设项目遴选中，北京高校成绩斐然。2021年北京高校有197个项目入选教育部首批新文科研究与改革实践项目，占入选总数的19.49%。这些项目聚焦人才培养，推进教育教学改革，以提高专业质量、课程质量、教材质量、技术水平为抓手，积极探索构建世界水平、中国特色的文科人才培养体系。

北京高校在改革实践中积极行动，结合自身学科专业优势勇于探索创新，形成了鲜活的改革样本。例如，北京邮电大学构建了信息与通信技术领域（ICT）思教、科教、创教、产教"四融合"的新工科教育体系；中国农业大学实施本科人才大类培养模式改革，创新性地打造了通识教育、通用理论与技术教育、专业教育"三位一体"的课程体系结构，推进农工、农理、农医、农文深度交叉融合，构建一流的专业新课程与教学体系，努力培养知农爱农的新农科人才；北京大学新医科在"临床医学+X"战略的指引下，全面深化改革，推动学科交叉协同创新，在以跨学科研究专项为抓手提升高峰学科前沿引领水平、培养高水平跨学科人才团队等方面成效突出；北京语言大学高度契合"新文科"助力提升国家文化软实力的要求，在全国率先布局"语言学"专业，同时瞄准国家战略和社会需求，将具有优势的语言类专业与非主打的信息科学相关专业进行整合，自主设置语言智能专业，实现"语言+智能"的跨学科特色发展。

（四）多措并举建设高素质专业化教师队伍

2021年，北京本科院校具有博士学位的专任教师占比为76.3%[1]，规模和学历结构连年实现稳步提升；高层次人才数量与上一年相比呈现稳步增长的趋势。为提高高校专任教师实践能力，北京市启动了"双师型"教师培养培训基地的遴选工作，2021年北京高校"双师型"教师达到10905人[2]，呈现逐年增长的态势，具有工程背景的教师数量实现了大幅度增长，高校专任教师的实践能力得到稳步提升。此外，为保障常态化疫情防控下教育教学工作的正常进行，北京市持续加强高校教师线上线下融合式教学的培训与指导工作，全面发挥高校教师发展中心、基层教研室的职能作用，有效提升了高校教师的信息技术能力和综合专业素养。

北京科技大学重点打造多元化、系统化的教师教学能力提升培训体系。通过入职培训、教学讲座、教学研讨与沙龙、教学咨询及资源支撑等多种方式，重点提升教师教学能力，同时关注教师心理健康，推进师德建设，提升教师科研素养，引进学科教学前沿等，为教师提供多渠道、系统化的教学能力提升培训。北京建筑大学以深化人事制度综合改革为抓手提升师资队伍水平。学校开展"定位、分类、考核、薪酬"四位一体的分类发展改革，创立以绩效为导向的人事制度改革，构建以贡献、质量、绩效为导向的多元评

---

① 《北京市高等学校本科教育教学质量分析报告（2020~2021学年）》。
② 《北京市高等学校本科教育教学质量分析报告（2020~2021学年）》。

价体系。以"加强顶层设计，推进教师分类分型发展""突出质量绩效，发挥绩效分配导向作用""强化目标导向，促进学校事业高质量发展"为目标，出台一系列人事改革文件，为实现学校"十四五"发展的总体目标提供人力支撑。北方工业大学对所有新入职的青年教师采取导师制，在入职第一年不要求上课，不考核教学工作量，但要求跟随有丰富教学经验的教授担任一门课程的全程助课，使青年教师尽快转变角色。为提升青年教师专业实践能力和技术应用、转化能力，北京服装学院举办"共研共创、同向同行"暑期实践教学研讨班，赴长三角产业集群地浙江海宁、江苏昆山、常熟地区的服装纺织企业和产业园区实地考察，密切教师与行业、企业的联系。

（五）专业课程教材建设齐头并进成效显著

北京高校紧密围绕学科基础和社会需要规划、设置和调整专业，2021年北京普通本科院校本科专业点达到 2415 个[①]，本科专业结构进一步优化。北京科技大学制定《本科专业设置及管理办法》，建立可量化的专业评估调整机制。每年根据本科招生、就业、教学过程基本状态数据对各专业进行评估，根据招生调剂志愿率、专业申请转出率、就业实际签约率的专业排名情况，做出整改、减少招生、停止招生直至撤销专业的意见，促使专业结构日趋合理。北方工业大学以落实一流本科专业"双万计划"为契机，持续加大入选专业的支持力度，不断深化专业内涵建设，凸显专业特色，提升专业建设水平，充分发挥一流专业的示范引领作用，积极推动各学院做好专业结构优化和调整，促进其他专业的提档升级。北京联合大学不断优化专业结构与专业布局，基本形成了对接京津冀产（行）业链、创新链，与学校空间环境条件较吻合，特色鲜明的应用型专业体系，人才培养水平和服务北京经济社会发展能力持续提升。

课程资源建设更加多元、开放和创新。中国政法大学课程包括专业必修课、专业选修课、通识必修课、通识选修课、创新创业课、国际课程六大

---

① 《北京市高等学校本科教育教学质量分析报告（2020~2021 学年）》。

类。根据专业特色不同，还形成了一系列特色化课程，如案例课、研讨课、实务课、双语课、通识主干课、网络课、诊所课、跨学科课程等。学校以丰富的课程资源和合理的课程结构为基础，着力打造一系列具有示范作用的高品质课程。北京工业大学依照学校人才培养定位与总体思路，制定了《北京工业大学本科重点建设课程规划和实施办法》和《北京工业大学重点建设课程立项计划》，加快补短板、强弱项，有重点、分层次、滚动建设优质基础教育平台课程、通识教育核心课程、混合式教学示范课程等六大类课程，凝练特色，着力打造一批优质课程，以此带动其他课程建设。

教材管理制度日趋完善，教材建设取得实效。北京外国语大学出台《北京外国语大学教材管理办法（试行）》等一系列文件，规范教材编写、审核、选用使用等各环节，形成了系统完备、有效管用的教材规范体系。研究制定"十四五"教材建设规划，部署以"创优""补短""填空"计划打造多语种教材方阵和辞书方阵。北京服装学院《数字媒体艺术概论》荣获全国首届教材建设奖——优秀教材奖，这是学校国家级一流专业数字媒体艺术专业建设取得的重大成果。经过多年应用实践，该教材已经成为本领域首屈一指的专业基础课教材和教学指导书，其学术价值、社会影响力与社会效益显著。

（六）实践创新教育改革成果丰硕

北京市通过深入开展"实培计划""大学生科研行动计划"等推进实践创新教育，鼓励高校与科研院所、企事业单位积极合作，为大学生实习实践、科研创新搭建优质平台；高度重视以赛促教、以赛促学，通过举办近30项大学生学科竞赛，培养学生专业能力、创新水平和竞争合作意识。在第七届中国国际"互联网+"大学生创新创业大赛中，北京市获奖总数达到198项，达到历史最好水平。

高校高度重视大学生实践创新教育，充分发挥校内校外实践创新基地作用，积极推动科教融合、产教融合，不断提升学生实践创新能力。北京信息科技大学基于卓越联盟开放实验室，依托学校的机器人工程、智能控制与检测技术、计算机技术等工科专业信息特色，建设综合开放实践课程，2021年面向学院路共同体21所成员校、卓越联盟16所成员校开设北京卓越工程师培育计划开放共享课程3门，面向沙河大学城7所联盟校开设线上共享课程2门，实现校际优质资源开放共享，用真实环境实训锻炼学生解决复杂工程问题的思维和方法。

北京工业大学着力夯实"广谱式、专业式、融入式"三位一体的创新创业课程体系建设，开设《就业指导》《创业基础》《创新工程实践》等70个课堂，选课学生6500余人次，其中《创业基础》荣获首批北京市就业创业金课。基于智能基座计划，联合华为公司首次开设产教融合创新实践课程——《昇腾创新实践课：AI图像语音算法实践》，通过在教学过程中融入当前信息与通信领域的最新实战案例，帮助学生将基础理论知识与产业界的前沿应用有效结合，培养学生创新思维及系统思维，开拓专业视野，提高创新实践能力，实现从高校到社会的无缝对接。[1]

北京联合大学构建"层次化、模块化、三结合"的实践教学课程体系。形成了"基础实践课—专业实践课—专业综合实践课—创新实践课"逐层递进的课程结构；按照"基本技能—专业能力—综合应用能力—创新创业能力"的能力培养逻辑主线，将各类课程组合形成涵盖了"实验训练、能力磨炼和创新演练"三大功能的课程模块；形成了"课内外结合""产学研结合""实践能力培养与创新创业能力培养结合"的模式。

（七）基层教学组织机构功能日趋完善

北京市充分发挥高校教研室、教学团队等基层教学组织的作用，在推动教学改革和开展教学研究中体现团队合力，选树一批模范基层教研室、优秀本科育人团队，提升教师整体教学水平。2021年，北京高校教师教学发展机构共有144个，校均2.2个，其中，常规培训机构136个，校均2.1个。[2]

---

[1] 《北工大携手华为首次开设产教融合创新实践课程》，https://new.qq.com/rain/a/20210607A02U1C00。

[2] 《北京市高等学校本科教育教学质量分析报告（2020~2021学年）》。

各高校加强教研室等基层教学组织建设，助力教师教学能力提升，吸引一批国内外专家、企业家、工程师、高级技工进入基层教学组织，提高教师队伍实践育人能力。

北京高校高度注重发挥基层教学组织在支持青年教师尽快进入教学状态、提升教学水平、夯实教学基本功等方面的重要作用。基层教学组织培训人次不断增加，2021年部委院校校均培训37.0次，校均培训2396.8人次；市属院校校均培训48.0次，校均培训2410.3人次。[①] 北京高校基层教学组织在机构数量、人员编制及职能定位等方面的制度建设日趋完善，初步建立起支持教师专业发展的长效机制。

（八）自主加强内部质量保障体系建设

北京高校采取多项措施增强学校内部质量保障体系建设力度，以提高教育教学质量。各高校发布的《本科教学质量报告》统计显示，有29所高校通过多种途径开展学生学习满意度调查，占总数的64.44%，其中，以学生评教为主要数据的有11所，其余18所高校通过设计问卷或委托第三方完成调查工作；25所高校进行用人单位调查，占总数的55.56%；6所学校采用OBE成果导向教育和教学管理系统（LMS）监测教育教学的实时成果；5所高校2021年度开展了工程教育认证，3所高校组织进行专业认证。

北京市积极响应国家号召落实评价改革发展任务，以新一轮审核评估和专业认证等为抓手，强化质量意识和主体责任。各高校重视和加强校内的多元自我评估，推动内部质量保障的重心下移至学院、专业、基层教学组织、课程层面。部分高校建立了校、院两级教学质量保障体系，建立健全校院协同机制，进一步强调学院作为教学实施和建设主体在教学质量保障中的主体责任，强化基层教学组织和教师的质量意识。北京林业大学本科毕业论文工作主动求变、创新发展，实施"333工程"，即3项"建设工程"，3项"提

---

① 《北京市高等学校本科教育教学质量分析报告（2020~2021学年）》。

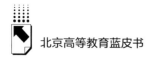

质工程"，3 项"创新工程"，深化本科毕业论文改革实践，破解毕业论文管理中存在的难题，取得实效。

（九）学生学习成果和认可度保持高位

北京高校通过学科类竞赛、创新创业大赛、体育艺术类赛事、知识竞赛等近百项赛事活动，通过"以赛代练"多种渠道提升大学生各项能力与综合素质。2021 年北京高校在各类学科竞赛中取得优异成绩，获奖总数大幅上升，主要源于国家级、省部级获奖数量提高，其中，省部级获奖较上年增加 9415 项，国家级获奖增加 3527 项。同时，北京高校学生获得专利数创近四年的新高。此外，中国国际"互联网+"大学生创新创业大赛近三届总冠军均出自北京高校。在各类满意度调查中，学生认为"自主学习能力""社会适应能力""团队合作能力""责任心"等均得到较大幅度提升，毕业生在"学习能力""专业知识""爱岗敬业"等方面也同样得到了用人单位的普遍认可。

三　问题与建议

（一）服务经济社会发展力度有待加强

高校服务北京经济社会发展意识不足，应提升职业导向和经济服务意识，通过开展职业规划、生涯指导、创新创业教育等形式逐步提升学生职业准备意识。高校各院系需要制定计划方案，确保各院系、教职工和学生在力所能及的范围内最大限度参与各区县及整个北京的经济开发和社会发展。在高校专任教师评价中增加"社会服务"指标，通过业绩评价引导教师主动服务经济社会，不断激发教师内生动力。同时，综合运用绩效考核等方法，通过政策引导不同类型和学科特色高校设定和落实横向课题、专利转化、校企合作等发展目标。适度扩大留学生教育规模，按照不同功能分类发展留学生教育。引导在京高校开展中外合作办学项目，参与国际留学生教育市场竞争。

（二）质量监测应用信息技术有待提高

目前北京高校教学质量监测评价的方式有待丰富和完善，学科、专业、课程、教师、学生、用人单位等多层次、多主体评价有待拓展。同时，当前大多数高校还不能充分利用互联网、大数据、人工智能、云计算等信息手段实现信息的精准采集和多维质量评价，难以满足常态化监测和实时反馈改进的质量需求。为此，高校应加强多元评价，在政府管理部门的协调引导下，进一步拓展方式方法，着力构建全方位、多层次、全过程的本科教学质量评价监测体系；创新评价监测工具，利用现代信息技术广泛收集海量数据进行统计分析，有效实现对教学质量的全程全面监测评估，推动人才培养质量不断提升。

（三）市属高校分类发展政策有待完善

2020 年，北京市出台《北京市属公办本科高校分类发展方案》，标志着市属本科高校分类发展格局的基本形成，对于引导市属高校内涵发展、特色发展、差异化发展，实现高校在不同类型和不同领域办出特色、争创一流发挥积极作用。"十四五"时期，北京市需要在政策支持、财政投入、招生计划分配、学科专业设置、教师发展、评估评价等各个方面综合施策，加强系统谋划、分类推进，建立起完善的分类管理、分类支持、分类发展的引导机制，充分发挥政策导向作用，引导各高校面向"十四五"和 2035 年远景目标找准定位、深化综合改革、不断提升办学水平、提高办学绩效、凝练办学特色，促进形成"同类竞争、多元发展"的良性发展格局。

B.4
2021年北京高等职业教育
改革发展报告

赵新亮　纪效珲*

摘　要：《国家职业教育改革实施方案》提出，职业教育与普通教育是两种不同教育类型，具有同等重要地位；习近平总书记在批示中也明确提出职业教育前途广阔、大有可为。近年来，北京高等职业教育紧密围绕"四个中心"城市定位，加强顶层设计、深化内涵建设，先后出台了多项重要的改革举措，对于提升北京高职发展质量、服务北京经济社会发展方面发挥了重要作用。为全面回顾北京高职高质量发展历程，总结发展典型经验，本研究将系统梳理近年来北京市高职高质量发展的重要改革，重点分析2021年北京高职发展的各项指标数据。基于此，本研究将深入分析当前北京高职发展面临的问题挑战，并尝试提出进一步推动北京高职高质量发展的政策建议。

关键词：　北京市　高职院校　高质量　教育改革

党的十九大报告提出，"我国经济已由高速增长阶段转向高质量发展阶段"，高质量发展不只是一个经济要求，而是对经济社会发展方方面面的总要求。2021年是"十四五"开局之年，北京市严格做好常态化疫情防控和职业教育高质量发展工作。北京高职教育秉承产城教融合的大职教观，深入

---

*　赵新亮，管理学博士，北京教育科学研究院高等教育科学研究所副研究员，主要研究方向为教育政策、教师教育等；纪效珲，管理学博士，北京教育科学研究院高等教育科学研究所助理研究员，主要研究方向为教育经济与管理。

贯彻习近平总书记关于职业教育重要指示和全国职业教育大会精神，落实《国家职业教育改革实施方案》《关于推动现代职业教育高质量发展的意见》等中央文件，紧紧围绕首都"四个中心"战略定位谋篇布局，大力推进北京高职"高质量、有特色、国际化"发展。本研究将通过多种方法，对近年来北京高等职业教育改革发展进行回顾，对 2021 年改革发展指标数据进行全面分析，旨在丰富完善新形势下促进北京高职高质量发展的政策建议。

一　北京高职教育高质量发展的改革回顾

（一）落实中央政策，顶层设计北京高职教育发展战略

对标"党的十九大"关于我国经济社会高质量发展的意见，落实教育部《高等职业教育创新发展行动计划》，2018 年 5 月，北京市教委等五部门联合印发了《北京职业教育改革发展行动计划（2018~2020 年）》，是今后一个时期北京职业教育改革发展的指导性文件。该行动计划明确了"立足需求、提升质量、优化布局、城教融合、协同发展"的职业教育改革发展基本思路，提出了 7 个方面 15 项改革任务，将重点建设 10 所左右特色鲜明、世界一流的职业院校，高水平建设 100 个左右国内领先、世界一流的骨干专业，重点建设 100 个左右工程师学院及技术技能大师工作室，每年完成职业技术技能培训 100 万人次以上。三年行动计划实施之后，2020 年 6 月，北京市教委等四部门联合印发了《关于深化职业教育改革的若干意见》，旨在贯彻落实中央关于职业教育改革"20 条"方案，实现首都职业教育"高质量、有特色、国际化"发展。该意见对北京职业教育改革进行了统筹设计，聚焦当前北京市职业教育发展的重点难点问题，探索体制机制上的有效突破，提出一系列促进北京职业教育更好更快发展的政策，包括优化职教布局、完善职教体系、深化产教融合、创新培养模式、加强社会培训、培养师资队伍、建设智慧校园、推进国际合作等多个方面。

2021 年，为进一步落实全国职业教育大会精神，贯彻中央《关于推动现

代职业教育高质量发展的意见》，北京市教委积极研究并制定《关于推动北京职业教育高质量发展的若干意见》，旨在服务"双减"政策实施，全面深化北京职业教育体制机制改革，提升职业教育服务经济社会发展能力。并进一步优化职业教育类型定位，深入推进育人方式、办学模式、管理体制、保障机制改革，为更好服务"四个中心"功能建设提供人才支撑。同时，积极推动职业院校毕业生在就业、落户等方面与普通高校毕业生享受同等待遇，增强职业教育吸引力。2021 年，北京市积极落实《职业教育提质培优行动计划（2020~2023 年）》工作部署，统筹承接 45 项提质培优任务，总结凝练北京职业院校提质培优案例 70 余项，着力提升人才培养质量。2021 年，北京高等职业教育发展始终紧跟国家重大战略步伐，在推进京津冀协同发展、参与脱贫攻坚、北京冬奥会等方面有积极作为，如积极落实市政府冬奥会京冀协作任务，推进职业院校加强冰雪运动、冰雪设施运维与管理等专业建设。

（二）做强院校品牌，实施"特高""双高"计划

为进一步做强北京高职院校办学品牌，激发职业院校改革与发展的内生动力，2018 年 10 月，北京市教委和北京市人社局联合印发《关于开展北京市特色高水平职业院校和骨干专业（群）建设与遴选工作的通知》《关于开展北京市职业院校工程师学院及技术技能大师工作室建设工作的通知》，在全国率先启动了特色高水平院校和骨干专业（群）建设项目，旨在进一步推动产教融合，引导高职院校将特色高水平院校建设、骨干专业（群）建设等作为推动学校发展的重要载体，第一批共评选特色高水平职业院校 8 所，第一批骨干专业（群）22 个，工程师学院及技术技能大师工作室 12 个。北京市特高计划的有序推进有力地支撑了"双高校"建设，2019 年，北京市 7 所高职院校入选国家首批"双高计划"，建设单位数量占高职院校总数的 28%，这是北京职教改革创新、精准施策的结果，也意味着北京高职院校进入"国内一流、国际领先"发展新阶段。2020 年，北京市继续开展北京特高项目建设，稳步推进首批骨干特色专业、工程师学院和大师工作室建设，完成第二批 51 个专业、50 个两师项目的评议立项工作，并进一步推进项目建设学校履行建设主体责

任、完善建设方案，确保项目建设取得预期成效。

2021 年，为全力推进北京高等职业教育提质培优，北京市教委印发《关于开展北京市特高项目阶段评估工作的通知》，开展首批 12 所"特高"校实地考察与阶段评估，坚持问题导向、聚焦难点重点、督促项目进展、交流建设经验、提出诊断建议、加强动态管理、提升建设实效，促进项目高质量完成建设绩效目标任务。2021 年，北京市着力指导推进"双高"建设，推动职业院校聚焦建设目标、强化项目支撑、突出改革引领，推动职业院校主动服务重大任务和重大战略，服务区域经济发展，研究起草《北京市"双高"建设自评报告》。同时，积极推动在国家"双高校"高水平专业开展职业本科试点，树立高等职业教育发展标杆。此外，2021 年北京市专门召开了全市职业院校德育和思想政治工作会议，坚持德技并修，把庆祝建党 100 周年、党史学习教育作为学校思想政治工作主线，加快构建具有北京特色的新时代职业院校德育工作体系，培养新时代职教人才。

（三）聚焦内涵建设，制订教育教学改革专项计划

2018 年，为调动社会各界参与职业教育教学改革的积极性，激发职业院校改革与发展的内生动力，北京市教委组织了 2018 年北京市职业教育教学改革项目立项工作，该项目坚持问题导向、改革创新、实践引领原则，旨在引导高职院校聚焦教育教学改革，探索与培育一批体现职业教育特色的北京模式、北京标准、北京方案。2019 年，为贯彻落实中央关于高职扩招百万的决策部署，加快培养首都经济社会发展急需的各类技术技能人才，北京市教委专门印发《关于做好北京市高职扩招专项工作的通知》，采取了包括超额下达招生计划、探索具有北京特色的高职招生模式、扩大高职招生生源范围等五条重要措施稳妥推进扩招工作，为建设国际一流的和谐宜居之都发挥支撑和引领作用。2019 年，北京市人社局联合市财政局制定了《北京市全面推行企业新型学徒制实施方案》及《企业新型学徒制工作指导手册》，紧紧围绕首都"四个中心"功能定位和北京城市总体规划等技能人才需求，推行企业新型学徒制工作，创新培养人才模式和培训方式。2020 年，为确

保疫情期间高职院校"停课不停教，停课不停学"，基于北京高职院校办学类型特点，北京市教委专门制定了《关于做好疫情防控期间职业院校教学调整与管理工作的通知》，从教学进程调整、在线教学组织、教学资源保障、技术支持保障、教学质量监测等多个方面进行指导。2020年，北京市教委进一步落实《教育部办公厅等三部门关于推进1+X证书制度试点工作的指导意见》要求，有序推进北京市1+X证书制度试点工作。

2021年，为进一步落实《国家职业教育改革实施方案》《职业教育提质培优行动计划》，北京市教委出台了《北京市职业院校教学管理通则》。该通则系统总结了北京职业教育"十三五"时期教育教学管理的典型经验，凝练了一整套体现职业教育类型教育特色和教学管理规律的系列标准及规范制度体系，在全国职业教育领域产生较大影响。为有效实施标准化教学管理，北京市教委专门举办了北京市职业院校教学管理通则培训班，培训班以解读教学管理通则为主要内容，为各院校有效落实教学通则提供明确指导。2021年，北京市持续深化"三教"改革，推动职业院校将"教、训、练、赛"有机结合，促使学生职业素养、技能水平稳步提升，引领院校专业建设和课程改革。2021年，北京市成功举办全国职业院校技能大赛首届"创新创业"赛项，组建的北京代表队参加全国88个赛项，获4个一等奖，16个二等奖，23个三等奖；举办中国国际"互联网+"大学生创新创业大赛职教赛道北京市赛，组建职教代表队参加国赛，获2枚金奖，1枚银奖，7枚铜奖，北京职业院校首次斩获大赛金奖。

（四）深化产教融合，做实做精校企合作北京方案

2018年，北京市组织高职院校开展产教契合度深化研究，聚焦北京"三城一区"和城市副中心，调研分析职业教育与区域主干产业契合关系，对接北京城市新总规、各区分规划、雄安新区建设规划、京津冀协同发展规划，优化高职院校及专业的分布与结构，主动树立服务首都城教融合创新发展理念。同时，北京市教委积极整合融通各级各类优质教育资源，以人才培养模式的改革创新为重点，继续推进高端技术技能人才贯通培养试验项目。

2019 年，为贯彻落实北京市关于《深化产教融合的实施意见》，北京市教委遴选认定了一批产教融合型企业，给予组合式激励及优惠政策，积极推动职业教育办学模式向产教深度融合的类型教育转变。同时，为深化校企合作、创新校企协同育人，北京市在全国率先开展职业院校工程师学院和大师工作室建设，探索深化职业教育产教融合北京模式。2020 年，北京市《关于深化职业教育改革的若干意见》中明确提出"深化产教融合，创新体制机制，激发企业参与职业教育活力"的新要求，北京高职院校以工程师学院建设为契机，精准对接首都"四个中心"和高精尖产业发展需求，紧跟新业态、新职业、新岗位，与区域内龙头企业、领军企业等联合探索多元化办学体制，逐步培育一批契合北京产业发展需求、企业主体作用发挥突出、人才培养模式创新的产教融合品牌，形成了"北京产业学院模式"。

2021 年，北京市在总结高端技术技能人才贯通培养试点经验基础上，结合《北京市属公办本科高校分类发展方案》相关要求，制定《关于 2021 年开展高端技术技能人才贯通培养的通知》，决定自 2021 年起对贯通培养进行全面优化。2021 年，围绕首都"四个中心"建设和经济社会发展的人才需求，优化贯通培养模式，精心遴选项目院校、科学设置招生专业，招生录取 2810 人，100% 完成招生计划。2021 年，北京市不断优化"工程师学院"或"技术技能大师工作室"双主体产教深度融合模式，支持高职院校与联想、京东、华为、施耐德等国内外知名企业，在人才培养、资源共享、技术创新、社会服务等方面不断深化合作。比如重点推动职业院校与北京环球度假区加强合作，开展人才需求对接、深化产教融合，已有 10 所职业院校与环球度假区签订合作协议，5 所职业院校与其合作开设人才储备班。此外，2021 年北京持续推动职业教育国际化工作，启动"丝路工匠"职业院校国际合作联盟平台建设，已有国内 21 所中高职院校和国外 4 个国家 10 所院校入驻平台；在东南亚地区开展跨境电商、轨道交通等领域管理、技能人才培训，中国首个职业教育标准在国外落地；做优做强"留学北京""丝路工匠"等北京职业教育品牌，深入总结德国 HUG 教学模式、澳大利亚 TAFE 教学模式改革试验，形成教学模式改革的"北京经验"。

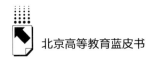

二 北京高职教育高质量发展的数据回顾

（一）学生发展数据回顾与分析

2021 年，北京高等职业教育（含本科院校举办的高职教育）招生总数为 23459 人，与 2020 年相比减少 8.69%；在校生总数为 68027 人，与 2020 年相比减少 6.55%；毕（结）业生总数为 26930 人，与 2020 年相比增加 4.22%（见图 1）。

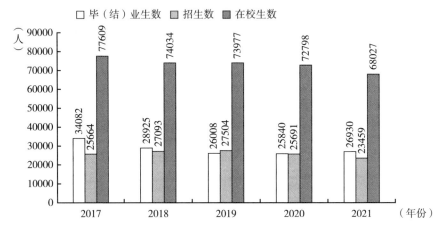

图 1　2017~2021 年北京市高等职业教育规模

1. 招生规模

北京市高职院校积极配合非首都功能有序疏解，严格控制招生规模，同时受高职扩招计划影响，2021 年北京高职院校总体招生规模呈下降趋势，双高院校招生规模降幅要高于非双高院校。2021 年，北京市 25 所高职院校招生总数为 19526 人，与 2020 年相比减少 7.72%。其中，双高院校 2021 年招生总数为 10073 人，较 2020 年减少了 11.09%，较 2017 年增加了 8.59%；非双高院校招生总数为 9453 人，较 2020 年减少了 3.84%，较 2017 年减少了 8.99%。高职院校招生规模呈下降趋势，但双高院校招生人数较 2017 年有所增加（见图 2）。

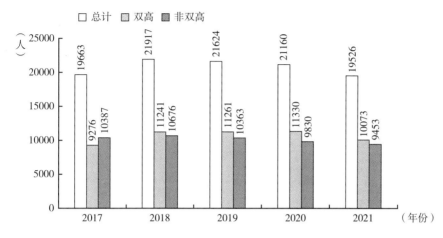

图2 2017～2021年北京市高职院校招生规模

2. 在校生规模

北京市高职院校受招生规模限制影响，总体在校生规模呈下降趋势。2021年，北京高职院校在校生总数56666人，与2020年相比减少5.16%。其中，双高院校在校生为28789人，较2020年减少了6.63%，但较2017年增加了7.08%；非双高院校在校生为27877人，较2020年减少了3.60%，较2017年减少了9.83%（见图3）。

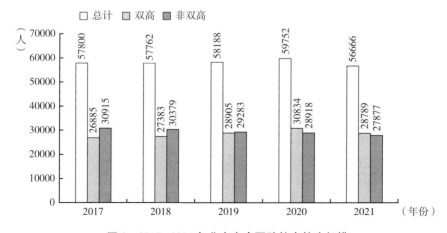

图3 2017～2021年北京市高职院校在校生规模

3. 毕业生规模

北京市高职院校总体毕业生规模呈上升趋势。2021年，北京高职院校共有毕（结）业生21256人，与2020年相比增加4.87%。其中，双高院校毕（结）业生为11230人，较2020年增加了7.65%，较2017年减少了1.61%；非双高院校毕（结）业生为10026人，较2020年增加了1.92%，较2017年减少了19.14%（见图4）。

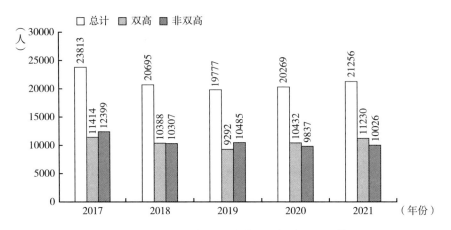

图4 2017～2021年北京市高职院校毕业生规模

4. 毕业生就业率①

北京高职院校积极融入首都城市建设、运行、管理、服务，毕业生实现高质量就业。2021年，北京高职院校就业率为94.03%，与2020年相比增加3.82个百分点。其中，双高院校就业率为95.43%，较2020年增加了2.44个百分点，较2017年减少了2.86个百分点；非双高院校就业率为92.29%，较2020年增加了5.1个百分点，较2017年减少了3.29个百分点（见图5）。

（二）教学资源数据回顾与分析

本部分主要从专任教师队伍、固定资产值（含教学、科研仪器设备

---

① 因部分院校年份数据缺失，本项统计6所双高院校，13所非双高院校。

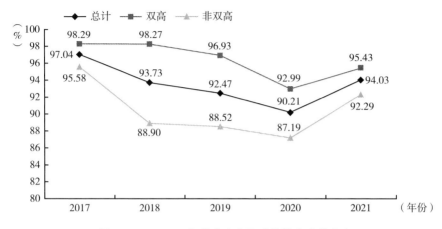

图 5　2017～2021 年北京市高职院校毕业生就业率

值）、图书等三个指标，分析北京高职院校教学资源情况。

1. 专任教师队伍

为适应新时期高等职业教育对专任教师提出的新要求，北京高职院校坚持引进与培养相结合，不断优化教师结构，打造专兼结合、"双师"结构合理的高素质教师队伍，但同时存在人才流失情况。2021 年，北京高职院校专任教师总数 4358 人，高级职称教师总数 1700 人，占专任教师比例为39.01%。与 2020 年相比，高职院校专任教师减少 1.98%，高级职称教师减少 7.05%。同时，与 2020 年相比，高职院校的高级职称教师占比减少 2.13个百分点（见图 6）。

双高院校专任教师中高级职称占比显著高于非双高院校。2021 年，双高院校专任教师总数 2364 人，高级职称教师总数 1025 人，占专任教师比例为 43.36%。与 2020 年相比，双高院校专任教师减少 1.91%，高级职称教师减少 6.39%；与 2017 年相比，专任教师减少 6.41%，高级职称教师增加8.35%。非双高院校专任教师总数 1994 人，高级职称教师总数 675 人，占专任教师比例为 33.85%。与 2020 年相比，非双高院校专任教师减少2.06%，高级职称教师减少 8.04%；与 2017 年相比，专任教师减少13.19%，高级职称教师减少 1.03%。

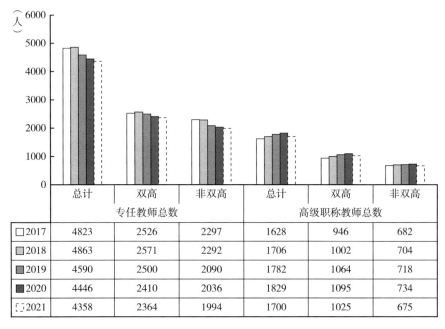

	专任教师总数			高级职称教师总数		
	总计	双高	非双高	总计	双高	非双高
□2017	4823	2526	2297	1628	946	682
2018	4863	2571	2292	1706	1002	704
2019	4590	2500	2090	1782	1064	718
2020	4446	2410	2036	1829	1095	734
2021	4358	2364	1994	1700	1025	675

图6 2017~2021 年北京市高职院校教职工情况

2021 年，北京高职院校专任教师中双师型专任教师总数 2958 人，占专任教师比例为 67.88%，与 2020 年相比，高职院校双师型专任教师增加 1.96%。其中，双高院校双师型专任教师总数 1775 人，占专任教师比例为 75.08%，与 2020 年相比，双高院校双师型专任教师减少 0.73%；与 2017 年相比，双师型专任教师减少 0.39%。非双高院校双师型专任教师总数 1183 人，占专任教师比例为 59.33%。与 2020 年相比，非双高院校双师型专任教师增加 6.29%；与 2017 年相比，双师型专任教师减少 2.23%（见图7）。

2. 固定资产总值

多年来，北京市高度重视高等职业教育发展，不断强化高职院校基础办学条件投入，为高职院校适应社会需求发展提供强有力条件保障。但受新冠肺炎疫情影响，2021 年北京高职院校总体固定资产值有所降低。2021 年，北京高职院校固定资产值总计 129.43 亿元，与 2020 年相比减少了 13.13%。其中，双高院校固定资产总值为 71.76 亿元，较 2020 年减少了 1.87%，较

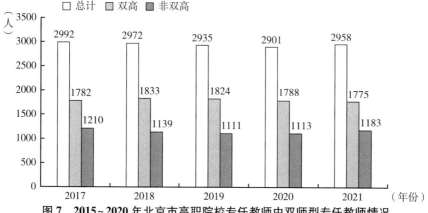

图 7　2015~2020 年北京市高职院校专任教师中双师型专任教师情况

2017 年增加了 16.35%；非双高院校固定资产总值为 57.67 亿元，较 2020 年减少了 23.98%，较 2017 年增加了 11.73%（见图 8）。

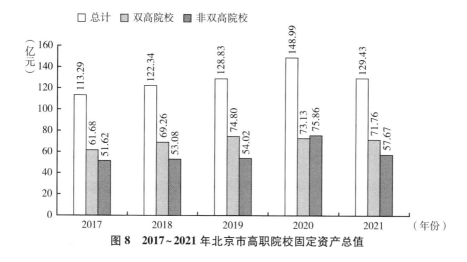

图 8　2017~2021 年北京市高职院校固定资产总值

2020 年，北京高职院校教学、科研仪器设备值总计 42.90 亿元，与 2020 年相比增加了 5.65%。其中，双高院校教学、科研仪器设备值为 30.11 亿元，较 2020 年增加了 3.32%，较 2017 年增加了 21.78%；非双高院校教学、科研仪器设备值为 12.78 亿元，较 2020 年增加了 11.56%，较 2017 年增加了 20.66%（见图 9）。

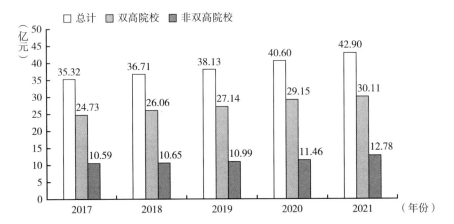

图9 2017~2021年北京市高职院校教学、科研仪器设备值

3. 图书

北京市高职院校总体图书规模呈上升趋势。2021年，北京高职院校图书共计1127.4万册，与2020年相比，图书总数增加了0.63%。其中，双高院校2021年图书总数为498.2万册，较2020年增加了1.67%，较2017年增加了6.52%；非双高院校图书总数为629.2万册，较2020年减少了0.17%，较2017年增加了4.17%（见图10）。

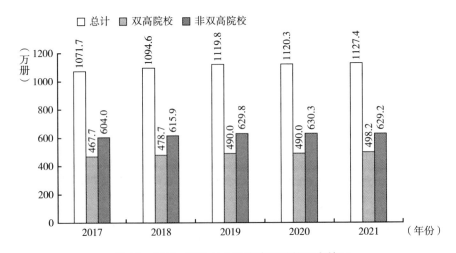

图10 2017~2021年北京市高职院校图书情况

（三）服务贡献数据回顾与分析

本部分主要从毕业生本地就业率、社会和合作企业人员培训、服务到款等三个指标，分析北京高职院校社会服务情况。

1. 本地就业率

2021年，北京高职院校就业学生中选择北京就业的比例为64.41%，与2020年相比增加了2.33个百分点。其中，双高院校就业学生中选择北京就业的比例为61.81%，较2020年增加了0.93个百分点，较2017年减少了19.51个百分点；非双高院校就业学生中选择北京就业的比例为67.75%，较2020年增加了4.29个百分点，较2017年增加了3.3个百分点（见图11）。

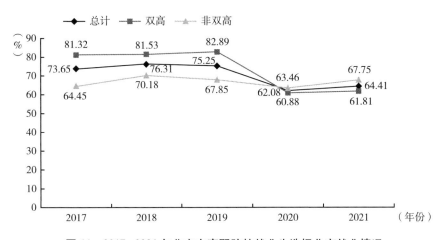

图11　2017～2021年北京市高职院校就业生选择北京就业情况

2. 社会和合作企业人员培训

北京市高职院校发挥职业培训职能优势，面向行业企业、区县基层组织、京郊农村、城市社区开展各类社会培训活动，但受新冠肺炎疫情影响，2021年北京市高职院校总体社会培训显著降低。2021年，北京高职院校社会培训总计275324人次，与2020年相比减少了51.58%。其中，双高院校社会培训为209853人次，较2020年减少了47.44%，较2017年减少了

5.99%；非双高院校社会培训为65471人次，较2020年减少了61.33%，较2017年增加了332.04%（见图12）。

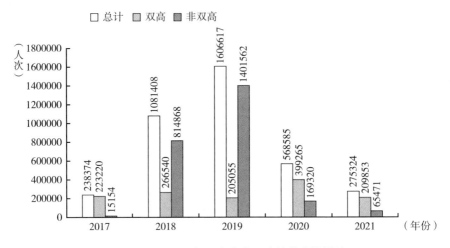

图12 2017~2021年北京市高职院校社会培训情况

2021年，北京高职院校为合作企业培训员工计41915人次，与2020年相比减少了45.18%。其中，双高院校为合作企业培训员工为27047人次，较2020年减少了55.34%，较2017年增加了64.45%；非双高院校为合作企业培训员工为14868人次，较2020年减少了6.47%，较2017年减少了73.44%（见图13）。

3.服务到款

北京市高职院校专业分布与首都产业结构高度吻合，为推动北京经济社会转型升级，各院校充分利用自身人才和技术优势，以政府和企业服务项目为载体，为高精尖产业发展提供技术开发与服务。2021年，北京高职院校政府购买服务到款计636.52万元，与2020年相比减少了42.45%。其中，双高院校政府购买服务到款为463.23万元，较2020年减少了38.89%，较2017年减少了41.02%；非双高院校政府购买服务到款为173.29万元，较2020年减少了50.21%，较2017年减少了84.88%（见图14）。

2021年，北京高职院校技术服务到款计5268.81万元，与2020年相

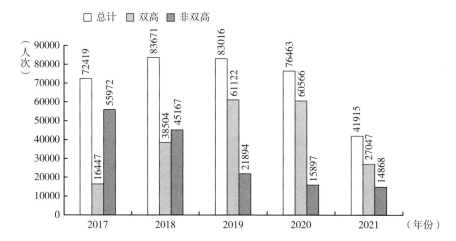

图13 2017~2021年北京市高职院校为合作企业培训员工情况

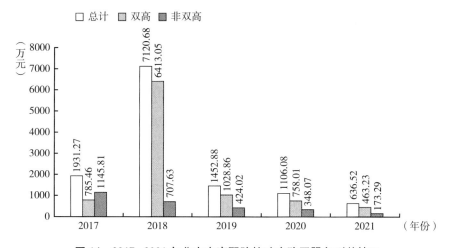

图14 2017~2021年北京市高职院校政府购买服务到款情况

比减少了3.35%。其中，双高院校技术服务到款为2979.71万元，较2020年减少了25.66%，较2017年增加了64.33%；非双高院校技术服务到款为2289.10万元，较2020年增加了58.63%，较2017年增加了764.30（见图15）。

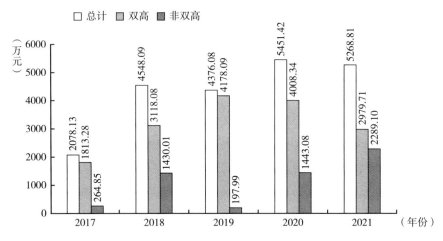

图 15　2017～2021 年北京市高职院校技术服务到款情况

三　北京高职教育高质量发展的挑战与建议

（一）北京高职教育发展面临的问题与挑战

近年来，北京高等职业教育改革发展进程不断加快，取得了诸多改革发展成就，但是通过深入调研发现，面向未来的经济社会发展需求以及教育改革的发展趋势，北京高等职业教育发展仍面临一系列的挑战。

1.专业布局与行业企业发展需求的匹配性有待提高

立足于北京经济社会的发展需求优化专业布局与人才培养结构，是北京市高等职业教育亟须重点加强的问题。在当前北京高等职业教育发展中，专业布局与行业、企业岗位需求仍未达到无缝衔接，依然存在"产教融而不透、校企合而不深"的现象，尤其是在新产业、新业态、新科技的专业跟进不够，产教融合、校企合作的机制还需进一步探索和完善。与北京经济社会发展需求适应性还不够强，也是导致目前北京市高等职业教育生源下降、人才供给结构性矛盾突出的重要原因。

2. 高职教育在首都新发展格局中的定位有待明确

高等职业教育是培养高端技术技能人才的主阵地，但受疏解非首都功能政策影响，自 2015 年起，北京市不再扩大高职院校的办学规模，京内生源不足，京外招生计划控制越来越严。同时，北京市各高职院校仍然存在人才培养质量不够整齐的现象，优质职业教育资源还有一些明显不足的地方，需要进一步激发高职院校的办学活力，全面提升人才培养质量。当然，高职院校开展技能培训的政策支持需要加大力度，以更有效匹配首都城市运行、交通运输、养老服务、家政服务、学前教育、护理、信息技术等领域对高素质技术技能人才的迫切需求，高等职业教育在上述重点领域专业设置和人才培养质量提升方面的响应速度还要更加迅速而高效。

3. 首都特色的现代职业教育体系建设仍有待加强

受传统价值取向、社会观念、市场薪酬等因素的影响，首都职业教育的社会吸引力仍显不足，虽然近年来本地生源数量有小幅提升，但后续几年依然处于低谷期。高质量建设的水平和特色发展等方面还需要进一步总结和提升。按照新阶段首都经济社会发展对高水平技术技能人才的市场需求，职教领域的人才成长通道需要进一步拓宽，职业教育本科尚需在政策上进一步松绑。同时，产教融合、校企合作在具体合作过程中，存在体制机制配套政策缺失、解决合作痛点的措施无法落地、涉及深度合作的混合所有制障碍等问题。此外，北京在现有"高中、高职与本科'2+3+2'贯通培养"职业教育体系基础上，还需要进一步丰富各种形式的教育实现途径，匹配首都区域经济对高等职业教育的迫切需求。

（二）北京高职教育高质量发展的政策建议

1. 以优化专业契合产业发展为着力点，提升紧缺技能人才供给能力

面向"十四五"开局，立足首都新发展阶段、服务首都新发展格局，贯彻技能中国等职教新发展理念，进一步深化产教融合、强化高质量发展，全面优化院校和专业布局。适应首都"四个中心"城市功能定位带来的产业变化，根据产业结构调整和升级，继续调整优化北京高职院校专业结构布

局，探索建立专业布局动态调整和预警机制。重点加强学前教育、养老服务、城市管理、非遗传承等紧缺和急需专业人才培养，加快撤销与北京经济社会发展需求不符的专业，进一步优化北京高等职业院校专业布局。引导高职院校立足本区域功能定位或行业企业需求，重点培养北京城市发展必需和紧缺的人才，重点建设首都产业发展急需的专业，以更好地适应北京经济社会发展需求。探索职教联盟新模式，促进京津冀职业教育协同发展，采用定向招生、联合培养等多种方式面向京外省份适当增加招生计划。

2. 构建以学生发展为中心的评价体系，促进高等职业院校内涵发展

针对现阶段北京高等职业教育整体质量不均衡的现状，需要进一步明确内涵式发展的办学导向，完善内外部质量保障体系。研究制定评价标准、评价机制及评价体系，加强高等职业教育人才培养工作状态数据监测。贯彻落实中共中央、国务院《深化新时代教育评价改革总体方案》，坚持把立德树人成效作为根本标准，重点评价高职院校德技并修、产教融合、校企合作、育训结合、学生获取职业资格、毕业生就业质量等情况，把职业教育评价改革细化到课程和专业、细化到学期和学年、细化到管理和服务，扩大行业企业参与评价，努力研制行之有效的职业教育评价北京方案、北京经验。此外要聚焦高职院校内涵发展，推进"工学结合、校企合作"育人模式改革，推动人才培养方案与产业人才需求标准相衔接、人才培养链和产业链相融合；借鉴国际先进的育人理念和育人模式，探索有中国特色的技术技能人才培养之道。

3. 推动教育教学改革项目深入实施，助力首都高等职业教育特色发展

以"双高""特高"建设为重点，高水平推进"中国特色高水平职业院校和专业"建设任务，推动首都高等职业教育高质量发展。深入推进体现职业教育特征和北京特色的职业教育改革，彰显首都与其他地区不同的差异化发展之路，优化符合技术技能人才成长规律的教学管理规范，促进各院校形成一套符合人才成长和办学定位的科学制度体系。全面深化产教融合，紧贴首都产业转型发展，坚持校企深度融合，能够支撑重点产业与区域支柱产业，形成一批特色鲜明、综合实力强、社会认可度高、招生就业好、具有示范引领作用、可推广可输出的专业品牌。围绕首都"四个中心"功能建设，坚持"开放办学、自主办学、创新办学"的原则，聚焦高等职业教育如何协同城市疏解战略、如何深入产教融合、如何完善职教体系等重点难点问题，深化体制机制改革，实现首都高等职业教育的"高水平、有特色、国际化"发展。

4. 深入推进现代职业教育体系建设，增强高等职业教育社会影响力

加快构建现代职业教育和培训体系，推进不同层次职业教育纵向贯通，创新培训体制机制。一是按照《国家职业教育改革实施方案》的要求，完善高端技术技能人才贯通培养机制，畅通应用型人才培养通道，培养高素质技术技能人才；持续推进贯通培养模式改革；推动普职融通，鼓励高职院校面向中小学开展劳动和职业启蒙教育。二是适当提升高职院校专升本比例，扩大本科职业教育人才数量，深化"文化素质+职业技能"考试招生改革。按照教育部要求，在入选国家"双高"的高职院校中开展本科层次职业教育试点，积极探索职业教育本科人才培养。三是充分发挥职业院校的职业培训资源，鼓励职业院校开展补贴性培训和市场化社会培训。适应社会发展需求，横向构建面向在职职工、现役退役军人、新型职业农民、养老家政从业人员等群体，纵向构建面向高级、中级、初级的技术技能培训的培训体系。

参考文献

田志磊、杨雪、董巍：《聚焦高职扩招实践　促进高职高质量发展——"新时代职业教育发展学术研讨会"综述》，载《中国教育财政政策咨询报告（2019~2021）》，北京大学中国教育财政科学研究所，2022。

芦艳：《我国高等职业教育试点：成效、限度与反思》，《职教论坛》2021年第11期。

袁蕊、彭静、武岳：《"双高"背景下北京高职院校招生困境和发展路径研究》，《北京财贸职业学院学报》2020年第2期。

李宇红：《美国社区学院教育制度对北京高职教育发展的启示》，《北京教育（高教）》2018年第1期。

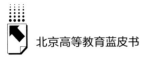
刘环、张丽英、朱晓娜、姜欣宇：《北京高职院校学生体质素质发展趋势及建议对策研究》，《文存阅刊》2018 年第 1 期。

杜晓林：《走中国特色高职发展道路》，《管理观察》2015 年第 5 期。

李国庆：《规模与质量：高职内涵式发展之探索》，《河南教育学院学报》（哲学社会科学版）2014 年第 4 期。

李雯：《北京高职院校专业结构与产业结构的协调发展研究》，《教育与职业》2013 年第 6 期。

张宁锐：《北京高职：从"求学拉动"到"发展拉动"》，《人民政协报》2010 年 9 月 15 日。

李慧勤、商亚坤：《北京高职教育发展现状分析》，《北京城市学院学报》2005 年第 3 期。

专 题 篇
Special Reports

B.5
北京"双一流"高校建设现状研究

纪效珲*

摘　要：　系统梳理北京市在首轮"双一流"高校建设周期的主要政策、高校建设现状和采取的主要措施，对保障第二轮"双一流"高校建设成效具有重要现实意义。基于相关数据的可获得性，本文分析得出，北京首轮"双一流"建设高校在一流学科建设、经费投入、师资队伍、人才培养、科研产出、社会服务和国际交流合作等七个方面取得成效；从高校共建、一流专业、高精尖学科、教师队伍、创新人才培养和绩效评价制度这六个方面采取主要建设措施。

关键词：　"双一流"高校　高校建设　北京市

---

* 纪效珲，管理学博士，北京教育科学研究院高等教育科学研究所助理研究员，主要研究方向为教育经济与管理。

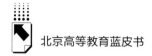

在我国高等教育发展进入从高等教育大国到高等教育强国的历史性跨越背景下，2015 年 10 月，国务院印发《统筹推进世界一流大学和一流学科建设总体方案》①（简称《总体方案》），规定每五年为一个建设周期，加快建成一批世界一流大学和一流学科。2017 年 1 月，教育部、财政部、国家发改委联合印发《统筹推进世界一流大学和一流学科建设实施办法（暂行）》（简称《暂行办法》），从人才培养、科学研究、社会服务、文化传承创新、师资队伍建设和国际交流合作等六个方面明确"双一流"建设高校遴选标准。② 同年 9 月，教育部等三部门联合发布"双一流"高校建设名单，③ 标志着首轮"双一流"高校建设正式启动。

习近平总书记在清华大学考察时明确指出，"一个国家的高等教育体系需要有一流大学群体的有力支撑，一流大学群体的水平和质量决定了高等教育体系的水平和质量"。"双一流"高校建设对促进我国高等教育强国建设具有重要历史意义。2022 年 1 月，教育部、财政部、国家发改委等三部门联合印发《关于深入推进世界一流大学和一流学科建设的若干意见》（简称《意见》），于 2 月公布第二轮"双一流"建设高校及建设学科名单，标志着新一轮"双一流"高校建设正式启动。④

首轮"双一流"高校建设周期结束，项目高校建设成效如何引起国内各界热议。北京市高等教育资源处于全国领先地位，逐渐形成了开放、多元、融合的教育形态，⑤ 到 2050 年，北京市将建设成为世界一流大学的

---

① 国务院：《关于印发统筹推进世界一流大学和一流学科建设总体方案的通知》（国发〔2015〕64 号）。

② 教育部、财政部、国家发改委：《关于印发〈统筹推进世界一流大学和一流学科建设实施办法（暂行）〉的通知》（教研〔2017〕2 号）。

③ 教育部、财政部、国家发改委：《关于公布世界一流大学和一流学科建设高校及建设学科名单的通知》（教研函〔2017〕2 号）。

④ 教育部：《教育部 2022 年工作要点》，http://www.moe.gov.cn/jyb_ xwfb/gzdt_ gzdt/202202/t20220208_ 597666.html。

⑤ 杨楠、刘永武：《推进世界一流大学和一流学科建设实现高等教育创新发展——2016 年第三届北京教育论坛"'双一流'建设与高等教育创新发展"分论坛报告综述》，《北京教育（高教）》2017 年第 1 期。

高地。① 因此，总结分析北京市在首轮"双一流"高校建设周期的主要政策、高校建设现状和采取的主要措施，对引领我国高等教育强国建设、保障北京市第二轮"双一流"高校建设成效均具有重要现实意义。

一　北京市"双一流"高校建设相关政策

"双一流"高校建设作为国家高等教育发展战略，其推进和落地需要政府、高校及其他相关机构的协同发力。2017 年 9 月，中共中央国务院批复的《北京城市总体规划（2016～2035 年）》（简称《城市规划》）明确提出：北京一切工作必须坚持"政治中心、文化中心、国际交往中心、科技创新中心"的城市战略定位。北京围绕"四个中心"城市战略定位，在首轮"双一流"高校建设周期颁布并实施了一系列改革和发展高等教育政策。

2015 年 3 月，为服务"科技创新中心"建设和北京市高精尖产业结构调整，北京市实施"北京高等学校高精尖创新中心建设计划"，整合在京央属高校、市属高校和国际创新资源三方力量，建设 20 个左右的高精尖创新中心，深化科技创新和人才培养的改革。② 《总体方案》发布后，北京市于2016 年 9 月发布《北京市"十三五"时期教育改革和发展规划（2016～2020 年）》，提出要发挥好北京高校在人才培养、科技创新、社会服务和文化传承方面的作用，支持世界一流大学和一流学科建设，鼓励高等学校瞄准"世界一流"优化学科结构，重点建设一批国内领先、国际一流的优势学科和领域。③

《暂行办法》公布后，北京市加快完善"双一流"高校建设相关政策体系。2017 年 3 月，北京市实施市属高校一流专业建设项目，面向市属高校

---

① 中共北京市委、北京市人民政府：《关于统筹推进北京高等教育改革发展的若干意见》（京发〔2018〕12 号）。
② 北京市教育委员会：《关于印发北京高等学校高精尖创新中心建设计划的通知》（京教研〔2015〕1 号）。
③ 北京市教育委员会、北京市发展和改革委员会：《北京市"十三五"时期教育改革和发展规划》（京教计〔2016〕21 号）。

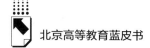
分批遴选50个左右一流专业重点建设。① 同年12月，北京公布20所市属高校的27个专业入选首轮一流专业进行重点建设项目。② 2017年9月，《城市规划》基于"文化中心"建设定位，提出支持北京大学、清华大学等若干高等学校建成世界一流大学，形成一批世界一流学科。③

2018年6月，北京市发布《关于统筹推进北京高等教育改革发展的若干意见》，提出从高精尖学科、一流专业和地方高水平大学等三个维度，推进"双一流"高校建设，引导项目高校融入北京"四个中心"功能建设，服务北京经济社会发展需要，带动市属高校学科发展及整体水平提升，到2050年，把北京建设成为世界一流大学的高地。④ 同年12月，北京市教委、市财政局联合印发《北京高校一流大学和一流学科建设管理办法》（简称《管理办法》）明确了北京对"双一流"建设高校、北京高校"高精尖"学科和北京高校"一流专业"等一流学科等建设项目的考核评估方式、动态调整机制和具体工作要求，⑤ 于2020年4月开展北京"双一流"建设高校年度成效评估工作。⑥

2019年，北京市开展"重点建设一流专业"项目，面向在京央属高校和市属高校各遴选50个左右"重点建设一流专业"（包括2017年遴选的20所市属高校的27个专业），要求入选专业要主动支持北京"四个中心"建设，

---

① 北京市教育委员会：《关于开展2017年市属高校一流专业遴选建设的通知》（京教高〔2017〕1号）。
② 北京市教育委员会：《关于公布北京市属高校首批一流专业名单的通知》（京教函〔2017〕594号）。
③ 北京市规划和国土资源管理委员会：《北京城市总体规划（2016～2035年）》，http://www.beijing.gov.cn/gongkai/guihua/wngh/cqgh/201907/t20190701_100008.html。
④ 中共北京市委、北京市人民政府：《关于印发〈关于统筹推进北京高等教育改革发展的若干意见〉的通知》，http://www.beijing.gov.cn/zhengce/zhengcefagui/201905/t20190522_61267.html。
⑤ 北京市教育委员会、北京市财政局：《关于印发〈北京高校一流大学和一流学科建设管理办法〉的通知》，http://jw.beijing.gov.cn/xxgk/zfxxgkml/zfgkzcwj/zwgkxzgfxwj/202001/t20200107_1562940.html。
⑥ 北京市教育委员会：《关于开展北京高校"双一流"建设年度成效评估工作的通知》（京教函〔2020〕111号）。

助力北京经济社会发展和十大高精尖产业建设,并从专业发展、教学资源、教学团队、社会服务和国际交流合作等五个方面提出一流专业建设内容。[①]

综上所述,在首轮"双一流"高校建设周期,北京市以国家政策为指引,围绕"四个中心"城市战略定位,统筹北京"双一流"高校建设、高精尖学科建设、一流专业建设等政策措施,引导央属高校"立足北京、服务北京、融入北京",推动市属高校"明确办学定位、强化办学特色、提升办学水平",[②] 推进"双一流"高校建设,带动北京高校特别是市属高校的学科发展及整体水平提升。

二 北京"双一流"高校建设现状

北京市现有普通高校 92 所,其中央属高校 39 所,市属公办高校 38 所,市属民办普通高校 15 所。我国首轮"双一流"建设高校共有 42 所一流大学建设高校和 137 所一流学科建设高校。其中,北京有 8 所一流大学建设高校,均为央属高校;26 所一流学科建设高校,包括 23 所央属高校和 3 所市属高校。

《总体方案》从师资团队建设、拔尖创新人才培养、科学研究水平、优秀文化传承创新和成果转化等五个方面对首轮"双一流"高校建设提出了具体建设要求。《意见》从战略定位、立德树人、学科专业布局、师资队伍、科教融合育人、对外开放合作、管理评价机制、支持机制和组织领导等九个方面阐述了第二轮"双一流"高校建设的思路和措施。

在我国高等教育发展进入从高等教育大国跨越到高等教育强国新阶段的大背景下,"双一流"建设高校应通过人才培养、知识创新发展、社会服务和文化传承及创新服务国家和地方社会经济发展,并通过国际交流合作发挥国际影响力。原珂等认为排名稳定的世界前 100 名高校的关键指标,是人才

---

① 北京市教育委员会:《关于开展"重点建设一流专业"遴选建设的通知》(京教函〔2019〕493 号)。
② 刘宇辉:《以"双一流"建设为契机,统筹推进北京高等教育改革发展》,《北京教育》2018 年第 1 期。

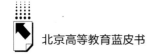

高度集聚和经费资源充足，而教学、研究、引用和国际声望等指标则呈现不可持续性。① 杨岭等认为推进"双一流"高校建设必须以一流的人才汇聚为核心、以一流的科学研究为基础、以一流的治理为支撑、以一流的社会服务为动力、以一流的教育投入为保障、走国际化必由之路，注重一流大学和一流学科建设的统筹与协调推进。② 因此，本文将从一流学科建设、经费投入、师资队伍、人才培养、科研产出、社会服务和国际交流合作等七个方面分析首轮"双一流"高校建设周期，北京"双一流"高校建设取得的成效。

（一）一流学科建设情况

一流学科是一流大学的基础，③ 以学科为基础，有助于推动"双一流"高校合理定位，实现优势发展、特色发展。④ 首轮"双一流"建设高校共有363个一流学科建设项目，其中，北京有162个一流学科建设项目，占全国总数的44.63%。

第二轮"双一流"建设高校全国共有147所，其中，北京未有新增高校入选第二轮"双一流"高校建设名单。全国共有331个一流学科建设项目（不含北京大学、清华大学自主确定的建设学科，下同），其中，北京有91个一流学科建设项目，占总数的27.49%。另外，首轮"双一流"建设高校中有15所高校的16个学科被公开警示或撤销，其中包括北京中医药大学的中药学被给予公开警示。

北京首轮一流学科建设与第二轮一流学科建设对比情况，如表1所示。与首轮"双一流"高校建设相比，除北京大学和清华大学外，北京师范大学、北京航空航天大学、北京理工大学和北京协和医学院的一流学科建设项目进行了调整，较首轮一流学科建设项目均有所增加。

---

① 原珂、廖逸儿：《重点高校专项支出对"双一流"大学建设促进了多少？——基于156所重点高校的绩效检验》，《中国软科学》2022年第3期。
② 杨岭、毕宪顺：《"双一流"建设的内涵与基本特征》，《大学教育科学》2017年第4期。
③ 周光礼、武建鑫：《什么是世界一流学科》，《中国高教研究》2016年第1期。
④ 黄宝印：《科学谋划创新推进加快建设中国特色世界一流大学和一流学科》，《中国高等教育》2017年第19期。

表1　北京"双一流"建设高校一流学科建设情况

单位：个

学校名称	属性	首轮一流学科建设数	第二轮一流学科建设数
北京大学	央属	41	自由确定
中国人民大学	央属	14	14
清华大学	央属	34	自由确定
北京交通大学	央属	1	1
北京科技大学	央属	4	4
北京化工大学	央属	1	1
北京邮电大学	央属	2	2
中国农业大学	央属	9	9
北京林业大学	央属	2	2
北京中医药大学	央属	3	3
北京师范大学	央属	11	12
北京外国语大学	央属	1	1
中国传媒大学	央属	2	2
中央财经大学	央属	1	1
对外经济贸易大学	央属	1	1
中央音乐学院	央属	1	1
中央美术学院	央属	2	2
中央戏剧学院	央属	1	1
中国政法大学	央属	1	1
华北电力大学	央属	1	1
中国矿业大学（北京）	央属	2	2
中国石油大学（北京）	央属	2	2
中国地质大学（北京）	央属	2	2
北京航空航天大学	央属	7	8
北京理工大学	央属	3	4
北京协和医学院	央属	4	5
外交学院	央属	1	1
中国人民公安大学	央属	1	1
北京体育大学	央属	1	1
中央民族大学	央属	1	1

续表

学校名称	属性	首轮一流学科建设数	第二轮一流学科建设数
中国科学院大学	央属	2	2
北京工业大学	市属	1	1
首都师范大学	市属	1	1
中国音乐学院	市属	1	1
央属高校		159	88
市属高校		3	3
合计		162	91

2020年，北京市共有462个本科专业获评为首批国家级"一流专业"，155个获评为首批北京市级"一流专业"，同时遴选139个北京市属高校优势专业申报新一批国家级"一流专业"，遴选285个北京地区高校优势专业申报新一批北京市级"一流专业"。①

（二）经费投入情况

落实好"双一流"高校建设战略部署，最关键的是经费支持问题。② 经费保障是"双一流"高校建设推进的基础支撑条件。首先，比较高校预算经费收入情况。③ 2020年，23所教育部所属"双一流"建设高校预算总收入合计为1149.23亿元，校均预算总收入为49.97亿元，较2016年增加了50.91%。高校预算总收入标准差由44.61增加到69.18，说明首轮"双一流"高校建设周期，各高校的预算总收入差异在逐步扩大（见表2）。其中，2020年清华大学以310.72亿元预算总收入列为榜首，较2016年增加了70.57%，而中央戏剧学院预算总收入仅为4.23亿元。

---

① 北京市教育委员会：《北京普通本科高校教育教学质量报告（2021）》，2021年12月。
② 赵婀娜：《访中国农业大学校长柯炳生——"双一流"建设要遵循规律扎实推进》，《人民日报》2016年7月28日。
③ 因数据可获得性，本部分以23所教育部所属"双一流"建设高校为例。

表2 北京"双一流"建设高校（部分）预算经费收入情况

单位：亿元

预算总收入	2016 年	2020 年
均值	33.11	49.97
标准差	44.61	69.18
总计	761.51	1149.23

　　其次，比较高校本科专项教学经费情况。[①] 一流本科教育是"双一流"高校建设的核心任务。[②] 2020 年，29 所北京"双一流"建设高校本科专项教学经费合计为 34.29 亿元，校均本科专项教学经费为 1.18 亿元，较 2016 年增加了 76.92%。高校本科专项教学经费标准差由 0.74 增加到 0.98，说明首轮"双一流"高校建设周期，各高校的本科专项教学经费差异在逐步扩大（见表3）。

表3 北京"双一流"建设高校（部分）本科专项教学经费情况

单位：亿元

本科专项教学经费	2016 年	2020 年
均值	0.67	1.18
标准差	0.74	0.98
总计	19.38	34.29

（三）教师队伍建设情况

　　2020 年，北京"双一流"建设高校专任教师总数为 48756 人，校均为 1434.00 人，较 2016 年增加了 6.68%。其中，具有高级职称专任教师总数由 32005 人增加到 35205 人，增加了 10.00%。具有高级职称专任教师占比

---

①　因数据可获得性，本部分以 29 所"双一流"建设高校为例。

②　钟秉林：《一流本科教育是"双一流"建设的核心任务和重要基础》，《中国高等教育》2017 年第 19 期。

由 70.03% 增加到 72.21%。首轮"双一流"高校建设周期，北京"双一流"建设高校专任教师队伍建设得到了显著发展（见表 4）。

表 4　北京"双一流"建设高校专任教师情况

单位：人

年份	专任教师总数		具有高级职称专任教师总数	
	均值	合计	均值	合计
2016	1344.24	45704	941.32	32005
2020	1434.00	48756	1035.44	35205

2020 年，北京"双一流"建设高校高层次人才总数为 6420 人，校均为 237.78 人，较 2016 年增加了 36.65%。高层次人才标准差由 313.91 增加到 496.93，说明各高校的高层次人才总数差异有所扩大（见表 5）。

表 5　北京"双一流"建设高校高层次人才情况

单位：人

高层次人才数	2016 年	2020 年
均值	174.00	237.78
标准差	313.91	496.93
合计	4698	6420

注：因数据可获得性，本部分以 27 所"双一流"建设高校为例，高层次人才包括中国科学院院士、中国工程院院士、国家杰出青年科学基金资助者、国家优秀青年科学基金资助者、新世纪优秀人才、教育部高校青年教师获奖者、百千万人才工程入选者、国家级教学名师、省级高层次人才、省部级突出贡献专家、省级教学名师入选者和外国科学院院士等。

（四）人才培养情况

人才培养是"双一流"建设高校对国家的重要贡献，但因为人才培养的周期长、成效难以测量，因此本文主要从在校生情况分析北京"双一流"建设高校人才培养情况。2020 年，北京市 34 所"双一流"建设高校普通本专科在校生为 330578 人，校均普通本专科在校生为 9722.88 人，较 2016 年增加了 5.05%；"双一流"建设高校在学研究生为 326522 人，校均在学研究生为 9603.59 人，较 2016 年增加了 31.41%（见表 6）。

表 6　北京"双一流"建设高校（部分）人才培养情况

单位：人

年份	普通本专科在校生		在学研究生	
	均值	合计	均值	合计
2016	9255.76	314696	7307.88	248468
2020	9722.88	330578	9603.59	326522

此外，首轮"双一流"高校建设周期，北京"双一流"建设高校累计毕业普通本专科生总数为 372198 人，为北京市发展提供符合需求的人才和智力支撑。

（五）科研产出情况①

2019 年，北京市 27 所"双一流"建设高校发表论文总数为 43762 篇，校均为 1620.81 篇，较 2016 年增加了 24.89%。2020 年，"双一流"建设高校出版专著总数为 1534 部，校均为 56.81 部，较 2016 年增加了 7.72%。"双一流"建设高校获得发明专利共 6430 项，校均为 238.15 项，较 2016 年增加了 20.30%。北京"双一流"建设高校的科研产出得到显著增加（见表 7）。

表 7　北京"双一流"建设高校（部分）科研产出情况

单位：部，项

年份	专著		发明专利	
	均值	合计	均值	合计
2016	52.74	1424	197.96	5345
2020	56.81	1534	238.15	6430

---

① 因数据可获得性，本部分以 27 所"双一流"建设高校为例，其中因数据问题，本文统计高校发表论文为 2016~2019 年的数据。

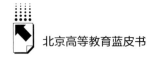
（六）社会服务情况①

一流大学应为经济社会发展做出杰出贡献，服务国家战略需求。② 目前，世界范围内广泛使用的院校社会服务评价指标包括：组织社会责任、大学与产业关系、学科和行业关系，但相关数据难以获得。"双一流"高校建设的社会服务遴选评价中的一项标准为科研成果转化绩效，因此本文以科研成果转化简要描述北京首轮"双一流"高校建设的社会服务情况。

2020 年，北京"双一流"建设高校科研成果转化合同总数为 634 项，校均为 28.82 项，较 2016 年减少了 35.17%。科研成果转化总金额为71271.0 万元，校均为 3239.59 万元，较 2016 年增加了 8.22%。综上所述，受新冠肺炎疫情和经济下行双重压力，北京"双一流"建设高校虽科研成果转化合同总数减少幅度较高，但科研转化金额有所增加，有力地支撑了我国经济社会发展（见表 8）。

表 8　北京"双一流"建设高校（部分）科研成果转化情况

单位：项，万元

年份	数量		转化金额	
	均值	合计	均值	合计
2016	44.45	978	2993.62	65859.6
2020	28.82	634	3239.59	71271.0

（七）国际交流合作情况

高等院校通过国际交流合作发挥国际影响力，服务于区域和世界的社会经济发展。"双一流"高校建设的国际交流合作遴选评价中的一项标准是与

---

① 因数据可获得性和数据问题，本部分以 22 所"双一流"建设高校为例，其中 2016 年数据来源为《2017 年高等学校科技统计资料汇编》。

② 王战军、娄枝：《世界一流大学的社会贡献、经验及启示——以哈佛大学为例》，《清华大学教育研究》2020 年第 1 期。

世界高水平大学学生交换,"双一流"建设高校应培养出具有国际视野和民族担当精神的社会主义建设者和接班人,提升国际竞争力。本文以本科生交流情况简要描述北京首轮"双一流"高校建设的国际交流合作情况。

2020年,北京市"双一流"建设高校外出境外交流学生总数为4924人,校均为144.82人,较2016年减少了33.12%。境外到校交流学生总数为2574人,校均为75.71人,较2016年减少了2.54%(见表9)。百年未有之大变局背景下,北京市高等教育交流与合作受到冲击,但接收境外到校交流学生总数减少幅度较小,说明北京"双一流"建设高校的国际竞争力正在增强。

表9 北京"双一流"建设高校本科生交流情况

单位:人

年份	外出境外交流学生		境外到校交流学生	
	均值	合计	均值	合计
2017	216.53	7362	77.68	2641
2020	144.82	4924	75.71	2574

三 北京"双一流"高校建设的主要措施

首轮"双一流"高校建设对北京市高等教育发展提出了新要求与新任务,同时也提供了新机遇。北京市坚持需求导向、标准导向、特色导向原则,配置"双一流"高校建设的高等教育资源,引导项目高校合理设置专业和学科,服务北京城市发展需要。北京"双一流"高校建设的主要措施如下。

(一)强化央属和市属高校共建

北京央属高校和市属高校由于管理归属、服务面向、办学目标等方面的差异,在"双一流"高校建设国家战略中承担的任务存在很大差异。2018

年，20 所市属高校和 12 所在京央属高校就 28 个共建学科签订了《北京高校学科共建方案》，项目高校通过师资交流、科研合作、联合培养等多种方式，在北京市统筹管理下增强学科建设实力、加强高端人才的引进和培养，形成资源集成的投入模式，在科学研究、师资队伍和投入机制等方面率先实现突破，提高了共建学科的核心竞争力。① 北京市通过强化央属和市属高校共建项目，实现央属高校和市属高校优势互补、拓展发展空间，促进首轮"双一流"高校建设周期中央属高校和市属高校的协调发展，推动北京高校特别是市属高校的学科发展和整体水平提升。

（二）加快一流专业建设

北京市以教育部一流本科专业、"双万计划"、"六卓越一拔尖"计划2.0 为契机，积极推进一流本科专业建设，通过实施一流专业重点建设项目，力争形成一批"国际或国内一流的强势专业、行业一流的急需专业、新兴交叉复合的国内品牌专业"。首先，北京市面向市属高校启动一流专业遴选建设项目，从专业定位、教学团队、实践教学与创新创业教育、教学资源建设、社会服务和国际交流合作等六个方面提出建设内容，引导市属高校优化专业结构，提高市属高校人才培养水平。其次，北京市面向在京央属高校和市属高校启动"重点建设一流专业"项目，从专业发展、教学资源体系、教学团队、社会服务和国际交流合作等五个方面提出建设内容，提升"重点建设一流专业"水平、提升人才培养质量，服务北京经济社会发展和十大高精尖产业建设，并带动北京地区高校相同相近专业发展，形成高校专业合作建设长效机制。北京市在一流专业遴选和建设过程中，始终将专业发展服务国家发展战略、北京发展战略作为首要遴选指标，引导入选专业主动服务国家战略和北京经济社会发展。

（三）推动高精尖学科建设

为增强"双一流"建设高校服务国家战略和北京经济社会发展的能力，

---

① 施剑松：《北京市属高校与央属高校学科共建》，《中国教育报》2018 年 7 月 19 日。

助推北京经济社会发展和十大高精尖产业建设，北京市于 2018 年启动北京高校"高精尖"学科重点建设项目，推动北京"双一流"建设高校调整和优化学科布局结构，从学科方向、高水平学科队伍、人才培养质量、科学研究水平、经济社会发展需求导向和国际合作等六个方面提出学科建设要求。① 2019 年，北京市遴选首批 53 所高校 99 个高精尖学科，② 鼓励和支持项目高校按照首善标准、一流目标，建设一流大学和一流学科，对接北京"四个中心"战略定位及国家和北京经济社会发展需求，结合办学定位，不断深化高精尖学科建设内涵，带动高校学科建设创新发展、引领发展，并注重资金管理和绩效管理，保证高精尖学科建设项目的实施取得实效。北京市力争经过 2~3 个高精尖学科周期建设，形成一批国际或国内一流的优势特色学科以及新兴前沿交叉学科，促进学科间进一步融合发展。

（四）重视教师队伍建设

北京市在首轮"双一流"高校建设周期持续加大教师队伍建设力度，在"重点建设一流专业"建设过程中，要求入选专业必须培育一批国内顶尖、国际有影响力的教学名师，优化专业教师结构，推进高校间相关专业组建跨校教学团队。同时，不断强化教师待遇保障和管理服务，进而提升教师队伍整体水平。首先，北京市实施北京高校卓越青年科学家项目，围绕北京市城市战略新定位、构建高精尖经济结构和建设中国特色新型智库的重大任务，搭建有利于青年教师成长的高水平创新平台，加大对北京高校优秀青年教师的培育力度。③ 其次，北京市教育工委、市教委联合印发《"十三五"时期北京市属高校高水平教师队伍建设支持计划》，提出开展高层次人才引进和支持计划、特聘教授支持计划、长城学者培养计划、青年拔尖人才培育

---

① 北京市教育委员会：《北京市教育委员会关于开展北京高校高精尖学科申报工作的通知》，http：//jw. beijing. gov. cn/kyc/tzgg_ 15522/201807/t20180726_ 1448512. html。

② 北京市教育委员会：《北京市教育委员会关于公布北京高校高精尖学科建设名单的通知》，http：//jw. beijing. gov. cn/kyc/tzgg_ 15522/201905/t20190517_ 1448524. html。

③ 北京市教育委员会：《北京市教育委员会关于组织开展北京高校卓越青年科学家项目申报工作的通知》，http：//jw. beijing. gov. cn/xxgk/zxxxgk/201805/t20180522_ 1446256. html。

计划、高水平创新团队建设计划等五个人才计划。① 再次，依托北京高等学校教学名师奖等评选项目，北京市开展"高创计划"教学名师评选工作。最后，北京市印发《关于深化高等教育领域简政放权放管结合优化服务改革的实施意见》，对高校编制及岗位管理、进人用人环境、教师职称评审机制和薪酬分配制度等涉及教师管理的制度做了明确要求，进一步优化教师队伍建设环境。②

（五）提高创新人才培养质量

北京"双一流"建设高校资源丰富，具备培养高层次、创新型人才的良好环境和雄厚基础，同时高层次创新人才培养也是第二轮"双一流"高校建设的重要任务之一。在首轮"双一流"高校建设周期，首先，北京市不断强调人才培养的核心地位，高度重视教育教学工作与教育教学人才，深入推进全员、全过程、全方位育人的模式，着力培养担当民族复兴大任的时代新人。③ 其次，为支撑北京市高精尖经济结构调整，北京市通过实施高水平人才交叉培养计划、高质量的就业创业计划等重要举措，④ 提升人才培养质量。最后，北京市不断深化研究生教育改革创新，通过实施学科群、重点学科和交叉学科建设，产学研联合研究生培养基地建设，国内外联合研究生培养基地建设，提高高层次创新人才培养质量。⑤ 北京市在人才培养模式、

---

① 中共北京市委教育工作委员会、北京市教育委员会：《关于印发〈"十三五"时期北京市属高校高水平教师队伍建设支持计划〉的通知》（京教工〔2017〕18 号）。

② 中共北京市委教育工作委员会、北京市机构编制委员会办公室、北京市发展和改革委员会、北京市教育委员会、北京市财政局、北京市人力资源和社会保障局：《关于深化高等教育领域简政放权放管结合优化服务改革的实施意见》（京教策〔2018〕4 号）。

③ 北京市教育委员会：《中共北京市委北京市人民政府印发〈关于统筹推进北京高等教育改革发展的若干意见〉的通知》，http：//jw. beijing. gov. cn/gjc/tzgg/201807/t20180718_ 55842. htm。

④ 杨楠、刘永武：《推进世界一流大学和一流学科建设实现高等教育创新发展——2016 年第三届北京教育论坛"'双一流'建设与高等教育创新发展"分论坛报告综述》，《北京教育（高教）》2017 年第 1 期。

⑤ 北京市教育委员会：《北京市教育委员会北京市学位委员会关于进一步加强学位与研究生教育工作提高创新人才培养质量的若干意见》，http：//jw. beijing. gov. cn/xxgk/zfxxgkml/zfgkzcwj/zwgzdt/202001/t20200107_ 1564195. html。

专业建设、课程和教学体系、实践教学体系、教学管理信息化等方面不断创新人才培养机制，注重创新人才的个性化培养，完善和加强"双一流"建设高校的教学质量过程性评价，提高创新人才培养质量。

（六）建立"双一流"高校建设绩效评价制度

在高等教育放管服结合、管办评分离的改革背景下，绩效评价成为确保"双一流"高校建设顺利推进的关键。首先，北京市率先在一流专业重点建设项目建立了绩效评价制度。北京市教委高教处对一流专业建设项目实行全过程管理，建立项目年度检查制度和验收评估制度。对实施不力、进展缓慢、缺乏实效的一流专业建设项目提出警告，将在建设周期结束后，组织专家对各专业进行考核评价。

其次，《管理办法》提出北京"双一流"高校建设绩效评估将采取日常指导和定期评估相结合的方式，组织开展中期评估、绩效跟踪、期末绩效评价，增强"双一流"高校建设实效。2020年，北京市教委组织开展北京"双一流"建设高校年度成效评估，从人才培养、师资队伍、科学研究、文化传承、国际交流、服务"四个中心"建设和经济社会发展、带动市属高校学科发展、人才培养和其他等八个维度，组织入选国家"双一流"高校建设名单的在京34所高校、市教委批准立项建设的99个高精尖学科（含央属和市属高校共建的28个学科）进行年度成效评价。

四 小结

北京"双一流"建设高校在首轮建设周期取得了显著成效，北京高校特别是市属高校的学科发展及整体水平得到提升。具体表现为：一流学科建设项目基本上全部通过国家首轮验收；专业结构得到进一步优化，专业建设与北京市高精尖产业的契合度不断提升，服务国家战略和北京城市发展需要；完善教师待遇保障和管理服务，教师队伍整体水平得到显著提升；重视高层次创新人才培养工作，为经济社会持续、高质量发展提供有力的人才与智力支撑。

B.6
北京高校创新创业教育改革发展研究[*]

杨楠 张炼 王怀宇^{**}

摘　要： 创新创业教育是高等教育人才培养范式的深刻变革，为国家创新驱动发展战略提供人才支撑。北京高校在创新创业教育改革发展中呈现四个转变。第一，人才培养理念上，从创业就业发展为创新创业。第二，课程建设上，从"双创课程"发展到"课程双创"。第三，师资建设上，从双师建设发展为专兼融合。第四，创新创业训练上，从单打独斗发展为校级合作。专创融合作为创新创业教育的 2.0，目前处于起步时期。通过对北京部分高校的调研以及对开展专创融合优秀实践案例的总结，从课程建设的微观视角提出创新创业教育的三个未来趋势："思政、双创、产业行业认知"三融合教学理念、基于真实情境的项目式学习与实践、聚焦学习过程的创新创业能力增值评价。

关键词： 创新创业教育　专创融合　本科教育　创新创业能力

创新创业教育是高等教育人才培养范式的深刻变革。自 2015 年起，每年国家均出台相关政策，逐步引导创新创业教育体系的构建，形成政府、高校、社会、企业多方协同的创新创业教育体制，落实高校作为创新创业教育

---

* 基金项目：北京教育科学研究院院内业务项目"专创融合背景下大学生创新创业能力的增值评价研究"。

** 杨楠，教育学博士，北京教育科学研究院高等教育科学研究所助理研究员，主要研究方向为教育大数据、创新创业教育等；张炼，北京教育科学研究院高等教育科学研究所研究员，主要研究方向为产学研合作、创新创业教育等；王怀宇，北京教育科学研究院高等教育科学研究所研究员，主要研究方向为高等教育政策、高等教育质量监测与评价、创新创业教育等。

的主体责任，将创新创业教育深度融入人才培养的全过程从而形成新型人才培养模式。具体地，2015 年，《关于深化高等学校创新创业教育改革的实施意见》（国办发〔2015〕36 号）从完善人才培养质量标准等 9 个方面明确了构建高校创新创业教育体系的主要任务。2016 年，《关于建设大众创业万众创新示范基地的实施意见》（国办发〔2016〕35 号）明确提出以高校和科研院所为载体，深化教育体制改革。2017 年，教育部认定首批深化创新创业教育改革示范高校（教高厅函〔2017〕3 号）以及全国万名优秀创新创业导师人才库首批入库导师 4000 余名（教高厅函〔2017〕58 号）。2018 年，《关于推动创新创业高质量发展打造"双创"升级版的意见》（国发〔2018〕32 号）提出高校需要在就业能力、科技创新支撑能力以及创新创业平台服务等方面持续升级。2019 年，《国家级大学生创新创业训练计划管理办法》（教高函〔2019〕13 号）鼓励各地各高校秉承"兴趣驱动、自主实践、重在过程"的原则深化创新创业教育教学改革。2020 年，《关于提升大众创业万众创新示范基地带动作用进一步促改革稳就业强动能的实施意见》（国办发〔2020〕26 号）明确提出提升高校学生创新创业能力。2021 年，《关于进一步支持大学生创新创业的指导意见》（国办发〔2021〕35 号）从大学生创新创业的能力培养、环境、服务平台、财税扶持政策、金融政策、成果转化、信息服务等方面促进大学生全面发展。2022 年，教育部开展国家级创新创业学院、国家级创新创业教育实践基地的建设（教高厅函〔2022〕15 号），引导高校建设以创新创业为导向的新型人才培养模式。

一 北京高校创新创业教育改革发展概况

北京积极落实国家和北京市关于"大众创业、万众创新"的精神和要求开展地区高校示范性创业中心建设工作，于 2014 年、2015 年先后确定 44 所高校为示范性创业中心建设校。[①] 2016 年，在国务院印发《关于深化高等

---

① 《我校获评首批"北京地区高校示范性创业中心"》，https：//www.cuc.edu.cn/news/2016/0908/c1901a162822/page.htm。

学校创新创业教育改革的实施意见》（国办发〔2015〕36 号文件）之际，北京在全国率先开展地区性深化创新创业教育改革示范高校认定工作，于 2016 年认定首批 13 所示范高校。2017 年，在教育部认定的两批全国深化创新创业教育改革示范高校中，北京高校共 10 所。

在创新创业教育体系、师资队伍建设、课程建设、基地与平台、产学合作等方面，北京均取得了长足的发展和不俗的成绩。例如，面向学生积极建设以"互联网+"大赛为引领的大学生科技创新活动体系、"一带一路"国家大学生科技创新训练、"一街三园多点"的北京地区高校大学生创业园孵化体系。面向教师积极开展创新创业教育师资队伍建设，成立北京高校创新创业人才培养指导中心，面向北京地区每年举办 2 场教师创新创业教学能力专项培训，参与人次超过 10 万。面向产学合作积极布局创新创业教育，在 2021 年教育部产学合作协同育人项目中，北京高校获得创新创业教育改革项目 50 个、创新创业联合基金 10 个等。① 回顾自 2015 年至今七届的"互联网+"大赛，以主赛道获奖为例，北京高校共获得冠亚季军的项目 9 个，获金银铜奖的项目 184 个。②

二 北京高校创新创业教育改革发展中呈现的四个转变

当前，创新创业教育改革发展到 2.0 阶段——专创融合，即专业教育与创新创业教育的深度融合。本部分从人才培养理念、课程建设、师资队伍、大学生创新创业训练四个维度论述在创新创业教育从 1.0 到 2.0 阶段所经历的四个转变。

---

① 《教育部高等教育司关于公布 2021 年第一批产学合作协同育人项目立项名单的通知》，http：//www. moe. gov. cn/s78/A08/tongzhi/202108/t20210827_ 554722. html；《教育部高等教育司关于公布 2021 年第二批产学合作协同育人项目立项名单的通知》，http：//www. moe. gov. cn/s78/A08/tongzhi/202112/t20211220_ 588536. html.

② 根据教育部网站上公布的历届"互联网+"大赛获奖名单。

（一）培养理念：从"创业就业"到"创新创业"

从《关于深化高等学校创新创业教育改革的实施意见》（国办发〔2015〕36 号文件）到《关于进一步支持大学生创新创业的指导意见》（国办发〔2021〕35 号文件），高校创新创业教育改革不断深化。从最开始的引起地方与高校对大学生创新创业教育的重视到全面提升大学生创新创业能力，对大学生创新创业的环境、平台、财税扶持、金融、成果转化、大赛、信息服务等进行全方位的建设，创新创业教育生态在不断丰富和完善。在赴中关村大学生创业园以及北京部分高校创新创业成果展调研中也真切地感受到创新创业教育初期一些学生的成功创业项目并未显示出与专业背景的紧密关联，而近几年这样的情况在逐渐改善。

创新创业教育的理念从最开始关注学生通过创业实现就业转变为聚焦学生创新创业能力的培养。具体地，北京邮电大学提出"创教融合、思教融合、科教融合、产教融合"的"四融合"新工程教育体系，培养建设"网络强国"为己任的高素质创新创业人才。北京化工大学提出"学以致赛、赛以致教"的理念，推动赛课一体化发展，建设"一院一赛"品牌，将创新创业理念贯彻到学生的终身发展中。北京服装学院以提高大学生创新、创意、创业能力为中心，统筹实施教育工程、实践工程、孵化工程和保障工程，构建了"四位一体，三创融合"创新创业人才培养体系。北京城市学院明确"知识、能力、心理品质、意识"四个学生对创新创业教育需求的关键构成要素，分层设计和搭建学生创新创业能力发展教育体系。

（二）课程建设：从"双创课程"到"课程双创"

创新创业教育在课程建设上正在经历与思政教育相似的改革发展逻辑。思政教育从最开始注重思政课程建设逐步转向深入挖掘专业课程中的思政要素（"课程思政"）。创新创业教育发展到专创融合阶段，其主要任务之一也是要深入挖掘专业教育中的创新创业要素（"课程双创"）。换言之，创新创业教育作为高等教育人才培养范式的深刻变革和新的质量观①，其本质是素质教育，培养学生"敢闯会创"的能力。因此，创新创业教育与专业教育应为一体两面，形成两者相互融合之势。

北京高校积极推动课程建设，激发创新创业教育动力。具体地，北京邮电大学构建"3级—4维—5类"双创课程体系，3级分别代表省部级及以上双创"一流课程"、校级双创"高新课程"和院级双创"高新培育课程"。4维包括双创通识课、专创融合课、双创行业课、双创区域课。5类包括线下、线上、混合、虚拟仿真和社会实践课程。北京工业大学建设"广谱式、专业式、融入式"三位一体的创新创业课程体系，其中广谱式面向全校学生，专业式面向具有创业特质的学生，融入式面向开展专创融合的课程，实现了全员覆盖与个性化创新创业教育相统一。北京石油化工学院信息学院在课程建设上，一方面围绕专业核心课程在每个学期末设计编程能力实训课程，另一方面与企业深度合作为学生提供精益创业课程。

（三）师资建设：从"双师建设"到"专兼结合"

推进创新创业教育发展离不开教师队伍建设。创新创业教育是一门涉及社会学、教育学、心理学、管理学、经济学等内容广泛的综合性学科，对教师的理论知识、实践能力以及综合素质均有较高的要求。因此，在创新创业教育语境下的"双师型"教师是指既掌握理论知识又具备创业实践指导能力的"双素质型"教师人才。北京市教委印发的《关于支持和鼓励市属高校专业技术人员创新创业的实施办法》（京教人〔2018〕2号），鼓励市属高校教师离岗创业，提升自身创业实践指导能力。随着国家推动产教融合，学校越来越意识到仅仅依靠招聘新教师和培训本校教师并不能满足对学生创新创业能力的培养和锻炼。因此，高校从着重"双师型"教师培养转向"专兼结合"的教师队伍打造，即继续深化对"双师型"教师培养的基础上积极吸纳来自行业、产

---

① 吴岩：《创新创业教育，培养范式的深刻变革与新的质量观》，https：//www.mju.edu.cn/cxcycz/2019/1212/c3146a88046/page.htm。

业的资深专家作为学校创新创业兼职导师参与学生创新创业能力的培养。

当前，大部分高校均有创新创业专职教师、就业指导专职教师以及创新创业兼职导师三类教师。不同高校结合自身办学特色积极建设"专兼结合"的教师队伍。具体地，北京工业大学加强就业创业师资队伍专业化建设，推进与北京市教委、北森、斯坦福、学校"四合一"就创师资队伍培训体系，开展就业创业专项师资培训。北京邮电大学配齐配强创新创业专职教师队伍，建立校内外结合的"双百"核心双创导师库，通过教学研讨、教学资源、培训机制、校企合作等多项举措提升"双师型"教师水平。

（四）双创训练：从"单打独斗"到"校际合作"

大学生创新创业训练计划（简称双创训练）是推进创新创业作为人才培养范式变革的一个有力抓手。从促进北京高校创新创业资源共享和优势互补，促进高校协同发展的角度，自 2020 年起北京高校的双创训练从各高校自行开展转变为北京市各高校师生实现跨学院、跨专业、跨年级的合作双创项目。依托北京高校创新创业人才培养指导中心（简称"指导中心"）开展校际合作计划，通过学生跨校组队，指导教师跨校联合指导，打破学校专业隔阂，为参与院校提供一个合作共享平台，最大限度地发挥各校专业特长与优势特色。第一批校级合作计划共有 4 所高校、14 个项目、28 位教师、70 位学生参与。2021 年，第二批校级合作计划，共有 12 所高校、71 个项目、142 位教师、355 位学生参与。① 此外，指导中心还邀请高校优秀教师和企业资深技术负责人开设系列讲座，为学生提高综合能力更好地开展校级合作项目打下坚实基础。

三 创新创业教育2.0：探索课程"专创融合" 改革的生动实践

创新创业教育进入专创融合阶段，其主力军则从创新创业教师转变为专

---

① 北京信息科技大学教务处，https：//jxgl.bistu.edu.cn/cxcy/cxcyjy/202204/W020220426385430777111.pdf。

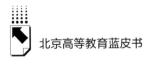

任教师。当前，北京高校专创融合整体仍处于起步阶段，后续深入落实专创融合需要从唤醒专任教师培养学生创新创业能力的意识入手。本部分选取了在专创融合实践探索上先行的 6 门课程，旨在展现创新创业改革进展生动实践的同时也为有意愿探索专创融合的专任教师提供一定参考。

（一）《创新创业基础与实践》：基于商业计划书的创新创业思维与能力培养

本门课程为面向全校各年级学生的公选课，学生在学科背景、学业阶段等方面存在的较大差异性，为教师的课程设计带来一定的挑战。课程教师选择以撰写商业计划书作为项目式学习的载体，能够最大化发挥学生群体差异性的优势。通常学生组队希望找自己熟悉的室友或者同专业的同学，因为学科背景相似，沟通方便。但本门课程由于是公选课，通常限定的 40 名学生来自十几个专业，这就为跨学科跨专业跨年级的学生合作提供了条件，促进对学生团队协作能力、沟通表达的培养。学生团队在撰写商业计划书的过程中也实际体验了从提出问题、分析问题到提出解决方案的完整过程，培养学生的设计/开发解决方案能力。此外，教师运用蓝墨云对学生团队的申报书撰写进展进行每周跟踪，就像工程师和技术人员通常要写的"周报"一样，商业计划书每周更新与迭代都是学生创新创业能力增值的评价依据。

（二）《智能开源硬件基础与实践》："初创团队"式学习与动手能力培养

本课程面向数媒学院数字媒体技术专业大二学生。结合项目组前期对课程的观察、学生访谈、教师座谈、学生创新创业能力测评等系列活动，其亮点在于教师有意识地鼓励学生团队像"初创团队"一样学习。初创团队是指在创业初期由一群才能互补、责任共担、愿为共同创业目标而奋斗的人组成的特殊群体。学生在课程一开始便自行组队并与课程教师沟通项目的可行性，项目来源是由学生团队自行调研和设计，锻炼了学生发现需求和机会识别的能力。教师通过把关项目的可行性保障项目符合课程的教学目标并基于学生的知识能力结构给出项目的调整建议，最大限度地在项目初期保障后续项目的顺利推进。在短短一门课程中，学生团队通过教师的面授教学（疫情期间线上教学）和团队内部的自主学习和分工，在课程最后学生团队需要在专家面前进行项目答辩及项目功能演示。与大部分在课程中嵌入项目式教学不同，参加本门课程的学生真正全面地经历了从设计、开发、测试等全生命周期的智能硬件开发，最大限度地调动学生的自主学习、团队协作和项目管理能力。

（三）《创新创业实践课》："课项赛实"多维度融合的最强专业认知课

本门课程是面向计算机专业大类大一新生的一门课程，目前被评为国家级社会实践一流课程。该课程面向全体计算机专业大类学生500人左右，由8名教师组成的教师团队负责大数据、机器人、智能车、机器学习、移动应用5个模块的理论教学与实验教学。学生因人数众多分成4个平行班，每个班级的学生指定5个模块中的3个模块开展学习。① 这些模块体现了计算机专业学生未来职业发展和继续深造的重点方向和领域，为学生在大学教育之初就提供了全景式体验，对于培养学生专业认知，激发学生更早探索自己的研究兴趣和未来职业方向奠定了良好的基础。此外，本课程是集课程教学、研究项目、"互联网+"大赛、社会实践于一体的一门多维度融合课程，学生在3个模块的理论与实验教学之外有丰富的机会参与更加多样的第二课堂学习和实践锻炼，给学生全方位的空间与平台，提升综合能力。

（四）《机械设计》：以学生为创新主体的"两性一度"金课范例

本课程为面向机械工程专业大二学生的专业必修课，课程教师将 TRIZ 理论融入智能制造的情境中，在课程中引导学生运用 TRIZ 理论来分析和解

---

① 本课程开设之初为学生可自主选择学习模块，但由于各模块的学生人数差异过大，教学组织和安排较为困难，因此修改为4个平行班级指定学习模块。

决问题，其课程的最大亮点在于教师真正将本科生放在创新主体的位置上。具体地，在教学设计上充分考虑培养学生解决复杂问题的综合能力和创新思维（高阶性）；在教学方法上强调课程内容的前沿性和时代性，关注教学形式的先进性和互动性以及学习结果的探究性和个性化（创新性）。而教学设计的高阶性与教学方法的创新性，意味着在课程组织中对备课提出更高要求，对学生项目式学习提出更高要求（挑战度）。例如，教师在课程中设计的项目每年都有更新变化，将最新的科研项目、工程课题作为课程中给学生团队的项目选题内容，这种设计有效促进学生的项目式学习更接近领域前沿，更贴近真实工程需求。此外，教师根据该专业培养方案中的课程设置顺序，在不同学年的课程之间保障项目的延续和深化，更好地促进对学生创新能力和实践动手能力的培养。

（五）《设计思维创新与实践》：兼具国际视野与家国情怀的创新能力培养

本课程是面向全校学生的公选课，设计思维是一种以人为本的解决复杂问题的创新方法论。与一般创新方法论的理论讲授不同，本门课程不仅教授学生设计思维的理论知识，其最大亮点还在于为学生提供了兼具国际视野与家国情怀的广阔项目实践平台，让学生将设计思维真正用于社会实践，解决真实问题。具体地，课程教师与奔驰、惠普、IBM、欧莱雅、微软、中国电信、北京电视台等众多国际和国内不同行业领域的企事业单位开展产学合作。在这个过程中，学生有机会直接与公司高管沟通项目来明确需求和问题，有助于快速提升其沟通表达能力、人际交往能力和机会识别能力；学生团队对问题的重新定义、拆解、设计解决方案等一系列环节有助于促进其自主学习、团队协作和设计/开发解决方案的能力。整个项目式学习的经历和体验也有助于学生开阔视野，增强自信心，更加敢于面对挑战。

（六）《软件工程引论》：信息技术赋能教学的硬核探索

本课程是面向计算机专业大三学生第二学期开设的最后一门专业必修

课，本课程的总体目标是培养学生解决复杂工程问题的能力，具体包括抽象建模能力、现代工具使用和团队协作能力等。专创融合课程建设不仅需要教师在教学目标和教学设计上反思如何将对学生创新创业能力的培养有机地嵌入专业教育中，而且也需要积极拥抱新技术和新手段，创新教学方法和变革评价方式。当前，在高等教育阶段促进信息技术深度融入教育教学主要包括混合式教学和虚拟仿真实验两个方面。本课程最大的亮点在于课程教师依托专业优势，基于教学的实际挑战，自主研发工具来解决问题。具体地，在学生团队协作中易出现"搭便车"的现象，通过开发工具将学生团队在软件开发过程中的代码贡献进行可视化分析，一方面，促进教师更加客观地评价团队成员的工作量，另一方面，也促进学生更加积极主动地参与到团队开发工作中来。传统方式下学生的建模能力较难客观全面地评估，因为教师无从了解学生的建模过程，而只是依靠学生最终提交的建模作业来判断，其中还可能存在抄袭现象。基于这个实际教学问题，教师开发了在线建模平台，自动化记录学生建模过程中的操作并呈现可视化分析结果，辅助教师更加客观高效地评价学生建模能力。需求分析是软件开发全生命周期的第一个阶段也是极为重要的阶段，在真实工程实践中由于需求分析不到位的问题，往往导致在设计和开发环节反复修改，耗费大量不必要的人力、物力和时间成本。但对于尚无实际工程经验的学生来说，需求分析往往被误以为只是和用户聊聊天。为了解决这一问题，课程教师开发了一款面向图书馆系统需求调研的严肃游戏，让学生在游戏中亲身感受需求分析的复杂性，树立对软件工程中需求分析的正确认知。

四　创新创业教育未来趋势：基于课程建设的微观视角

在国家高质量发展背景下，高等教育探索创新人才培养不仅贯彻国家创新驱动发展战略，更是教育领域一直追求的初心和使命。高等教育对全体学生的创新创业能力培养不是简单追求让学生毕业时具备创业的能力，而是让学生在面对快速变化和充满不确定性的未来和工作挑战中具备更好的适应力和胜任力。高校创新创业教育应依据"分类发展"原则鼓励不同功能定位的高校积极研究探索建立各具特色的课程体系和培养模式及评价体系，避免简单模仿，使创新创业教育针对不同的学生群体，鼓励灵活多样、分类分层推进，最终实现增强学生创新能力的目的。面向全体学生的创新创业能力培养需要专业教师真正意识到自身教学中承担的创新创业能力培养责任并有意识地将教学设计与教学目标进行精准匹配，运用恰当的教学方法和教学活动实现。因此，从创新创业教育深度融入人才培养全过程的角度，从人才培养的最基本单元——课程的建设视角有三点趋势。

（一）"思政、双创、产业行业认知"三融合教学理念

"思政、双创、产业行业认知"三融合教学理念是指教师在教学设计与教学实施过程中有意识地将思政教育、创新创业教育以及培养学生产业行业认知这三个方面有机融合起来。三融合教学理念既是提高人才培养质量的重要抓手，更是高校课程建设的应有之义。在"大思政"建设背景下，课程思政是对专业课、综合素养课、实践课等课程思想政治教育元素的挖掘、梳理、汇总，在各类课程教学中融入思想政治元素，使课程教学实现价值塑造、知识传授和能力培养相统一。[①] 专创融合与课程思政理念相似，侧重在课程教学中培养学生创新创业能力。从深化国家产教融合，促进教育链、人才链、产业链、创新链有机衔接的角度，通过促进人才培养供给侧和产业需求侧结构要素全方位融合，需要在课程教学中融入对学生产业行业认知的培养。具体地，建议在课程教学中开展产学合作，让学生有机会参与到企业的真实项目中学习课程教学目标的相关知识并在解决问题中锻炼能力，同时邀请产业导师加入课程教学，或在教学内容设计上全面覆盖本学科在行业领域中的前沿热点，为学生较早地建立专业与未来职业和岗位之间有机联系的认知。

---

① 傅瑶：《高校党建推进课程思政建设的功能、目标及路径》，《现代教育管理》2022年第7期。

（二）基于真实情境的项目式学习与实践

在三融合教学理念下，基于真实情境的项目式学习与实践很可能成为未来课程教学的主要形式之一，主要有三方面的原因。第一，项目式学习与实践是一种综合性的教育实践形态。一个项目或者问题往往是具有复杂性和多面性的，需要学生团队综合多方面的知识，灵活运用不同能力来统筹推进。第二，项目式学习与实践能够促进以学生为中心的综合能力培养。基于真实情境的项目式学习与实践需要学生主动提出问题、分析问题和解决问题。在问题解决过程中，教师的角色是指导而非主导，项目推进的每一个关键过程需要学生团队来决策，这对于培养学生的综合能力很有帮助。第三，基于真实情境的项目式学习与其他教学形式相比，更加接近学生毕业后的工作环境，更有助于提升学生的职场适应力和胜任力。具体地，在真正职场中的工作往往是团队协作形式，无论是作为团队领导还是作为团队成员，如何与他人共事、有效地沟通表达自身观点、高效地解决矛盾冲突都是必不可少的能力。而在非项目式的学习与实践中，学生通常只要管好自己便可以万事大吉，很难锻炼和培养到学生未来急需的一些综合能力。因此，基于真实情境的项目式学习与实践会在不久的未来被更多的专任教师所选择，成为其课程教学或实践教学的一个有机组成部分。

（三）聚焦学习过程的创新创业能力增值评价

在高等教育内涵发展和深化新时代教育评价改革的今天，高等教育质量监测与评价理念逐步从关注办学条件等资源或投入性指标转变到对人才培养过程、人才培养成效以及学生能力增值的重视。尤其是创新创业教育，作为推进素质教育、提高人才培养质量为核心的高等教育新的质量观，对于创新创业教育质量的监测和评价如果只是停留在诸如创新创业教育的师资队伍、培训场次、教材课程讲座、奖学金、专项经费、参与竞赛和训练人数等指标上，则质量监测评价依然停留在高等教育外延式发展的思路上止步不前，无法适应新时代高等教育评价的新要求。因此，从贯彻新时代教育评价理念和

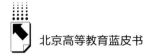
以评价促进创新创业教育实践提升的角度，聚焦学习过程的大学生创新创业能力增值评价是未来的发展趋势，其优势有三点。第一，聚焦能力评价。创新创业教育是面向全体学生的素质教育，以学生的创新创业能力为评价对象，而不是评价少数学生取得的标志性成果或者投入性资源指标，更能客观全面地展示高校在创新创业教育上的成果。第二，聚焦能力增值。各高校在招生质量、师资队伍上均存在差异性，而人才培养质量的评价如果仅就学生最终达到的能力水平而评价则很难清晰地显示该校教育教学对学生能力提升的作用大小。聚焦能力增值有助于避免因招生质量差异所淹没的高校人才培养能力。第三，聚焦过程评价。学生创新创业能力不是从书本上读来的，而是在实践中反复锻炼得来的。因此，想要对学生创新创业能力开展评价离不开真实的任务场景，通过在完成任务的过程中设置关键节点用于考核和考查学生能力，才有可能真实地反映学生能力逐步提升的过程并从中反思哪些高影响力教学实践真正服务于学生能力培养。

B.7
后疫情时代北京高校
国际化发展战略初探*

韩亚菲**

摘　要： 后疫情时代，我国高校国际化发展面临的国际国内环境都发生了深刻变化；与此同时，北京高校国际化发展依托国家发展战略和北京城市国际化发展战略迎来了新的机遇。在国际国内双重变局下，北京高校国际化发展何去何从？本研究依从质的研究范式，具体采用实物分析的资料收集方法，采用官方类实物资料——北京高校"十四五"规划文本作为数据来源，基于对样本北京高校"十四五"规划的文本分析，描绘了后疫情时代北京高校国际化发展的基本特征，梳理了北京高校国际化发展的主要举措，分析了北京高校国际化发展面临的问题，讨论了北京高校未来国际化发展的策略。

关键词： 高校国际化　城市国际化　高校"十四五"规划　区域高等教育国际化

一　引言

当今世界正经历百年未有之大变局，新冠肺炎疫情仍在全球蔓延，并对

---

*　基金项目：北京市高等教育学会 2021 年立项重点课题"'双循环'背景下北京高等学校的教育国际化研究"（项目编号：ZD202107）。

**　韩亚菲，教育学博士，北京教育科学研究院高教所助理研究员，主要研究方向为高等教育国际化、高等教育质量监测与评价、高等教育政策等。

人类社会今后一段时期的发展产生持续影响；单边主义、保护主义、逆全球化思潮不断有新的表现，经济全球化进程遭遇严峻挑战；全球治理体系和国际秩序变革加速推进，不稳定不确定因素依然很多，高等教育国际化发展面临的国际环境发生深刻复杂变化。与此同时，国内发展环境也经历着历史性变革。我国已进入高质量发展阶段，社会主要矛盾已经转化为人民日益增长的美好生活需要和不平衡不充分的发展之间的矛盾。面对新的发展环境，国家提出形成以国内大循环为主体、国内国际双循环相互促进的新发展格局，并提出全面提高对外开放水平、建设更高水平开放型经济新体制、形成国际合作和竞争新优势。《教育部等八部门关于加快和扩大新时代教育对外开放的意见》对加快和扩大新时代教育对外开放进行了战略部署，指出形成更全方位、更宽领域、更多层次、更加主动的教育对外开放局面。党的十九届五中全会明确提出，支持北京、上海、粤港澳大湾区形成国际科技创新中心。2021 年初印发的《"十四五"北京国际科技创新中心建设战略行动计划》提出，到 2025 年北京国际科技创新中心基本形成，到 2035 年，北京国际科技创新中心创新力、竞争力、辐射力全球领先，形成国际人才高地。后疫情时代，北京高校国际化发展面临的国际国内环境都发生了深刻变化；与此同时，北京高校国际化发展依托北京城市国际化发展战略迎来了新的机遇。在这样的背景下，北京高校国际化如何发展？

二 后疫情时代的高等教育国际化发展

历史表明，大流行病往往成为国家经济和社会结构复兴的重大机遇。[1]新冠肺炎疫情不仅直接影响宏观经济——有研究表明，疫情对宏观经济的重大影响可能持续 40 年之久，从而大幅降低实际经济效益[2]，而且，地缘政

---

[1] 克劳斯·施瓦布、蒂埃里·马勒雷：《后疫情时代：大重构》，中信出版社，2020，第19 页。

[2] Jordà, Òscar, Sanjay R. Singh, Alan M. Taylor, "Longer-Run Economic Consequences ofPandemics", Federal Reserve Bank of San Francisco Working Paper, https://doi.org/10.24148/wp2020-09.

治和新冠肺炎疫情呈双向互动关系——新冠肺炎疫情很可能会使高度发达国家、新兴国家和发展中国家之间的密切合作戛然而止，导致社会和地缘政治风险增加。① 而导致地缘政治形势不稳的根本因素是权力由西向东的渐进式转移——中国这样一个崛起中的大国挑战美国这样一个现存的大国，会给全球地缘政治系统带来结构性压力；未来数年，这种力量冲突会导致混乱、无序和充满不确定性的世界格局；美国逐步退出国际事务注定会让国际形势动荡不安；在混乱的新世界中，力量格局向多极化转变。② 新冠肺炎疫情被认为是一个转折点，它开启了中美之间的"新型冷战"。③ 北京大学国际关系学院原院长王缉思认为新冠肺炎疫情带来的不利影响导致中美关系处于1979 年两国正式建交以来的最低谷，两国的经济和技术脱钩"已经不可逆转"。④ 马凯硕是研究中美两国对抗的有影响力的专家，他认为新冠肺炎疫情颠倒了两个国家在应对自然灾害和提供国际援助方面的角色；中美对抗会不断加剧。⑤

与新冠肺炎疫情发生前相比，未来世界的开放度和协作性都会降低。尽管如此，全球经济已经错综复杂地交织在一起，因此想终结全球化不太可能，但全球化减缓甚至逆转全球化趋势还是可能会发生的；全球化最有可能的结果是一个比较折中的解决方案：区域化。⑥ 欧盟自由贸易区的成功以及亚洲地区设立的"区域全面经济伙伴关系"就是非常重要的案例，说明区

---

① 克劳斯·施瓦布、蒂埃里·马勒雷：《后疫情时代：大重构》，中信出版社，2020，第49 页。

② 克劳斯·施瓦布、蒂埃里·马勒雷：《后疫情时代：大重构》，中信出版社，2020，第78 页。

③ Cabestan, Jean-Pierre, "China's Battle with Coronavirus: Possible Geopolitical Gains and Real Challenges", Aljazeera Centre for Studies, 19 April 2020, https://studies.aljazeera.net/en/reports/china%E2%80%99s-battle-coronavirus-possible-geopolitical-gains-and-real-challenges.

④ Anderlini, Jamil, "Why China is Losing the Coronavirus Narrative", *Financial Times*, 19 April 2020, https://www.ft.com/content/8d7842fa-8082-11ea-82f6-150830b3b99a.

⑤ 克劳斯·施瓦布、蒂埃里·马勒雷：《后疫情时代：大重构》，中信出版社，2020，第91~98 页。

⑥ 克劳斯·施瓦布、蒂埃里·马勒雷：《后疫情时代：大重构》，中信出版社，2020，第80~86 页。

域化可以成为全球化的缓和版本。① 在国际高等教育领域，也呈现由全球化转向区域化的趋势。事实上，随着跨境学生流动模式更多转向区域内部流动、高校更加重视区域合作，学者开始反思"国际化"范式的缺陷，试图构建基于区域背景的"全球本土化（glocalization）"，强调"国际化"需要以培育本土性的价值为目标，服务区域发展。全球化转向区域化为高等教育国际化发展指明了未来方向，这不仅是因为经济活动带来的紧密联系为高等教育国际化发展框定了安全空间，另一个重要原因是国际格局的调整和地缘政治的发展也离不开高等教育国际化发展的支撑——"高等教育国际化与地缘政治的关系仍然牢不可破"。②

一言以蔽之，回到新冠肺炎疫情发生前的国际化发展路径已经变得不太可能了。实际上，新冠肺炎疫情加剧了高等教育国际化变革，全球高等教育格局面临重构，世界高等教育国际化发展面临"改道"。以往那种"文化霸权"下以美、英等国家为中心的发展模式受到广泛质疑；那种以人员流动为主要追求、受功利化指标调动的国际化发展行径将被遗弃；以英国、澳大利亚等国家为代表的那种基于经济驱动的国际化模式弊端显露无遗。后疫情时代，世界高等教育国际化发展将更加趋向于文化驱动——一方面，在各国高等教育国际化中重视文化多样化和多元文化理解；另一方面，各国将探索适合自身的国际化发展道路，世界高等教育国际化发展将呈现多样性和丰富性。③ 在具体的国际化发展战略方面，加强文化沟通与理解，发展"在地国际化"，构建更为多元的、更具包容性的、更加平等的高等教育国际化发展体系将是世界高等教育国际化未来发展的重心。

就国内发展环境而言，国家"十四五"规划纲要指出，"十四五"时期

---

① Khanna, Parag, "Post-pandemic: Welcome to the Multi-speed World of Regional Disparities", Global Geneva, 26 April 2020, https://www.global-geneva.com/post-pandemic-welcome-to-the-multi-speed-world-of-regional-disparities.

② 刘进、林松月：《后疫情时代中国高等教育国际化的变与不变》，《高校教育管理》2022 年第 1 期。

③ 菲利普·G. 阿特巴赫、高媛、刘进等：《后疫情时代高等教育国际化的未来走向》，《高校教育管理》2022 年第 1 期。

推动高质量发展，必须立足新发展阶段、贯彻新发展理念、构建新发展格局。我国进入新发展阶段，发展条件深刻变化，进一步发展面临新的机遇和挑战。一方面，当今世界面临百年未有之大变局；另一方面，我国社会主要矛盾已经转化为人民日益增长的美好生活需要和不平衡不充分的发展之间的矛盾。新发展阶段应坚定不移贯彻新发展理念，实现更高质量、更有效率、更加公平、更可持续、更为安全的发展。构建以国内大循环为主体、国内国际双循环相互促进的新发展格局，必须坚持深化供给侧结构性改革，以创新驱动、高质量供给引领和创造新需求，提升供给体系的韧性和对国内需求的适配性。

新发展阶段给高校国际化发展提出了更高要求，未来高校国际化发展需把握四个原则：一是统筹发展和安全；二是实现更高质量的发展；三是提供更加公平的教育服务；四是深化供给侧结构性改革，提升供给体系的韧性和对国内需求的适配性。新冠肺炎疫情暴露了现存高等教育国际化发展路径的脆弱性，未来高校国际化发展必须提升系统的安全性、供给体系的韧性；另外，进入新发展阶段，高校国际化发展必须以提升质量为发展主线，满足人民群众对更高质量国际教育的需求；同时，高校国际化发展需将公平理念纳入其中，秉持"公平普惠"的原则，使更多的教师和学生受益。

三 问题提出与研究设计

虽然以上从"应然"层面对后疫情时代高等教育的国际化发展做了深入探讨，但在"实然"层面，高校如何规划后疫情时代的国际化发展，其战略规划是否与学理性探讨一致，十分值得关注；尤其是在百年未有之大变局下，中国高校国际化发展是否做好了相应准备？中国高校将以怎样的战略和策略应对后疫情时代 VUCA[①] 世界？

[①] VUCA 是 volatility（不稳定性）、uncertainty（不确定性）、complexity（复杂性）、ambiguity（模糊性）的缩写。

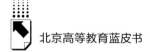

本研究以北京高校国际化发展的战略规划为样本，窥一斑而知全豹，以期了解中国高等教育国际化发展的实践走向。本研究采取质的研究方法。具体采用实物分析的资料收集方法。实物分析是质的研究中主要的收集资料的方法之一，"实物"包括所有与研究问题有关的文字、图片、音像、物品等。实物资料通常分为个人类和官方类两个大类。① 本研究的目的是探究北京高校在后疫情时代国际化发展的战略及举措；研究问题是后疫情时代的北京高校国际化将如何发展。根据研究目的和研究问题，本研究选择了北京高校"十四五"规划文本资料，属于实物分析中的官方类实物资料。

用五年规划引领经济社会发展，是中国共产党治国理政的一个重要方式。中国独特的五年发展规划，使中国的远景和近期目标相结合，使国家战略与部门战术相匹配，使全国方针和地方发展相统一，体现出强有力的前瞻性、引领性和约束力。② 因此，在国家"十四五"规划指导下编制的高校"十四五"规划，最能体现高校在未来一段时间的发展战略与行动举措。本研究搜集整理了北京部分高校的"十四五"规划文本资料，结合高等教育国际化理论及分析框架对其进行系统分析，试图对北京高校在后疫情时代的国际化发展进行整体描绘。

本研究的对象是北京所有普通本科高校的"十四五"规划文本，但囿于对象的可得性——截至文章成稿，仅有一少部分高校公开发布了经中华人民共和国教育部审批的"十四五"规划文本全文——本研究实际上采用了方便抽样的策略。本研究最终选取了北京大学、清华大学、中国政法大学、北京林业大学、北京语言大学、中国地质大学（北京）、首都师范大学、北京工业大学、北京舞蹈学院、北京信息科技大学10所高校的"十四五"规划文本进行分析，这10所高校基本覆盖了北京地区所有的高校类别。从10所高校的"十四五"规划文本来看，它们呈现高度的同质性，这反映了北京高校在后疫情时代的国际化发展具有战略相似性——这并不难理解，因为

① 陈向明：《质的研究方法与社会科学研究》，教育科学出版社，2000，第257~266页。

② 马亮：《"十四五"规划为何万众瞩目？中国五年规划的奥妙何在?》，https：//www.thepaper.cn/newsDetail_ forward_ 9743554。

高校的"十四五"规划须以国家战略规划为基本遵循。因此，本研究同时考察了《中华人民共和国国民经济和社会发展第十四个五年规划和2035年远景目标纲要》《中国教育现代化2035》《北京市国民经济和社会发展第十四个五年规划和2035年远景目标纲要》《北京市"十四五"时期教育改革和发展规划（2021~2025年）》《首都教育现代化2035》《北京城市总体规划（2016年~2035年）》《北京市"十四五"时期国际科技创新中心建设规划》等国家和区域战略规划文本资料进行辅助分析。

本研究的实施过程如下。

首先，研究者整理了北京普通本科高校的名单，然后以"XX大学'十四五'规划"为关键词，通过互联网对名单中的高校逐一进行搜索。通过这种方法，研究者获得了6所高校的"十四五"规划文本全文。由于此6所高校未能很好地覆盖所有类型的北京高校，研究者又通过关键人物获取了另外4所高校的"十四五"规划文本全文，此4所高校的"十四五"规划文本已经获得教育部批复并在全校范围内公开发布，同时向全社会公布了简版的规划。

其次，研究者通过WORD文档整理了10所高校"十四五"规划文本中所有与高校国际化发展相关的文字表述。然后，研究者将相关的文字表述进行了初级编码，如"品牌建设""全球胜任力培养""在线教育国际合作""人才集群""在地国际化""质量保障""国际教育能力建设""国际化师资队伍建设""国际化校园文化建设""国际合作平台建设"等。

最后，根据高等教育国际化理论，以及高校国际化发展实践中常见的表述，研究者对初级编码进行了合并、整合和拓展。如将"品牌建设"和"质量保障"合并为"质量提升"编码；将"国际化校园文化建设"整合到"在地国际化"编码当中；将"国际化师资队伍建设"和"国际教育能力建设"拓展为"教师国际化发展"编码。

通过对样本高校"十四五"规划文本的分析，本研究最后梳理了北京高校"十四五"期间国际化发展的基本特征和主要举措，以及面临的问题等。根据行文需要，本研究引用了各个高校"十四五"规划文本中的原文表述，使本文的论述更加明确、具体。

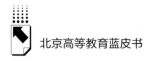

四 北京高校"十四五"期间
国际化发展的基本特征

《中共中央关于制定国民经济和社会发展第十四个五年规划和二〇三五年远景目标的建议》提出了"十四五"时期经济社会发展必须遵循的原则，包括"坚持新发展理念——把新发展理念贯穿发展全过程和各领域，构建新发展格局，切实转变发展方式，推动质量变革、效率变革、动力变革，实现更高质量、更有效率、更加公平、更可持续、更为安全的发展""坚持深化改革开放——坚定不移推进改革，坚定不移扩大开放，加强国家治理体系和治理能力现代化建设"，并指出地方"十四五"规划纲要和专项规划按照这些精神进行制定。

北京高校"十四五"规划遵循了《中共中央关于制定国民经济和社会发展第十四个五年规划和二〇三五年远景目标的建议》的精神，提出了以"坚定不移扩大开放、实行高水平对外开放"、"以推动高质量发展为主题、建设高质量教育体系"、"统筹发展和安全、把安全发展贯穿各领域和全过程"和"更加突出服务国家战略"、"突出特色发展"等为基本特征的发展思路。

通过对样本高校"十四五"规划文本的分析发现，北京高校国际化发展的特征包括以下五个方面：一是扩大对外开放办学，拓展国际合作空间；二是提升国际合作层次与水平，国际合作"量""质"双提升；三是积极融入全球网络、服务国家发展战略；四是突出特色发展、重视品牌建设；五是优化国际合作布局，筑牢安全发展防线。

（一）扩大对外开放办学，拓展国际合作空间

所有样本高校的"十四五"规划均将"扩大开放"作为高校国际化发展战略的基调，而寻求多元化的合作主体、开展多维度的国际合作、拓展多层次的合作空间是重要的支撑策略。如中国地质大学（北京）提出"积极

建立多维度多层次国际合作与交流体系";中国政法大学提出"全面形成多层次、宽领域、高质量的国际化发展新局面"等。

（二）提升国际合作层次与水平，国际合作"量""质"双提升

"十四五"期间，北京高校国际化发展的主线是"质量提升"，加强高质量国际合作是北京高校国际化发展的重点任务。如北京大学提出"提升合作的层次和水平"；北京信息科技大学提出"搭建高水平的国际交流与合作平台，提高校际交流项目的规模、层次、水平"；北京工业大学提出"进一步扩大交流规模，提升合作层次，强化学科匹配；统筹学校优势资源与力量，强化与世界一流大学、一流学科的战略合作"等。

（三）积极融入全球网络、服务国家发展战略

"十四五"期间，北京高校践行"人类命运共同体"理念，积极融入全球科研网络，努力提升全球影响力；服务中国特色大国外交，积极融入"一带一路"建设；主动融入新发展格局，服务国家、区域发展战略。如清华大学提出"持续为应对气候变化、生命健康、数字治理、能源安全、和平发展等人类共同挑战贡献清华智慧，形成一批品牌性国际论坛和学术平台，为讲好中国故事、促进中外文明交流互鉴发出清华声音"；北京语言大学提出"探索建设'北语书院'，服务国家战略需求"；首都师范大学提出"主动服务国家外交战略，积极开展国际化智库建设，拓展国际化教育服务途径，提高学校服务北京国际交往中心建设的贡献力"。

（四）突出特色发展、重视品牌建设

"十四五"期间，北京高校国际化发展战略更加突出特色发展、品牌建设。汇聚学校优势特色学科资源，凝练学校优势特色学科方向，借势一流学科建设等，打造国际化发展的亮点。如中国政法大学依托法学学科优势，以"法学+汉语"为特色，完善来华留学招生、培养与管理制度；同时，特别扶持法治文化对外传播特色项目；发挥学科和专家优势，推进"法治文化

走出去"理论研究和实践探索，向世界推介中国法治实践，讲好中国法治故事，将中国政法大学建设成为中国法治文化国际传播的首要窗口。北京林业大学提出"把林学、风景园林、林业经济、水土保持等专业办成品牌项目，部分专业达到国内同类院校学历留学生全英文培养的领先水平"。中国地质大学（北京）"坚持以地球科学为沟通桥梁""凝练具有地大特色的国际合作与交流发展理念"。

（五）优化国际合作布局，筑牢安全发展防线

在国内外新形势下，统筹发展和安全的重要性日益凸显，最大限度地规避风险是未来一段时间我国高等教育国际化必须把握的原则。[①] 当前我国高等教育合作交流对象集中在西方发达国家，特别是美国、英国、澳大利亚等国，国际交流与合作对象失衡现象较为严重，[②] 不合理且存在风险。"十四五"期间，北京高校积极优化国际合作布局，如北京大学提出"优化教育开放全球布局""从交流主体、交流内容和交流区域等方面调整和完善国际交流合作的战略布局"。另外，北京高校积极构建涉外安全防范机制，如北京林业大学推动构建国际学生涉外安全防范机制，建设包括国际学院、培养单位、导师、留学生辅导员等在内的工作体系，筑牢风险防控安全防线。

五 "后疫情"时代北京高校国际化发展的主要举措

通过对北京高校"十四五"规划的文本分析发现，后疫情时代北京高校国际化发展的主要举措涵盖了规模、质量和效益三个维度，既包括出国留学、来华留学、中外合作办学等传统国际化活动，也包括"在地国际化""在线国际化"等新的国际化趋势。在规模扩大的方针下，涵盖了国际合作

---

① 韩亚菲、秦琳、蒋凯：《变局与破局：新形势下高等教育国际化的挑战与应对》，《大学与学科》2021年第3期。
② 蒋凯：《高等教育对外开放的挑战与战略选择》，《国家教育行政学院学报》2020年第12期。

对象的扩展、国际办学空间的拓展、国际合作范围的扩大、国际合作形式的扩充、双向留学规模的扩大、中外合作办学数量的增加等。在质量提升的主线下，涉及国外合作对象的层次优化、海外引智的质量提升、来华留学生源质量改进、质量保障相关制度完善等方面。在效益提升方面，包括充分挖掘利用存量国际教育资源的能量、提升管理水平增强国际化办学能力、增强对经济社会服务能力等。

（一）挖掘国际教育资源、拓展国际办学空间

北京高校一方面着力盘活学校已有国际教育资源，另一方面积极开拓新的国际办学空间。如清华大学提出"拓展整合国内外优质办学资源"，北京语言大学提出"深入挖掘国际教育资源，拓展国际办学空间"等。在具体的举措上，各高校可谓"八仙过海、各显神通"。

中国政法大学将积极融入"一带一路"建设作为国际化发展的重要生长点，提出"与沿线25个国家、50所高校及国际组织建立实质性合作"，另外，中国政法大学十分重视与具有全球性或区域性重要影响的国际组织和学术团体的合作，充分挖掘相关平台项目的潜力，拓展国际合作空间。北京林业大学则围绕绿色"一带一路"开展联盟基地建设，积极打造以成立绿色"一带一路"林业国际教育联盟为目的的伙伴关系网络，在新兴市场国家建立"人才联合培养基地"，"不断拓展高层次人才培养的国际空间"。北京工业大学依托"一带一路"中波大学联盟建设，打造中波专项交流合作平台，探索建立中波区域国别研究中心和国家级区域大学联盟，并"以波兰为核心，加强与'一带一路'沿线国家和地区高等教育机构的多维度、深层次交流合作"。

北京大学则从"丰富短期（寒暑假）项目""积极发展实习实践、创新创意类项目，大力拓展实验室研究类项目""汇聚国内外国际组织实习、任职与合作资源，引导学生赴国际组织锻炼或就职"等方面发力，进一步丰富国际合作交流的形式与内容，并"在国家安全、国际组织、涉外法治、外国考古、全球公共卫生等领域开拓新型国际化人才培养项目"，进一步拓

展新的研究领域的国际化人才培养项目。清华大学以在线教育为切入点，"积极开展与世界慕课联盟高校及其他海外高水平大学在线教育创新合作"。北京语言大学将继续拓展海外办学空间作为国际化发展的重点，提出"力争在'十四五'期间新增2~3个海外办学点"，并加大对已有海外办学点的建设力度，"扩大专业领域，提高生源质量，完善课程体系，做好海外分校和校本部的课程、学分对接，扩大办学规模"。中国地质大学（北京）以深化"中非20＋20"合作为重点，积极建立多维度多层次国际合作与交流体系。

（二）提升国际合作水平，增强国际化办学能力

"十四五"期间，北京高校将提升国际合作水平、增强国际化办学能力作为加强高校国际化内涵建设的主要抓手。一方面，高校通过寻求更高层次的合作对象，进一步提升国际合作水平。如北京大学提出"坚持强强合作、互利共赢；有步骤有重点有层次地与海外顶尖高校建设战略合作伙伴关系"。清华大学提出"进一步提升国际交流合作层次"。北京工业大学提出"提升合作层次；强化与世界一流大学、一流学科的战略合作"。北京信息科技大学则直接将提升国际合作层次与水平作为深入落实国际化办学战略的主线。

另一方面，高校通过提升学校管理服务的国际化水平，不断增强国际化办学能力。如清华大学提出"提升学校管理服务的国际化能力；完善涉外管理制度，优化涉外管理流程，提高管理与服务的便利性；推动双语化信息系统建设，保障中外师生共享丰富、便捷的信息服务；建设多元包容的校园文化环境，改进国际师生的校园体验，鼓励国际师生参与学校治理，增强国际师生的归属感"。北京大学提出"完善国际交流工作机制：深化国际化发展制度建设，完善国际化的领导体制、责任体系、沟通机制和绩效考核机制，完善有机、多元、高效的系统工作格局，加快建设与国际化教学科研配套的网络平台与信息管理系统，进一步提升国际师生的教育体验；努力锻造具有卓越国际交流能力的行政管理、后勤服务队伍；提高教职员工的国际发

展能力"。中国政法大学提出"多措并举强化外事管理：加强国际化办学的政策和资金支持力度，合理设置任务指标，提升外事信息化、专业化建设水平；认真开展外事审批权下放承接工作；探索实施师生出国出境工作'一站式'管理服务机制"。北京林业大学提出"持续拓展教辅行政人员赴外进修渠道，提升学校行政管理队伍国际化水平"。

（三）强化中外合作办学能力、探索中外合作办学新模式

中外合作办学是高校国际化发展战略的重要组成部分。后疫情时代，跨国流动困难持续，作为出国留学的替代选项，中外合作办学受到更多关注，北京高校"十四五"规划中也体现出了北京高校对中外合作办学的普遍重视。一方面，北京高校重视"存量"中外合作办学项目的内涵式发展；另一方面，北京高校积极筹备新建中外合作办学机构/项目，并对后疫情时代的中外合作办学新模式进行了创造性的探索。

质量就是生命线。北京高校从资源升级、制度完善、精细服务等多方面对中外合作办学进行质量提升。如清华大学"鼓励教师参与国际教育合作项目建设，促进高水平国际学者和专家服务国际教育合作项目，完善国际化培养项目评估制度"；北京语言大学提出"规范管理制度、开展精细化管理与服务，促进合作办学项目内涵式发展；提高人才培养质量，满足学生个性化发展需求"。

另外，北京高校积极拓展中外合作办学机构/项目。如北京林业大学提出"十四五"期间"新办 3~5 个高水平中外合作办学项目，力争新办 1 所中外合作办学机构"；北京语言大学提出力争在"十四五"期间"新增 4 个中外合作办学项目"；首都师范大学提出"提升中外合作办学水平；力争新增部分中外合作办学项目和境外教学基地"；北京信息科技大学提出在"十四五"末期"力争获批 1 项本科专业中外合作办学项目，实现本科层次中外合作办学新突破"。

北京高校还对后疫情时代的中外合作办学模式进行了新的探索。如北京大学提出"探索基于网络的国际教育合作新模式，探索合作办学新模式新

机制"。清华大学提出"积极开展与世界慕课联盟高校及其他海外高水平大学在线教育创新合作，构建多元化、国际化的学生在线学习资源与学习方式；建设一批全球融合式课堂及全球公开课，推动全球高校间优质课程资源的共建与共享"。首都师范大学提出"创新办学模式，探索与国外友好学校互为海外校园，在海外友好学校建立优秀生源基地、汉语国际教育实习实践基地等形式，持续推动与友好学校教育深度合作"。北京工业大学则将北京—都柏林国际学院迁至北京城市副中心，并全力推行"1+N"办学模式，"形成以北京都柏林国际学院为主导，与国际顶尖高校、优势学科多边合作的办学格局"。北京语言大学则"积极探索以国际中文教育为主体的中外合作办学新模式"。

（四）提升校园国际化体验，加强学生"在地国际化"培养

"在地国际化"即高校利用已有国际优质教育资源——国际学者、留学生、国外教材、跨境项目、多元课程与国际会议等——建设富有本土特色的国际性校园，在校内为全体学生提供接触跨文化与国际性事务的机会，进而实现培养高层次国际化人才的办学目标。[①]"在地国际化"的概念自 20 世纪90 年代末提出后，到 2015 年已有 56% 的欧洲大学将其纳入学校战略规划。[②]在外部环境不稳定性、不确定性因素增加的情况下，过度依赖经济条件支撑和人员跨境流动的传统国际化形势面临压力与挑战；"在地国际化"因其"在地"（不依赖人员的主动流动）和"普惠"（全体学生均可受益）的特征，为国际化人才培养提供了新的路径。

"十四五"期间，北京高校推动国际化教育资源面向全体学生、促进中外学生交流融合、提升校园国际化学习与生活体验，以此加强学生的"在地国际化"培养。如北京大学提出"将优质国际国内资源融入学校发展全

---

① 张伟、刘宝存：《在地国际化：中国高等教育发展的新走向》，《大学教育科学》2017 年第3 期。

② ANDRÉE SURSOCK，*Trends 2015：Learning and Teaching in European Universities*，Brussels：European University Association，2015：45.

过程、全领域"。清华大学提出"加强学生在地国际化培养,推动校内院系共享海外基地资源""推进中外学生趋同培养和管理,促进中外学生的交流融合与共同发展"。北京林业大学提出"通过实施中外学生学术论坛,文化沙龙和汉语助教计划等系列活动,促进中外学生交流互助,文明互学互鉴"。北京语言大学提出"完善中外学生融合教育,积极推进中外学生课程、校园文化活动和日常生活三个'融合'"。北京工业大学提出"促进中外师生学术交流与文化融合,策划和举办国际教育周、国际日、国际沙龙、高质量项目宣讲、高水平讲座与国际志愿服务等国际化品牌文体活动,全方位提升校园国际化学习与生活体验"。

(五)着力发展"在线国际化",探索线上线下融合式国际教育

新冠肺炎疫情期间各国高校普遍启动线上教学,大规模线上学习大大加速了全球高等教育"互联网+"变革,保障了各国高校"停课不停学",使在线高等教育成为"常态"。[①] 正如马金森指出的,"人们不再将在线教育视为传统课堂的附属物,也不再将其视为对面授式教学的低效模仿,而是将其视为高等教育的一种独特形式或者产品,有着不同的使用方式"。[②]《教育部等八部门关于加快和扩大新时代教育对外开放的意见》强调,要扩大在线教育国际辐射力,支持各级各类学校和机构开发具有中国特色和国际竞争优势的专业课程、教学管理模式和评价工具,借力"中国教育云"建立中国特色国际课程推广平台。[③]

"十四五"期间,北京高校着力发展"在线国际化",从硬件和软件两方面积极建设"在线国际化"。如北京语言大学提出"加快国际学生在线教学平台和资源平台建设,加强信息技术对后疫情时代国际中文教育的支撑""建设国际学生数字化学习资源平台,打造中文在线教育品牌"。另外,北

---

① 韩亚菲、秦琳、蒋凯:《变局与破局:新形势下高等教育国际化的挑战与应对》,《大学与学科》2021年第3期。

② 周岳峰:《新冠肺炎疫情给高等教育国际化带来的影响》,《世界教育信息》2020年第5期。

③ 张烁:《加快和扩大新时代教育对外开放》,《人民日报》2020年6月23日。

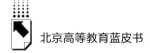
京高校积极进行包括开发在线学习项目、开展在线教育国际合作、建设全球融合式课堂等在内的一系列创新尝试。如清华大学提出"开发在校内即可实现海外学习的在线学习项目""积极开展与世界慕课联盟高校及其他海外高水平大学在线教育创新合作，构建多元化、国际化的学生在线学习资源与学习方式；建设一批全球融合式课堂及全球公开课，推动全球高校间优质课程资源的共建与共享"。

除此之外，北京高校积极探索线上、线下融合式国际教育，如北京语言大学提出"大力发展线上、线下融合的课程培养方案，吸引更多海外学生参加海外分校或办学点课程学习""开拓一批在境外集中学习北语线上课程的教育合作机构，推广'海外线上＋来校线下''海外学分银行''海外预科教育'等双线融合教学项目"。

（六）提升海外引智质量，推进教师国际化发展

"十四五"期间，北京高校通过提升海外引智质量、加快推进教师国际化发展来打造高水平的国际化师资队伍，助力学校国际化发展内涵式提升。在具体的举措上，高校一方面完善更加开放的人才吸引机制，重点吸引"尖"（世界知名的顶尖人才）、"潜"（具有发展潜质的优秀青年人才）人才，并推进集群聘任，形成人才集群；另一方面不断提升师资队伍海外学习进修比例、提升教师队伍国际化教学能力、鼓励教师国际化发展。

如清华大学提出"完善更加开放的人才吸引机制，汇聚一批世界知名的顶尖人才""扩大博士后来源，积极延揽留学回国和外籍博士后"。首都师范大学提出"在全球范围引进世界顶尖人才、国际知名学者和国际名校教师来校从事科研和教学，加大引进海外高端人才和海外优秀青年人才力度"。北京大学提出推进集群聘任，形成人才集群。北京语言大学提出"面向国际一流大学引进高层次人才和具有发展潜质的优秀青年人才；引进高水平的外国专家"。中国政法大学提出"大力支持教师海外访学及交流合作，使一年以上海外经历教师占比55%以上"。北京林业大学提出"不断提升师

资队伍海外学习进修比例""鼓励教师在国际知名学术及专业组织任职、担任国际知名学术期刊编委"。中国地质大学（北京）也提出"支持教师到国际学术组织、高水平国际学术期刊任职，提升师资队伍国际化水平"。北京工业大学则启动了"打造教师队伍国际化发展体系"行动计划。

（七）优化国际生源结构与质量，完善国际教育相关制度

2018 年，教育部印发《来华留学生高等教育质量规范（试行）》，这是首次出台来华留学生高等教育质量规范文件，标志着来华留学生教育管理重心的变化——从扩大规模到质量提升。2020 年，《教育部等八部门关于加快和扩大新时代教育对外开放的意见》印发，进一步强调多措并举推动来华留学实现内涵式发展。

"十四五"期间，北京高校在来华留学质量提升方面提出了许多举措。一方面，通过各种方式扩大生源范围、吸引优质生源，从"入口关"优化生源结构与质量；另一方面，在疫情对国际教育的冲击下，创造性地扩展国际生源也是"十四五"期间的重点；另外，进一步完善国际学生招生、培养与管理制度，推动来华留学内涵式发展。如北京大学提出"延揽全球顶尖生源——筹建国际暑期学院，通过多种渠道吸引国际优秀高中生和大学生来校研习，涵育优质学位生源"。北京语言大学则通过与语合中心等开展密切合作、对口支持海外国际中文教育基地、帮助海外大学建设中文系、建立汉语国际教育联盟等举措，吸引海外国际中文教育优质生源。

后疫情时代，北京高校创造性地采用"线上+线下"双轨制招生新模式，北京语言大学提出"大力推动海外本土化招生，充分发挥海外分校、海外孔子学院的招生平台作用，在主要生源地建立集招生、教学、HSK 考试于一体的中文教学中心，积极发掘海外中文系主任联盟项目、海外合作院校联合培养项目、海外优质高中生源储备校项目的招生潜力"。

北京语言大学还提出"建立国际学生本科入学标准和考试体系，建立全国高校来华留学学历生入学水平监测常态化工作体系"，这是国际生源质量保障体系建设的重要举措。中国政法大学提出以"法学+汉语"为特色，

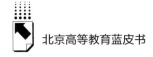

完善招生、培养与管理制度；加强来华留学生的管理机制建设和中国国情教育，着力打造高水平汉语国际教育师资队伍和高素质管理队伍。

（八）打造高端国际科研合作平台，助力北京建设国际科创中心

北京提出，到2025年北京国际科技创新中心基本形成；到2035年北京国际科技创新中心创新力、竞争力、辐射力全球领先。"十四五"期间，北京高校积极推进国际科研合作，致力于打造高端国际科研合作平台，推动国际科研合作模式创新，形成"以我为主、为我所用"的全球合作协同体系，助力北京国际科技创新中心建设。

如清华大学提出"筹划实施全球开放创新合作行动""推动国际科研合作，鼓励开展高水平国际合作研究、形成国际科研合作团队，推动国际科研合作模式创新"。北京大学提出"积极融入全球创新网络，参与全球科技治理，构筑国际合作平台，在全球范围开展跨学科、跨高校、跨国界、跨产学研的协同创新，汇集全球顶尖科研资源，助力布局和抢占学科发展制高点，努力成为全球领先的科创中心"。北京林业大学提出"持续推进'双一流'学科等优势特色学科与国外高水平科研单位开展实质性合作，建设高水平国际联合实验室、研究中心等合作平台""积极主动打造'以我为主、为我所用'的林业高等教育国际合作平台"。

六　问题与讨论

从各个样本高校"十四五"规划文本来看，北京高校在目前的国际化发展中存在以下问题。第一，从整体上来看，北京缺乏区域层面的整体目标及相应的规划，区域协同发展不够。第二，区域内高校国际化发展不均衡，部分高校国际化发展战略有待进一步落实。第三，部分高校国际合作交流的深度、层次及内化为办学绩效的程度有待提高。第四，部分学校学生境外国际交流数量与质量有待加强，留学生来源不够丰富。

除此之外，"十四五"期间的高校国际化发展还面临以下独特问题：一

是学校在顶尖人才引进、科研资源共享、学术合作交流等方面将面临很大的不确定性，跨国流动困难仍将持续；二是疫情下经济增长放缓导致的办学经费缩减的问题，办学资源更加有限。北京高校国际化发展还面临北京高校发展中一直存在的问题——办学空间（主要是指物理空间）不足的问题。

长远来看，北京高校国际化发展的动力因素集中在"学术"和"政治"两个维度，与高等教育国际化发展较为成熟的国家/地区的发展战略相比，北京高校国际化发展在"经济"维度的动力不足；面向未来的国际化发展战略还需重视文化驱动，将跨文化理解、多元文化对话与沟通、扩大文化影响力（包括中国传统文化以及中国特色高等教育理念、思想与模式等）等作为国际化发展战略的核心部分。

基于对后疫情时代高等教育国际化发展的分析，结合北京高校国际化发展中自身存在的问题，北京高校在后疫情时代首先应将"文化驱动"作为国际化发展新的战略支点，通过高等教育得天独厚的跨文化沟通能力缓解政治上的紧张；巩固中国高等教育国际化中的文化内核，为世界高等教育贡献独特的文化样本，以"多元"消融"等级"，打破传统国际化模式中的"核心—外围"权力等级结构。

在具体的发展策略上，首先，北京高校的国际化发展应战略统筹安全与发展，积极应对后疫情时代的不稳定性、不确定性、复杂性和模糊性，在安全的基础之上谋求长远发展；其次，后疫情时代的高校国际化发展应以质量为中轴，围绕质量谋求深入发展；再次，北京高校的国际化发展应逐步建立起公平普惠的价值基础；最后，北京高校的国际化发展应深入对接国家发展战略，服务北京城市战略定位。

（一）统筹发展与安全

在国内外新形势下，统筹发展和安全的重要性日益凸显①。在高等教育

---

① 张力：《未来五到十五年我国高等教育发展战略走势》，《清华大学教育研究》2021年第1期。

国际化发展领域，"安全"有着双重意涵：在第一重意义上，高等教育国际化发展需要最大限度地规避自身在发展过程中面临的风险，如国际交流合作的对象过分集中、国际交流合作对象失衡带来的风险；在第二重意义上，高等教育国际化发展作为跨文化沟通的优势领域，能够通过多元文化对话和沟通消除敌意、缓解紧张状态，贡献世界和平与安全发展。

北京高校未来的国际化发展，应加强北京高校之间的统筹，在区域的层面上整体布局国际交流合作对象、规避发展风险。一方面，要继续加强与英美等国的学术交流，发挥教育、科研交流合作在大国关系中的"稳定器"和"润滑剂"作用，另一方面，也要积极开拓与欧盟、日本、韩国、以色列等发达国家和地区，以及广大发展中国家和地区的教育交流与合作，重构北京高等教育国际合作与交流格局①。此外，无论是从国家战略的层面来看，还是从高校国际化发展的理论与实践进展方向来看，布局区域教育合作，加强与亚洲尤其是东亚一些国家和地区的教育合作、深化与共建"一带一路"国家的教育合作，应成为北京高校国际化未来发展的重点。

（二）实现更高质量的发展

中国已进入新发展阶段，人民群众对高质量国际高等教育的需求与目前尚不平衡不充分的高校国际化发展之间的矛盾成为发展过程中的主要矛盾。对于北京高校国际化发展而言，各个高校之间国际化发展不均衡、部分高校的国际化发展尚不充分。解决这一矛盾应成为今后一段时期北京高校国际化发展的目标，而实现更高质量的发展是解决这一矛盾的重要抓手。

实现更高质量的发展包括三个方面，一是高校内部国际化发展的内涵建设，通过整合相关内、外部要素，不断提高办学效益，在办学经费缩减、办学资源有限的情况下实现高质量的发展；二是在后疫情时代，面对高等教育国际化的深刻变革，通过发展在线国际化、在地国际化、线上线下混合式国

---

① 韩亚菲、秦琳、蒋凯：《变局与破局：新形势下高等教育国际化的挑战与应对》，《大学与学科》2021 年第 3 期。

际化等高等教育国际化发展创新模式，实现"弯道超车"式高质量发展；三是将北京高校作为一个整体，通过整体规划，形成北京高校集团作战、优势互补、协同发展、规模效应等合力，推动北京高校整体上的高质量国际化发展。

（三）树立公平普惠的发展价值观

国际上对传统国际化发展模式的核心质疑之一即为"不公平"。这种不公平体现在三个层次上：第一，在全球的尺度上，存在"核心—外围"的权力层次结构，如阿特巴赫用世界体系理论和新殖民主义理论阐述了发展中国家与发达国家高等教育系统之间的不平等关系和不均衡发展状态[①]；第二，在一个国家的高等教育系统内部，由高等教育国际化中的政府角色引发的关于公平的争论，如政府过度补贴中外合作办学造成的不公平——政府使用纳税人的钱补贴能够交得起中外合作办学高昂学费的有钱家庭；第三，在高校校园中，国际化教育资源对普通学生的隔离导致了不公平。[②]

高校国际化发展应树立公平普惠的价值观。一方面，中国高校应以中国文化为内核驱动高校国际化发展，将国际化作为一个多元文化主动参与、平等对话的进程；另一方面，在国际化发展过程中，政府应适当调整角色，弱化"投资者"角色，强化"监管者"角色，保证教育系统内部的公平。同时，高校在具体的国际化活动中，应充分考虑面向全体人员的"普惠性"，使高等教育国际化真正惠及全体，全面提升高等教育人才培养质量。

（四）匹配北京"四个中心"城市战略定位

北京是国务院批复确定的中国政治中心、文化中心、国际交往中心和科技创新中心。《北京市"十四五"时期教育改革和发展规划（2021～2025

---

① Altbach P., "Globalization and the Universities: Myths and Realities in an Unequal World", *Tertiary Education and Management*, 2004, 10 (1): 3-25.

② 韩亚菲：《中国高校国际化发展新动向——基于北京大学燕京学堂、清华大学苏世民书院案例的分析》，《教育学术月刊》2017年第5期。

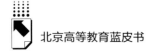
年）》指出，首都教育必须在支持"四个中心"功能建设、提高"四个服务"水平上发挥更大作用。北京高校国际化发展与北京"四个中心"建设密切关联。一方面，北京"四个中心"城市战略定位给高校国际化发展提供了驱动力、政策空间和相关资源；另一方面，高校国际化发展能够多方位助力实现北京"四个中心"城市战略定位。在政治维度，高校国际化发展能够促进和平与相互理解，增强国家身份认同和区域身份认同；在社会文化维度，高校国际化发展能够促进社会/文化发展和相互理解，促进国家文化认同和公民的发展；在经济维度，高校国际化发展能够促进经济增长、提升竞争力，可作为增加收入的选择；在科技创新的维度，高校可以进行知识生产、技术转化、集聚高端人才，培养产业人才，为"科技创新中心"建设提供人才、知识和技术等智力支撑。此外，高等教育国际化发展通过人员的国际流动、知识和技术的跨国迁移、培养国际化人才等助力北京实现"国际交往中心"的建设目标。

对照以上分析发现，目前大部分北京高校的国际化发展策略与北京城市功能定位的互动还有待进一步深入。仍有部分高校仅将国际化发展局限在提升学术声誉的维度，并未从北京城市功能定位的战略高度规划自身的国际化发展路径。未来，北京高校的国际化发展应与北京城市功能定位——尤其是科技创新中心建设——密切、深入联动。

此外，北京作为全国的"文化中心"，为北京高校未来国际化发展转向文化驱动提供了便利条件。结合世界高等教育国际化发展方向，北京高校应将文化战略作为国际化发展战略的核心组成部分，在国际化发展战略中促进跨文化沟通与理解，树立文化自信，致力于向世界推介中国传统文化和中国高等教育思想、理念、制度与模式等，为世界高等教育的多元化、包容性、公平发展贡献自己的力量。

七　结语

高等教育国际化发展的国际环境、国内条件都已发生很大的变化，后疫情时代北京高校的国际化发展机遇与挑战并存。百年未有之变局，是危机亦是转机，如何在危机中抓住发展机遇，另辟蹊径重塑国际化发展，是高等教育亟须解决的问题。在理念层面上，高校必须认识到高等教育国际化发展的新纪元已到，必须以战略魄力重新考虑高等教育国际化发展的方向和路径；在实践层面上，高校亦必须开拓创新，打破制度惯性，拓展新的发展领域，探索新的发展策略。北京高校应进一步提高战略站位，将高等教育国际化发展与中华民族的伟大复兴紧密结合，将高等教育国际化发展作为中华文明贡献人类命运共同体的重要途径，为世界高等教育发展贡献中国智慧，引领形成真正平等、开放、多元的国际化；应将高等教育国际化发展与北京城市战略定位紧密结合，与城市发展有机融合。

热 点 篇
Hot Topics Reports

B.8
学部制改革：北京市属高校
内部治理体系改革实践[*]

朱贺玲　王　楠^{**}

摘　要： 基层学术组织治理体系和治理能力的现代化是大学治理改革的
关键环节。在学科交叉与融合的政策背景下，学部制改革以学
科群和学科门类为依据重新整合高校院系组织，搭建跨学科合
作平台，为学科之间的交叉与融合提供了组织保障。北京工业
大学致力于学部的实体化、制度化改革，提升了传统院系的学
科层次，统筹和整合资源，集成学科群体优势，促进学科交叉
与融合，同时管理重心下移，提升了高校内部治理的效率与效
益。不过，学部治理涉及纵横交错的权力网络，如何平衡横向、

---

* 本报告为教育部新文科研究与改革实践项目"学部制改革与新文科复合型人才培养创新与实
践"、北京工业大学人文社科基金"北京市属工科院校学部制改革下的学科有效融合研究"的阶
段性成果。
** 朱贺玲，哲学博士，北京工业大学文法学部、首都工程教育发展研究基地副研究员，硕士生
导师，主要研究方向为大学治理、高等教育政策；王楠，北京工业大学文法学部硕士研究
生，主要研究方向为高等教育行政与管理。

纵向的权力冲突，激发学部下设院系由简单拼凑走向高度契合仍需持续关注。

关键词： 大学治理　学部制改革　学科交叉　学科融合

制度建设和治理体系的完善是关系党和国家事业发展的根本性问题。党的十八大以来，以习近平同志为核心的党中央把制度建设摆到更加突出的位置，提出"推进国家治理体系和治理能力现代化"的新时代重大命题。大学治理改革和现代大学制度建设同样在政策层面予以明确，多份文件均将加快大学治理体系和治理能力现代化确立为重要的发展目标。在此背景下，北京工业大学因应学科交叉融合的政策及实践需要，大力推行学部制改革，打破学科壁垒，强化资源整合，重视跨学科学术组织的实体化和制度化，迈出了完善院系治理体系的坚实步伐。

一　学科交叉与融合：高校内部治理
体系改革的政策背景

当代科学发展与知识创新日益呈现学科交叉、融合的趋势，创新性科学成果的取得越来越依赖于不同学科间的交叉与融合，跨学科知识生产的地位与价值愈发凸显。据统计，20 世纪的诺贝尔自然科学奖中，半数以上获奖成果来自交叉学科，且合作获奖人数在总获奖人数中所占的比例不断增大。[1] 相关学者梳理 Web of Science 近 10 年被引次数最高的 1 万篇研究成果后发现，影响力最高的 220 篇研究成果中很多来自跨学科研究。[2]

---

[1] 陈其荣：《诺贝尔自然科学奖与跨学科研究》，《上海大学学报》（社会科学版）2009 年第 5 期。

[2] Michael Szell, Ma Yifang, Roberta Sinatra, "A Nobel Opportunity for Interdisciplinarity", *Nature Physics*, 2018 (11)：1075–1078.

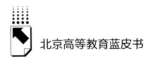

知识生产模式的变革推动了学科从精细化、专业化发展逐渐走向多学科交叉与深度融合，我国多部政策文本均明确和强调了学科交叉、融合的重要性。一方面，政策明确了高校应为跨学科教学与科研提供组织保障。例如，2010 年的《国家中长期教育改革和发展规划纲要（2010～2020 年）》指出，要推动高校创新组织模式，培育跨学科、跨领域的科研与教学相结合的团队。2012 年，教育部、财政部联合启动《高等学校创新能力提升计划》，培育跨界式新型主体——协同创新中心，并明确此类机构应体现多学科的交叉与融合，为跨学科研究提供了政策支持与组织保障。2015 年，国务院办公厅在《关于深化高等学校创新创业教育改革的实施意见》中强调，高校要打通一级学科或专业类下相近学科专业的基础课程，开设跨学科专业的交叉课程，探索建立跨院系、跨学科、跨专业交叉培养创新创业人才的新机制。

另一方面，自"双一流"高校建设政策实施以来，学科建设同样强调学科之间的交叉与融合。2017 年，教育部、财政部、国家发改委印发的《统筹推进世界一流大学和一流学科建设实施办法（暂行）》明确要求突出学科交叉融合和协同创新。同年，《关于高等学校加快"双一流"建设的指导意见》强调加强学科协同交叉融合，整合传统学科资源，促进基础学科、应用学科交叉融合，在前沿和交叉学科领域培植新的学科生长点。2018 年，《教育部等六部门关于实施基础学科拔尖学生培养计划 2.0 的意见》中提出，促进学科交叉、科教融合，把促进交叉作为拔尖创新人才培养的重要途径。2021 年 1 月，国务院学位委员会、教育部印发通知，新设置"交叉学科"为第 14 个学科门类。依据教育部学位管理与研究生教育司公布的《学位授予单位（不含军队单位）自主设置交叉学科名单》，截至 2021 年 6 月 30 日，全国各高校已自主设置交叉学科 616 个。

值得注意的是，新工科、新医科、新农科、新文科等"四新"建设启动后，学科交叉与融合成为无法回避的关键词。依据相关学术讨论，新工科已经发展成为依照广泛的超学科逻辑、政产学研融合的交叉学科；新医科表现为多学科和跨学科的知识交流与整合，强调理论知识与实践经验的交叉融合；新农科同样强调理论与实践的交叉，其知识交互方式偏重通过自然科学内部的学科交叉，吸收整合人文社会科学知识；新文科侧重问题导向的多学科探索与跨时跨域比较。[1]

二 学部制改革：学科交叉与融合的组织保障

目前，我国主要实施以单学科院系为根基的学院制，学院严格根据一级学科进行设置和调划分整，学科界限明显。据统计，我国 348 所本科院校共设置二级学院（含院级系）5505 个，其中，53%的院系依托一级学科设置，另有 26%的院系对应二级学科。[2] 在学院制组织结构下，教师们被分门别类地划入不同学院，严格从属于某一学科或专业，很难跨越学科和学术组织的边界进行交往与合作。在学科交叉与融合的背景下，细分的院系结构虽然有助于学科的专业化发展，但同时割裂了与其他学科的联结，成为学科交叉与融合的组织障碍。

构建跨学科的学术组织是促进学科交叉融合的重要措施，但跨学科课题组、研究中心等并非由基层学术组织孕育而来，而是受到大学的行政推动，此类跨学科学术组织通常没有独立的资源和岗位管理、薪资管理体系，在人员的归属、考核晋升、学生培养、资源利用等方面与原有院系的关系并未厘清，运作过程中难以突破传统院系框架的束缚，未能发挥预想的作用。[3]

学部制改革以学科群和学科门类为依据重新整合高校院系组织，在学校和院系之间增加一级学术性组织或行政管理机构，旨在打破基于一级学科的院系组织结构，搭建跨学科合作平台，形成具有"雁阵效应"和"拳

---

① 李立国、赵阔：《从学科交叉到交叉学科："四新"建设的知识逻辑与实践路径》，《厦门大学学报》（哲学社会科学版）2022 年第 3 期。

② 马小芳：《我国大学二级学院设置和分类研究》，南京师范大学硕士学位论文，2012，第 26 页。

③ 胥秋：《学科融合视角下的大学组织变革》，《高等教育研究》2010 年第 7 期。

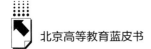
头效应"的学科生态，为发挥优势学科、学科交叉融合的核心竞争力提供了平台。① 相较于跨学科课题组、研究中心等，学部能够获得更为稳定的资源，为跨学科科研合作、学生培养等提供组织、制度保障与支持。

学部制改革同样是完善高校院系治理体系的有益尝试。一方面，现行治理体系下，决策权力大多集中于学校层面，院系缺乏自主权。② 大学与院系的互动通常遵循"行政逻辑"，强调自上而下的服从，学校掌握着资源分配等实质权力，使得院系对学校形成依赖。③ 部分高校尝试校院纵向分权改革，但放权力度难以准确把握，或学校"放责不放权"导致院系内生动力不足，即使下放权力，院系也表现出"承接乏力"，难以把握突如其来的权力等现象，或过度放权引发"碎片化"治理、"学院至上"的权力滥用以及院系"各自为政"，阻碍学科交叉与融合等问题。④

另一方面，我国高校学院设置过多，在较大程度上导致管理幅度过宽，不利于高校的高质量运作和有效治理。有学者对比了中英两国一流研究型大学的学院设置，发现英国一流研究型大学的学院数量为平均 6.6 个，而我国一流研究型大学的学院数量为 22 个，是前者的 3 倍不止。⑤ 学部按照学科门类或学科群整合院系，矩阵式的组织体系改变了"金字塔"式的科层结构和治理模式，有助于管理重心下移，提升高校内部治理的效率与效益。

我国学部制改革起因于建设世界一流大学的国家战略以及高校合并提升管理效能的实践需求。北京大学百年校庆（1998 年）和《面向 21 世纪教育振兴行动计划》（1999 年）发布后，"985 工程"正式启动，建设世

---

① 赵侠、孙铁：《高校学科管理体制改革的探索与实践——以辽宁石油化工大学学部制改革为例》，《沈阳师范大学学报》（社会科学版）2014 年第 3 期。

② 朱贺玲、郝晓晶：《现代大学治理结构的改革逻辑与路径》，《北京教育（高教）》2022 年第 3 期。

③ 张斌贤：《我国高等学校内部管理体制的变迁》，《教育学报》2005 年第 1 期。

④ 岳苗玲：《校院纵向分权治理的改革研究——以上海交通大学为例》，浙江师范大学，2017，第 65 页。

⑤ 黎兴杨：《中英一流研究型大学院系设置比较研究》，江西师范大学硕士学位论文，2020。

界一流大学成为国家重点战略，高校"强强合并"开始提速并全面开展。
为促进学科融合、缩小管理幅度、提升管理效能，学部制改革正式拉开序
幕。2000 年，原北京医科大学与北京大学合并，两校十一个学科门类整合
形成五大学部，北京医科大学更名为北京大学医学部。随后，四校合并的
武汉大学（2001 年）和六校合并的吉林大学（2006 年）均进行了类似
改革。

多项推进高等学校内部管理体制改革的政策文本相继出台，高校学部制
改革步伐自 2007 年明显加速。《2003～2007 年教育振兴行动计划》《国家中
长期教育改革和发展规划纲要（2010～2020 年）》《国务院办公厅关于开展
国家教育体制改革试点的通知》等文件明确提出深化高校内部体制机制改
革，完善中国特色现代大学制度，大学治理的重点由外部转为内部。学部制
作为学术分类管理的平台，对于激发基层学术权力、完善大学治理体系、提
高内部治理能力至关重要，也因此被纷纷提上改革日程。尤其是酝酿于
2006 年、组建于 2009 年的北京师范大学教育学部，吸引和带动了大批师范
类院校的学部制改革。

2017 年，"双一流"高校建设正式实施，不进则退、慢进也退的竞争感
使得高校不断思考如何凝练办学特色、优化学科布局，学部制改革获得更多
关注。在新工科、新医科、新农科、新文科等"四新"建设背景下，学科
交叉与融合、复合型人才培养等难题在较大程度上触发了学部制改革的启动
与深化。据统计，截至 2019 年，共有 26 所部属大学、18 所地方大学进行
了学部制改革。① 北京 10 所高校实施了学部制改革，其中部（委）属高校 9
所，分别为北京大学、中国人民大学、北京师范大学、北京理工大学、北京
科技大学、中国传媒大学、对外经济贸易大学、北京体育大学、北京语言大
学，市属高校仅北京工业大学以学科门类为依据，在全校范围内开展了学部
制改革。

---

① 杨洋：《省属研究型大学的学部制改革驱动力体系研究》，广西大学硕士学位论文，2019。

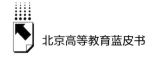

三　学部制的实体化与制度化：
北京工业大学的实践探索

依据学部的职责和权力，可将其划分为三种类型：虚体学部、实体学部、虚实结合学部。虚体学部仅具有学科建设、科研平台、师资队伍、人才培养等学术事务的决策或咨询权，通常只设置学部委员会或学术委员会等学术机构。实体学部中，学院隶属于学部，后者不仅享有学术事务的决策权力，同时设置行政、党务、群团机构，直接管理下设院系的行政和党务等工作。虚实结合学部介于两者之间，受学校委托协调下设院系相关工作，主要职责在于协调而非直接管理。① 据统计，实行学部制改革的 44 所高校中，21 所实现了学部的实体化。②

北京工业大学自建校以来，长期沿用校—院—系三级组织架构，形成了拥有 34 个学院的庞大院系组织体系。为整合学科资源、优化学科结构布局、凝练办学特色、推动体制机制纵深改革，2016 年，学校将电子信息类的电子信息与控制工程学院、计算机学院、软件学院和微电子学院撤销，试点组建信息学部。在前期试点的基础上，学校于 2017~2020 年依据学科门类陆续组建文法学部、材料与制造学部、城市建设学部、环境与生命学部和理学部等。目前，北京工业大学 20 个一级学科中的 18 个被纳入学部，院系数量也由改革前的 34 个优化调整为 16 个。③

学部制改革初期，环境与生命学部、城市建设学部均定位为虚体学部，材料与制造学部、文法学部定位为虚实结合学部，经过一段时间的磨合，6 个学部全部转为实体学部（见表1）。北京工业大学多措并举推动学部的实体化、制度

① 严蔚刚、李德锋：《我国高校学部的基本权力、分类及相关思考——基于我国学部制改革的调查研究》，《中国高教研究》2012 年第 7 期。
② 杨洋：《省属研究型大学的学部制改革驱动力体系研究》，广西大学硕士学位论文，2019。
③ 谢辉、高阿娜：《推行学部制改革　完善大学院系治理体系——基于北京工业大学学部制改革的实践探索研究》，《北京教育（高教）》2021 年第 3 期。

表1 北京工业大学各学部院系及学科构成

学部	合并院系	一级/交叉学科
材料与制造学部	材料科学与工程学院、机械工程与应用电子技术学院、激光工程研究院、固体微结构与性能研究所、北京古月新材料研究院	材料科学与工程、光学工程、机械工程、力学、仪器科学与技术、资源环境与循环经济（交叉学科）
信息学部	电子信息与控制工程学院、计算机学院、软件学院、微电子学院	电子科学与技术、控制科学与工程、计算机科学与技术、软件工程、信息与通信工程、网络空间安全
城市建设学部	建筑工程学院、城市交通学院、建筑与城市规划学院	土木工程、交通运输工程、城乡规划学、水利工程、建筑学
环境与生命学部	环境与能源工程学院、生命科学与生物工程学院	环境科学与工程、化学工程及技术、动力工程及工程热物理、化学、生物医学工程、生物学
理学部	应用数理学院	数学、统计学、物理学、光学工程
文法学部	社会学系、社会工作系、法律系、外国语言文学系、大学英语教学部、研究生公共英语教学部、高等教育研究院、北京知识产权学院	社会学、教育学、外国语言文学

资料来源：依据官方网站自行整理。

化改革，初步实现了扁平化管理，通过跨学科学术委员会汇聚学科发展共识，在较大程度上统筹和整合资源、集成学科群体优势、搭建创新大平台、促进学科交叉、优化学科结构并拓展学科领域。

具体来说，第一，加强学部组织及制度建设，重视跨学科学术权力。北京工业大学推动学部实体化改革，陆续出台系列文件，将人、财、物等资源与权力下放至学部。其中，《北京工业大学绩效工资实施办法》明确规定，坚持"两级管理，重心下移"的原则实行绩效工资改革，由各学部自主制定绩效工资发放办法，扩大绩效分配的自主权。《北京工业大学财务管理办法》指出，学校实行"统一管理、集中核算、分级管理"的财务管理模式，校内单位按事权和财权相结合的原则统筹安排预算。学部获得实质权力，依据学科特点进行分类管理，在较大程度上缓解了科层治理体系下管理、运行机制垂直与交叉等问题，有助于提升管理效率。

在实体化改革背景下，各学部积极完善党政联席会制度、重视跨学科学术组织的积极作用，并以整合三级机构、重建四级机构、虚化"学院"、强化"系部"为原则搭建组织架构，旨在模糊学科界限，促进学科之间的交叉融合。组织建设、制度先行，各学部陆续组建议事协调机构并制定相应的规章制度，以文法学部为例，该学部先后组建人才工作领导小组、学科建设领导小组、学术分委员会、学位评定分委员会、教学指导委员会、科技伦理委员会、师德建设分委员会、教授会等议事协调机构，委员由各学科专业技术人员构成，依托跨学科学术权力，总揽人才培养、专业建设、学科建设、科学研究、社会服务的需求，在一定程度上推动了行政权力与学术权力的协同运行。

第二，重视和鼓励学科交叉，推动专业建设与人才培养模式的交叉融合。一方面，重视学部与学部之间的学科合作。光学工程学科由理学部（物理与光电工程系）和材料与制造学部（激光工程研究院）共同建设，旨在培养在光学工程、信息、新材料等多个领域从事科学研究、高新技术开发的高层次应用型创新人才及学术创新人才。材料与制造学部依托应用经济学、材料科学与工程、环境科学与工程、管理科学与工程等一级学科设置交叉学科"资源环境与循环经济"，旨在培养在资源、能源、环境以及循环经济等交叉领域从事科学研究、高新技术开发与支持的应用型、复合型人才。文法学部、经济与管理学院共建公共管理专业硕士学位授权点，同时合作培养社会管理工程学科方向的博士研究生和师资博士后。

另一方面，学部内部大力推进专业建设与人才培养模式的交叉融合。城市建设学部依托土木工程一级学科，新增智能建造专业，融合机械设计制造及其自动化、电子信息及其自动化、计算机科学与工程、工程管理等专业知识，跨学科、跨专业交叉融合培养专业知识深厚而宽广、科学与人文素养好、工程实践能力突出、创新能力强的复合型工程技术创新人才。理学部秉持"使命驱动、理工融合、国际视野、创新实践"的人才培养理念，构建"厚基础、重交叉、强实践、突创新"的本科人才培养模式。其中，下设的光电信息科学与工程专业"光电并重、理工融合"，不仅有光学模块、电学模块，还包括 C 语言、计算机原理接口等计算机课程，学科基础口径相对较宽，有力地支撑了后续的学科发展。

文法学部以 2018 版研究生培养方案修订为契机和抓手，积极推动研究生学科方向融合、学科课程共享。具体来说，其一，探索社会学与教育学两个一级学科在教育社会学方向上的交叉融合；其二，与经管学院共建的公共管理专业硕士（MPA）实现跨学科招生，社会学、教育学学科导师同时在社会管理方向招收并培养学生。信息学部参照"工程教育认证标准"和行业要求，实施大类培养，发挥学科群体优势，优化课程体系，加强工程教育，培养基础扎实、实践能力强、具有创新精神和国际化视野的信息领域高素质复合型人才。值得注意的是，环境与生命学部的生物医学工程依托工科学院特色，与北京友谊医院和首都医科大学深入合作，利用后者丰富的医学教学资源和临床资源，强化研究生知识的融合和医工交叉培养。

第三，以基地建设为核心，探索以研究项目为纽带的多学科交叉机制。北京工业大学结合中国制造 2025、北京构建高精尖经济结构，依托学校学部制改革和重点科研基地，成立了北京城市副中心研究院、首都资源循环材料技术省部共建协同创新中心、技术转移中心、军民融合研究院、教育部重点实验室等多个科研基地，逐步形成"基地+"的科研新生态，在重大科学问题和关键技术创新上强调多学科交叉融合。在学校政策的引导下，信息学部针对目前人工智能多以单一学科、小规模团队形式展开研究的现状，对标首都"四个中心"功能定位和构建"高精尖"经济结构的要求，建立了北京人工智能协同研究院，搭建了一流的多学科交叉创新平台。

文法学部面向学科发展前沿、国家发展重大问题以及区域发展需求，以科研项目为纽带，综合考虑学部各学科特色与方向，整合院系资源，为多学科的科研合作搭建学科交叉与综合平台，同时组建学部范围内跨院系交叉研究团队，提升承担重大科研项目的能力。学部进一步凝练北京社会管理研究基地、首都工程教育发展研究基地、首都社会建设与社会管理协同创新中心等基地的学科及研究方向，以基地依托学科为核心组织申报科研基本业务费等项目的同时，由学部统筹协调，面向学部各学科开放，促进教师之间的跨

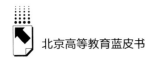
学科合作。

第四，进一步促进资源、成果和信息的共享与整合。人力资源方面，学部统筹教师招聘、职称评审、岗位聘任、考核及分配绩效等工作，尝试从对教师的"身份"管理转为"岗位"管理，学部内教职员工打通使用，跳出原有学院隶属关系，为跨学院指导学生、组建和参与跨学科科研团队打下坚实基础；物力资源方面，图书文献资料、科研信息资源、基地及研究中心等得以整合、调配，达成最大限度的共享；信息资源方面，整合学部现有各类官网、官微等宣传平台，及时展示各科研团队的研究成果以及交叉课程信息，实现知识与信息的交流和共享。值得注意的是，文法学部打造"学艺讲堂"学术品牌，统筹社会学、教育学、法学、外国语言文学等不同学科的学术报告和讲座，搭建学术交流校内外双循环平台，促进各学科的交叉支撑。学部同时筹建并启用职工之家、爱心母婴室，为不同学科教师、学生交流提供场所，增加各学科联系和合作的机会。

第五，营造学科交叉融合的文化氛围，构建学科间共同话语体系。具有强烈群体性、排他性的学科文化在较大程度上阻碍了跨学科共识的达成，学部积极确立共同的组织目标，增强组织成员的共同使命感，同时培养跨学科合作意识，缓解跨学科人才培养、科研合作带来的不同学科文化之间的冲突。材料与制造学部鼓励不同学科间的交叉融合，大力倡导研究生导师跨学科招生，同时与艺术设计学院共同举办"首届材料与艺术设计大赛"，为不同学科的同学提供了跨学科交流协作的平台和机会，为构建"以工促艺、艺工结合、德智并进、协同发展"的人才培养体系营造了良好的氛围。文法学部打造研究生秋季学术论坛，促进了社会学、社会工作、教育学、法学、外国语言文学等专业同学的跨学科交流。

四　总结与讨论

作为唯一进行学部制改革的北京市属高校，北京工业大学持续致力于学部的实体化、制度化建设，一方面，有利于形成"雁阵效应"的学科生态结构，单一学科个体发展转变为以优势学科为引领，其他学科相互支撑、借力融合发展，依据国家和社会需求统筹学科整体布局并形成战略规划。学部制改革同样有利于实现资源配置的内部调控和按需分配，较大程度上缓解优势学科资源过剩、弱势学科资源不足的局面，实现学科发展及资源支撑有侧重、有兼顾。

另一方面，学部制改革形成以政治权力为统领、以学术权力为核心、以行政权力为支撑的内部治理结构，有助于缓解学术权力与行政权力之间的博弈，提升组织的运作效率与治理的有效性。学术权力与行政权力的关系历来是大学治理的核心议题之一，行政权力依托自上而下、等级分明的科层制，借用指令、命令等强制性措施追求效率与目标的最大化，学术权力重视同僚治理，即掌握专业知识的教师群体组成学者社群，在相互信任和道德约束的基础上共同参与决策过程，强调协商与共识，效率、目标则在其次。

学部重视跨学科学术权力，组建教授会、学术分委员会、教学指导委员会等学术性机构，总体把关专业与学科建设、人才培养、科学研究等学术事务的联动调整，同时在共同话语体系构建、组织目标与文化重塑、评价机制再造等过程中发挥重要作用。行政权力衍生于学术权力，应成为后者有效行使的重要保障和支撑，坚持权责对等的原则设置相关职能机构，同时针对行政权力主体制定并完善筛选、考核、评价、监督机制，尤其需要突出政治权力的统领和协调作用，最大限度地构建权力平衡、各有侧重、协同发展的治理体系。

值得注意的是，学部作为新型跨学科学术组织并未突破传统的大学治理体系框架，学校、学部间的权责划分依然是亟须解决的焦点问题之一。传统院校权责划分往往陷入"零和博弈"的困境，校级职能部门从学校的立场出发希冀把握宏观调控的政策和资源，院系则从自身发展角度出发，希望尽力争取更多的资源和更为宽松的政策，在此情况下，事权、事务管理基本运行经费支配权下移，重大财权、人事权及发展规划事项集中于校级的现象较为常见。[①]

---

① 杨颉：《协同治理　协议授权——探索校院二级管理改革新路径》，《中国高教研究》2017年第3期。

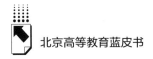

学部制改革一定程度上改变了资源配置方式，在事权、财权相结合的改革原则下，北京工业大学下放人员经费总量、岗位编制数、研究生招生名额等人、财、物资源，各学部获得薪酬、招生名额等资源的统筹调配权。不过，由于传统集权式科层管理的制度惯性，校部机关在放宽核心政策、下放决策权方面并未对学部表现出足够的信任，细碎、烦琐的行政事务而非政策、决策权的下放是为学部诟病最多的问题之一。

从学部层面来看，学部制改革并非院系的简单归并以及学科布局的表面调整，由于下设院系均有独立且相对成熟的学科体系或人才培养方案，不同学科专业和知识体系之间的科学衔接和有机组合是亟须解决的难题。而且，学科文化通过强有力的价值与信念体系对学科成员进行规训与激励，使其对本学科产生浓厚的认同感和学术忠诚，学科文化的群体性和排他性阻碍了不同学科教师的彼此认同，不利于学科之间的交叉与融合发展。

学部具有学科、科层双重属性，学术权力、行政权力均由多学科主体构成，学科文化差异和不同类型、层次的权力关系结成的权力网络，可能带来多学科主体协同困难、多学科资源整合困难等系列组织冲突和治理难题。而且，学部制尚在改革过程中，内部存在职、权、责不清晰等问题，治理规则的缺位导致组织运行过程无法突破传统学科组织的惯性束缚，加剧了不同学科权力主体之间的竞争和冲突，导致学部治理的无序和低效。学部制的推行在一定程度上破除了跨学科合作的组织障碍，但如何治理纵横交错的权力网络，平衡多主体、多类型、多层次的权力冲突，激发学部下设院系由简单拼凑走向高度契合，是值得持续关注的重要议题。

B.9
基础学科拔尖创新
人才培养的探索与思考

——基于清华大学的个案分析

朱慧欣*

摘　要： "拔尖计划"启动以来，国家不断完善基础学科拔尖创新人才培养的总体布局，各试点高校在项目实践中取得积极效果。本文以清华大学为个案，系统梳理其在基础学科拔尖创新人才培养模式上的实践探索，深入分析"因材施教项目""基础科学班""清华学堂人才培养计划""强基书院"等组织模式的发展脉络与培养举措，以及在探索过程中取得的成果和引发的思考，旨在促进更多高校和教育管理部门共同探索基础学科拔尖创新人才培养之道。

关键词： 拔尖计划　学堂计划　强基书院　通专融合

习近平总书记在 2021 年 9 月召开的中央人才工作会议上强调，中国这样庞大的人才需求必须主要依靠自己培养，"高校特别是'双一流'大学要发挥培养基础研究人才主力军作用，全方位谋划基础学科人才培养，突破常规，创新模式，更加重视科学精神、创新能力、批判性思维的培养教育"。为了走好拔尖创新人才自主培养之路，推动高校不断完善基础学科人才培养

---

* 朱慧欣，法学博士，清华大学教务处综合办副主任，主要研究方向为中国近现代政治文化、高等教育管理。

模式,教育部于 2009 年联合中组部、财政部启动"基础学科拔尖学生培养试验计划"(又称"拔尖计划 1.0"),北京大学、清华大学等 20 所高水平研究型大学分两批进入试点,围绕数学、物理、化学、生物、计算机等 5 个基础学科建立人才培养基地,力求在创新人才培养方面有所突破。经过十年探索,国务院于 2018 年发布《关于全面加强基础科学研究的若干意见》,提出要进一步加强基础科学研究,大幅提升原始创新能力,夯实建设创新型国家和世界科技强国的基础。随后,教育部联合科技部等发布《教育部等六部门关于实施基础学科拔尖学生培养计划 2.0 的意见》,启动实施"拔尖计划 2.0",并将学科范围由基础理科拓展到文、医、工、农等 20 个专业类别,先后在 79 所高校建立 288 个人才培养基地。随着国内外形势深刻变化,国家积极调整基础学科人才招生培养方式,于 2020 年 1 月发布《教育部关于在部分高校开展基础学科招生改革试点工作的意见》(简称"强基计划"),着重在数学、物理、化学、生物、历史、哲学、古文字学等基础学科专业选拔有志于服务国家重大战略需求且综合素质优秀的学生,并首批遴选 36 所"一流大学"开展试点培养。

通过"拔尖计划 1.0"、"拔尖计划 2.0"和"强基计划"等项目的实施,我国基础学科拔尖学生培养的整体布局不断完善,初步形成了基础学科拔尖创新人才培养的"中国范式"。以上项目中,北京地区累计有 14 所高校进入试点,涵盖了综合性大学及理工、医药、农林等行业特色鲜明的院校。在国家总体规划布局下,包括清华大学在内的各入选高校不断更新培养理念,汇聚优质教育教学资源,改革培养模式,不断提高基础学科拔尖创新人才培养能力,积极探索基础学科拔尖创新人才培养新路径。本文将围绕清华大学的具体实践,深入分析基础学科拔尖创新人才培养的"清华模式",为未来持续推进拔尖创新人才培养提供案例与借鉴。

一 发展脉络与组织形式

由于清华大学在我国高等教育体系中的特殊地位与独特使命,其对拔尖创新人才培养模式的探索已有近 40 年历史。从"因材施教项目"到"数理基科班",从"清华学堂人才培养计划"到以书院制落实强基计划学生的培养,清华的探索不断向纵深发展,逐步扩大学科范围,目前已覆盖近 50% 的本科生。

(一)因材施教项目

清华大学对拔尖创新人才培养模式的自主探索始于 20 世纪 80 年代,当时面对国家经济与社会发展的迫切需要,清华大学将人才培养目标定位为"高级专门人才",希望"用十年或较长一些时间……使清华大学成为我国培养高级专门人才和发展科学技术的重要基地之一"。① 根据"着重提高,在提高中发展"的原则,清华于 1985 年开始选拔校级优秀生,并为首批 55 名学生配备指导教师,实施分层次教学,对他们进行特殊培养。这在当时被称为"因材施教项目"。

(二)基础科学班

诺贝尔物理学奖获得者杨振宁于 1997 年 6 月在清华创立高等研究中心,即今天的清华大学高等研究院,目的在于加强清华的基础科学研究,培养有创新能力的科学人才,逐步形成基础科学研究优势。为了给高等研究中心储备和输送生源,也为了继续扩大"因材施教项目"的实验田,清华大学决定于 1998 年设立"基础科学班"(简称基科班)。基科班确立了"宽口径、厚基础、强实践"的办学方针,致力于"为物理学、数学等基础学科培养富有创新意识和国际竞争能力的拔尖人才;为对数理基础要求较高的其他学科培养具有良好理科素养的新型人才"。② 基科班创立初期,每年招收 2 个班共计 60 人,学生主要来源于高考生和校内"二次招生",并依托物理系实施培养。这一时期基科班的培养理念、培养方案与课程设置、培养模式等

---

① 1985 年 8 月,时任清华大学党委书记李传信在中共清华大学第七次代表大会上的发言。
② 阮东:《清华大学基础科学班 20 年发展概略》,《物理与工程》2020 年第 1 期。

得到初步确立，为基础学科高层次人才培养奠定了坚实基础。

2003年底，清华大学向教育部申请增设本科专业"数理基础科学"（Mathematics and Physics）得到批准，并于2005年首次以"数理基础科学"专业进行招生。与此同时，"数理基础科学"作为特色专业出现在教育部的本科专业目录里。与基科班对比，数理基础科学班呈现以下特征：一是规模扩大，从之前的2个班60人扩展为8个班240人；二是涵盖的学科增加，包括数学、物理、电子等学科专业；三是依托的培养平台由物理系转为理学院。在培养方式上，前两年着重于强化培养学生的数理基础和科学素养，学生在大一和大二学习共同的基础课程，于第四学期根据"规模控制，双向选择"的原则确定学生的专业方向。

以上两个阶段，前者被称为"小基科"，后者被称为"大基科"，"大基科"也是清华大学大类招生和培养的最早尝试。从全校范围看，数理基科班的培养经验得以逐步推广，学校创办了化学生物学基础科学班、人文科学实验班、社会科学实验班、软件科学实验班、经济与金融实验班等，并采取专门的培养方案对学生进行培养。由于数学系和物理系教学理念存在差异，数理基科班于2011年重回原来的基科班模式，由理学院回归物理系。尽管培养方式由"大基科"重回"小基科"，但基科班注重给学生打好数学和物理基础、对学生强化科研训练、给予学生自由选择的空间等，这些在实践中被证明行之有效的做法都对基础学科拔尖创新人才培养产生了深远影响。

（三）清华学堂人才培养计划

"清华学堂人才培养计划"作为一项系统的人才培养项目始于2009年。当时面临的历史背景是清华大学即将迎来建校一百周年，为了主动规划未来百年的人才培养新格局，清华大学决定全面总结其近百年的教育教学工作经验，进一步凝练人才培养理念。值此百年之交，清华大学于2009年4月发布《关于进一步加强本科教育工作，促进拔尖创新人才成长的若干意见》，决定设立"清华学堂人才培养计划"（简称"学堂计划"），以总结因材施教的历史经验，探索新时期拔尖创新人才培养模式和机制。随后，学堂计划被教育部纳入"基础学科拔尖学生培养试验计划",承担起为国家教育体制改革开展试点的任务。

学堂计划以清华园里的标志性建筑命名,以人才培养质量为核心,努力为杰出人才脱颖而出创造条件。2009 年 9 月正式启动后,学堂计划首批加入数学班、物理班(2018 年更名为叶企孙物理班)、化学班、生命科学实验班、计算机科学实验班(简称姚班)、钱学森力学班(简称钱班)共 6 个班。学校设立"清华学堂首席教授"和"清华学堂项目主任"岗位,实行首席教授负责制,分别聘请丘成桐、朱邦芬、张希、施一公、姚期智、郑泉水等一流学者担任各班首席教授,由他们负责制定本项目班的培养方案,并组织协调实施。聘请知名教授担任各项目主任,配合首席教授全面负责本项目的学生培养和管理工作。之后,世界文学与文化实验班(简称世文班)于 2017 年加入,人工智能班(简称智班)于 2019 年加入,哲学班和量子信息班于 2021 年加入。截至 2021 年底,学堂计划共有 10 个班(见表 1)。

表 1　"学堂计划"班一览

班级名称	加入时间	首席教授(首任)
数学班	2009 年	丘成桐
叶企孙物理班	2009 年	朱邦芬
化学班	2009 年	张　希
生命科学实验班	2009 年	施一公
计算机科学实验班	2009 年	姚期智
钱学森力学班	2009 年	郑泉水
世界文学与文化实验班	2017 年	颜海平
人工智能班	2019 年	姚期智
哲学班	2021 年	万俊人
量子信息班	2021 年	姚期智

学堂计划的定位是基础学科人才培养特区,其鼓励有志于攀登世界科学高峰的优秀学生投身基础学科研究,以期将来能够成长为相关学科的领军人才。学堂班的招生原则是"少而精",招生方式有竞赛保送、高考统招和入

学后的校内二次招生等，以遴选出有兴趣、有天赋、肯投入的学生加入。学堂班的学生来源主要分为两类：一是全部来源于入学后的二次招生，二是竞赛保送生、高考生和二次招生相结合，每班人数在15~30人（见表2）。校内二次招生时，由学生自愿提交书面申请，各项目班通过组织综合面试、谈话考察、答辩等方式确定录取人选，并设立动态退出机制。

表2 "学堂计划"招生方式及计划招生人数

班级名称	招生方式	招生时间	计划人数
数学班	高考自主招生 校内二次招生	高考招生 每年春季期中考试后	20余人
叶企孙物理班	校内二次招生	每年秋季期中考试后	20余人
化学班	校内二次招生	每年春季期中考试后	20余人
生命科学实验班	校内二次招生	每学期开学后	15~20人
计算机科学实验班	奥赛招生 校内二次招生等	高考招生 每年新生报到时	30余人
钱学森力学班	竞赛类保送生 高考统招生 校内二次招生	高考招生 每年新生报到时 每年春季期中考试后	30人
世界文学与文化实验班	高考统招生 新雅书院分流学生	高考招生 大二第二学期分流时	15人左右
人工智能班	奥赛招生 校内二次招生等	高考招生 每年新生报到时	30余人
哲学班	校内二次招生	大二秋季学期	20人左右
量子信息班	奥赛招生 校内二次招生等	高考招生 每年新生报到时	20余人

（四）强基书院

清华书院制诞生与新时期国内外局势剧烈变化密不可分。强基计划的推出是清华书院制诞生的契机，以书院制落实强基计划学生培养也是清华在面临百年未有之大变局时的顺势而为和自我革新。应该看到，强基计划是国家在基础学科领域高层次人才培养上的主动布局，每年拟招生约 6000 人，由国内 39 所"双一流"高校承担培养任务，其中清华每年招收约 1000 人。而清华本科生招生数量每年约 3300 人，强基计划学生数约占每年招生人数的 30%。如何培养好如此大体量的强基计划学生，实现"为国选材，厚植强基"的选育定位，是清华在新时期面临的新课题。

近年来随着社会经济发展，清华在不断调整人才培养目标，持续探索本科教育教学体系变革，这些都为书院制创立打下了重要基础。在我国高等教育由大众化迈向普及化阶段，清华认识到其本科教育应该更为"通识"，培养目标不应是培养"成品"，而应将学生培养成蓄势待发的"半成品"，使他们成为拥有"健全人格、宽厚基础、创新思维、全球视野和社会责任感"的人。因此，与此相适应，本科培养模式变革势在必行。作为通识教育的试验特区，清华首个住宿制学院新雅书院于 2014 年成立，新雅书院注重通专结合和文理交叉，全部采取小班上课。刚成立的前两年，学生来源于校内二次招生，2016 年起面向高考招生，学生入学一年后可在除艺术和临床医学之外的所有专业中自主选择专业。随后，清华大学于 2017 年开启了全校范围内的大类招生和培养，不断探索"以通识教育为基础，通识教育与专业教育相融合"的本科教育教学体系。

大类招生和培养的实施，标志着清华大学本科培养模式探索改革取得了实质性进展，但在具体实践中也遭遇了不容忽视的现实困境，那就是如果不改变本科教学组织模式，"通专融合"和"大类培养"的理念将很难真正贯彻落实。强基计划的推出，给了清华大学向教育教学改革深水区探索的契机，直接促成了清华书院制培养模式诞生，并以此撬动全校本科教学体系和组织模式变革。

经过深入思考和审慎决策，清华大学于 2020 年 5 月成立致理书院、日新书院、未央书院、探微书院和行健书院，五个书院按学校实体机构运行，与相关专业院系共同承担强基计划学生的培养。致理书院对接基础理科，日新书院对接基础文科，两个书院旨在选拔培养在基础理科和基础文科领域有突出特长且有志于从事相关研究的学生。未央、探微、行健三个书院结合国家需求和清华大学特色，设计了"理+工"衔接的双学士学位模式（本科阶段可同时获得理学和工学两个学士学位），在培养学生具有深厚数理化基础的同时，引导他们进入感兴趣的学科方向，使他们在核心专业领域拥有持续创新的能力（见表3）。

表3　强基书院专业与衔接方向设置一览

书院	专业	单/双学士学位
致理数院	数学与应用数学、物理学、化学、生物科学、信息与计算科学	单学位
日新书院	中国语言文学类（古文字学方向）、历史学类、哲学类	单学位
未央书院	数理基础学科（含工程衔接方向）	双学位专业方向：建筑环境与能源应用工程、土木水利与海洋工程、环境工程、机械工程、测控技术与仪器、能源与动力工程、工业工程、电气工程及其自动化、微电子学、软件工程、工程物理、材料科学与工程
探微书院	化学生物学（含工程衔接方向）	双学位专业方向：化学工程与工业生物工程、高分子材料与工程、环境工程、给排水科学与工程、生物医学工程
行健书院	理论与应用力学（含工程衔接方向）	双学位专业方向：航空航天类、土木水利与海洋工程、能源与动力工程、车辆工程

通过上述发展脉络可以看出，清华的探索在组织形式上呈现了以下三个特点。

一是学校的顶层设计具有前瞻性和引领性。探索过程中的每一次改革与尝试，都是主动适应社会发展要求，前瞻性地研究解决基础学科人才培养中的重要问题。从时间线亦可看出，清华大学的探索先于国家的整体推进，对于全国高等教育体制改革起到了先行先试的作用。

二是有组织成建制地逐步推进。从"因材施教项目"到"基科班"，从"学堂计划"到"强基书院"，每一次推进都是学校层面主导的主动探索，并在实践过程中不断进行阶段性总结和反思，从为国家事业发展培养人才的大处着眼根据国家发展需要适时调整方向。

三是勇于自我革新，不断突破原有模式。随着改革向深水区推进，清华大学不止步于对旧有模式修修补补，而是及时抓住机遇实现突破。为了切实保障强基书院的资源投入，学校专门成立教育教学改革领导小组和教育教学改革专家组，由校长担任两个小组的组长，保证全校教育教学资源的有效统筹和有力整合。

二 培养理念与机制

创新型人才不是在课堂上教出来的，关键是要为他们脱颖而出创造环境，为创新思维提供空间，营造适合人才成长的学术氛围，使优秀人才源源不断地"冒出来"。这是清华大学在长期的实践探索中形成的共识，也是培养创新人才的核心理念。清华大学老校长梅贻琦提出，"学校犹水也，师生犹鱼也，其行动犹游泳也，大鱼前导，小鱼尾随，是从游也，从游既久，其濡染观摩之效，自不求而至，不为而成"[①]，即著名的"从游论"。在近40年的探索中，清华大学注重营造利于优秀人才成长的环境，强调大师引领，让优秀人才引领和陪伴优秀人才成长。特别是强基书院成立后，学校再次强调"师生从游"文化，期望教师在学生成长过程中实现从"领游"到"伴游"的角色转变。

（一）实行通识教育，增加基础课程的比重和挑战度

改革开放以来，清华大学不断探索"通识教育＋专业教育"的本科培养模式。概括来说，主要采取了以下举措。

1.降低总学分要求

早在1980年，清华即提出加强基础课建设，以改变狭窄的专业教育模式，拓宽专业教育的基础。为此，学校调整了培养方案中的课程设置，提高专业基础和技术基础课程的学时占比，并要求专业课不宜过多过深过细。

---

① 梅贻琦：《大学一解》，原载于《清华学报》第13卷第1期，1941年4月。

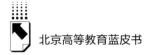

2001年，清华大学通过比较研究本校与麻省理工学院、密歇根大学三校五系的课程结构，并结合国情和校情，进一步调整培养方案，将本科总学分由200学分调整至170学分。2015年，清华大学再次调整本科生培养方案，在通识教育、专业教育和提高学生自主性三个模块均进行了重新设计，着重增加培养方案的柔性。强基书院成立后，对应于"理+工"双学位学分要求，学校围绕"提质减量"的原则系统梳理课程体系，进一步减少专业核心课程门数，从2020年起单学士学位总学分降低至150学分左右，为学生自由成长留下空间。

2. 提高课程挑战度

总学分要求逐步减少，并不意味着学业难度的降低。在此过程中，清华大学不断提高课程挑战度，提升学生的学习获得感，特别是在基础课程的学习上，增加教师和学生在课堂内外的投入，引导学生进行挑战性学习。如基科班的课程设置中，数理基础课程学分超过了课程总学分要求的1/2，并将数学和物理放在同等重要的地位，设计了包括9门物理课和9门数学课在内的18门主干课。在计算机科学实验班，姚期智先生亲自设计了18门核心课程，实施全英文授课，覆盖了计算机科学基础，涉及计算机科学研究的最前沿领域，并亲自讲授"计算机入门"和"计算机应用数学"两门课程。

3. 定制通识类课程

强基书院强调通识教育和基础课教学，并根据学科特点为学生定制通识类基础课程，以培养学生深厚的科学素养、人文基础与核心专业素养。如致理书院定制"科学通论""科学哲学"等特色通识课，以及"化学原理H""物理化学H"等高挑战度基础课程，培养科学哲学的思维方式，关注学生的学习信心和学业获得感；未央书院以"通专并重、理工融合、实践探索"为理念设计课程体系，特别定制"科技与人文研讨课""未央书院工程导论"等课程，探索理工结合的本科人才培养模式；行健书院邀请国内优秀师资为学生开设"力学基础"及行健系列进阶式研究课程，为低年级学生提供"研究性学习"入门导引等。

（二）以学生为中心，引导学生主动学习和研究

以教师为中心进行灌输式的知识传授，是我国传统课堂教学的重要特征，这种教学模式下的学生容易缺乏批判性思维，不利于创新型人才培养。因此，清华大学基础学科人才培养中的因材施教之道，就是真正做到以学生为中心，注重保护学生的好奇心和想象力，注重培养他们的批判性思维能力。

1. 找"最适合的人来上最需要的课"

不同于专业院系，强基书院最突出的特征是只有学生，而没有学科和专职教师，教书育人是书院的唯一任务。换言之，没有学科和教师意味着书院全部工作的出发点都是"以学生为中心"，根据学生成长的需要设计培养方案，根据培养理念找"最适合的人来上最需要的课"。五个强基书院都成立了各自的跨专业教学委员会，围绕学生学习成效研讨课程体系，与院系共同制定培养方案。各书院培养方案均强调"宁留白，不超载"，在提升课程质量的同时更注重发挥学生学习主动性。可以看出，强基书院这种新型组织模式打破了以往组织体系的束缚和壁垒，为"通专融合"和"大类培养"理念的落实扫清了障碍。

2. 激发科研志趣，培养研究能力

姚期智提出，对本科生要激发他们"对科学工作的热情，要让他们接触到很有意思的方法，同时让他感觉到创新和研究的快乐，这是与解习题和考试完全不同层次的一种快乐的感觉"。因此，在提高课程挑战度的同时，清华注重对学生进行科研训练，使学生尽早接触科技前沿，引导学生找到感兴趣的方向。基科班在大三开设"科研训练专题课"，连续开设三个学期，让同学们在研究中学会"渗透式学习"，深入体会科研的感觉和乐趣。"科研训练专题课"为每个学生配备指导教师，允许学生多次更换导师。行健书院引入钱学森力学班"进阶式研究学习系统"，提供创新挑战问题（X-Idea）、增强版学生研究训练（ESRT）、开放挑战性创新研究（ORIC）、高年级学生研究员计划（SURF）、综合论文写作等，构建贯穿大学四年的科

研能力发展体系。日新书院将原有 15 学分的"综合论文训练"课程，设计为"经典阅读与学术论文训练""主题研讨与学术论文训练""综合论文训练" 3 个层次，以逐步养成学生的研究能力。这些举措培养了学生的科学研究能力，也为学生找到自己喜欢和擅长的领域创造了条件。

3. 在发展方向的选择上，给予学生充分的自由

学校注重营造适合人才成长的宽松环境，给予学生充分的选择权，例如基科班学生有多次选择的机会，大二之后学生可以选择主修数学或主修物理，研究生阶段选择转到生命科学、化学等其他基础学科，或者从理科转到工科的技术和应用科学领域，甚至转到经济学等社会科学领域。学堂计划同样如此，设立了动态进出机制，学生根据个人意愿进出，根据研究兴趣申请更换导师等，给予学生充分的自主探索空间。学生越优秀，学校给予他们的自主空间越大，以激发他们主动学习和研究的内驱力。

（三）实行导师制，建立师生从游文化

实践经验表明，导师制在拔尖创新人才培养中具有独特作用。姚班学生一入学就为他们配备一对一或一对多导师，导师全部来自姚班核心课程的全职教师。导师为每一名学生提供个人化的培养方案，鼓励他们选修适合自己能力的挑战性基础课程，引导他们进入不同的研究组或项目组。

强基书院全面实行导师制，每位学生除了有班主任和辅导员，还有自己的专属学业导师。书院本身没有全职教师，所有导师均来自全校各个院系。以 2020 年为例，书院为首届学生在全校范围内聘请了 192 位教师担任导师，每位导师最多指导 5 名学生。书院导师不仅有高深的学术造诣，还有浓厚的育人热情，他们每周都会与指导的学生开展一对一或一对多交流，增强了学生的专业认同感和使命感。在书院设立的交流日志中，"强基书院学生对专业的认同感很高"是导师交流记录中的高频语句。书院还设立"从游讲堂"，通过邀请丘成桐、朱邦芬等在人才培养和科学研究领域有深厚积淀的学术大师开设讲座，鼓励学生树立远大学术理想，激发学生对高远学术境界的追求。

（四）强化价值塑造，回答为谁培养人的根本问题

"为谁培养人、培养什么人、怎样培养人"是教育的根本问题。为了回答这个根本问题，真正培养出能服务于国家重大发展战略和有利于人类社会发展的急需人才，书院在提高学生的学业基础和学术能力的同时，不断强化价值塑造，培养学生的国家意识和责任感，这也是清华书院制与国外大学书院制的根本区别。

书院专门打造了"中国古代文明""中国史要论""《史记》研读""中国历史地理"等8门中国历史文化系列通识课程，并邀请名师讲授，以增强学生的民族自信和文化自信，培育学生的家国情怀和历史担当。同时，通过入学教育、集中党课、理论宣讲、党课小组活动等形式，引导学生积极追求进步。以2020级为例，学生入学2个月后即有超过51%的学生提交了入党申请书，这个比例显著高于全校平均值。

围绕强基书院的人才培养，清华大学教学督导组于2020年底开展专门研究，5位专家对书院师生进行了为期一个多月的访谈。督导组的研究结论显示，清华大学倾全校之力打破专业和院系的界限，以书院制落实强基计划，以强基计划为契机重新梳理基础课教学，抓住了本科教育教学改革的关键问题。书院的导师不是以往把学生"引到自己专业方向"的导师，而是"大鱼前导，小鱼尾随"，"自不求而至，不为而成"的从游导师，这是"以学生为中心"的教育理念和教学组织形式的落地生根。在学生方面，调研结论认为"强基学生精神面貌非常好"，"很多同学觉得自己非常幸运"，他们"对国家为什么推行强基计划都有较好的认识，并表示要珍惜机会努力学习"。

三 人才培养成效

从1998年设立基科班开始，清华基础学科拔尖创新人才培养的系统性探索走过了20多年的历程，学堂计划班也已有10届毕业生，因材施教的人才培养效果已初步显现。主要表现为以下几个方面。

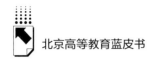
（一）在学期间学生学业表现整体优秀

以学堂计划为例，截至 2021 年底共有 17 位学堂班学生获得清华大学"本科生特等奖学金"，这是清华本科生的最高荣誉，每年全校获奖人数不超过 10 人。统计数据显示，截至 2021 年底姚班学生在本科期间共发表论文 358 篇，其中姚班学生为论文通讯作者或主要完成人的共 277 篇，121 人次在国际顶级会议上作大会报告。数学班学生每年均能获得"丘成桐大学生数学竞赛"各类奖项的金奖，并于 2016 年获得团体金牌；以生命科学班学生为主力的团队共 3 次获得国际遗传工程机器大赛金牌；钱学森力学班参加第 45 届日内瓦国际发明展获银奖等。[①]

针对强基书院学生的研究数据显示，"以学为主""通专融合"的培养方式实现了预期效果，书院学生学习兴趣浓厚，学业表现整体非常优秀。以 2020 级学生为例，"微积分 A"和"线性代数"两门课程，未央书院学生的平均学分绩点高于全校平均值；"数学分析"与"高等线性代数"是数学基础课程中难度最高的课程，强基书院数学专业学生这两门课程的平均分均高于全校平均值。在学术志趣上，虽然入学仅一年时间，已有一批同学显现了浓厚的研究兴趣，对将来要从事的研究领域有了更深刻的认识。

（二）毕业生深造比例高

基科班和学堂班的毕业生绝大多数选择继续从事基础学科学术研究。截至 2021 年 7 月，学堂计划共有 1402 名毕业生，其中 90% 以上的毕业生选择在北京大学、清华大学、中科院、哈佛大学、麻省理工学院、斯坦福大学等国内外一流高校和研究机构继续深造，攻读基础科学领域的博士学位（见表 4），深造的比例高于非学堂计划班学生。另外，被 QS 排名前 50 的高校接收的清华学生中，学堂班毕业生的比例高于非学堂班学生比例。

---

① 《仰望星空脚踏实地——"基础学科拔尖学生培养计划"十周年回顾》，高等教育出版社，2020，第 13 页。

表4 2012~2021届"学堂计划"毕业生深造情况

单位：人，%

毕业年份	毕业人数	深造人数	深造比例
2012	95	79	83
2013	96	91	95
2014	130	115	88
2015	147	139	95
2016	149	136	91
2017	164	157	96
2018	151	145	96
2019	138	131	95
2020	171	153	89
2021	161	147	91

值得关注的是，由于国际形势变化，近两年学堂计划毕业生出国深造的人数明显减少。数学班2021届毕业生中，近80%选择留在清华继续深造，这也说明清华的人才培养对基础学科学生的吸引力变大。

（三）杰出人才逐渐"冒出"

基科班和学堂班的毕业生中已"冒出"一批优秀人才，有的已成长为杰出学者，有的已在业界引领科技发展浪潮。2018年进行的一项毕业生调查数据显示，接受调查的基科班毕业生中目前从事科学研究工作的约占40%，其中超过52%的人认为自己在所属研究领域中具有较高影响力。以基科班1999级为例，该年级55位学生中，目前有17位同学从事基础学科研究，他们主要任职于国内外一流高校或研究机构，如斯坦福大学、哥伦比亚大学、普渡大学、宾夕法尼亚州立大学、加州大学圣巴巴拉分校、清华大学、中科院物理与数学研究所、国防科技大学、香港中文大学等。[①] 另外，目前已有5位基科班毕业生获得美国斯隆研究奖，该奖项主要是支持和奖励

① 朱邦芬：《从基础科学班到清华学堂物理班——朱邦芬院士在基科班20年·学堂班10年庆典大会上的讲话》，《物理与工程》2018年第5期。

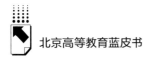

处于职业早期阶段的杰出科学家和学者。

学堂班毕业生不断成长，已开始在各自领域内初露锋芒。如物理班2008 级李俊儒同学 2017 年首次实验实现了超固体新物态，受到国际物理学界的极大重视；钱班 2011 级薛楠同学以第一作者身份在国际著名学术刊物《朗缪尔》（*Langmuir*）上发表论文，被认为具有重大科学意义；姚班 2013级陈立杰同学在计算机领域顶级会议上发表多篇论文，独立解决了著名量子信息学者约翰·沃特罗斯（John Watrous）在 2002 年提出的开放问题；姚班2014 级乔明达同学在算法设计和机器学习研究领域获得出色成果，作为主要贡献者在相关学科领域的顶级会议上发表了 6 篇论文，被认为达到了世界范围内同年级本科生的最高水准。[①] 目前，少部分毕业生已完成博士阶段的学习和研究，并在国内外一流高校和研究机构获得了教职。在业界领域，姚班毕业生创办的独角兽公司旷视科技、小马智行等，引领着此轮全球信息革命创新的浪潮。

四 结语

现代大学诞生后，我国的高等教育先后经历了学习日本模式、学习美国模式、学习苏联模式，直至探索建立起中国特色的大学制度这一发展历程。这一发展历程中"通才教育"和"专才教育"的办学理念交替出现，二者之争持续了相当长的时间。历史经验表明，正是由于 20 世纪初我国高等学校实行了"通才教育"，才涌现出一大批大师级的优秀杰出人才。当前，随着我国社会经济发展进入新的历史时期，高等教育领域正逐渐形成共识，那就是从有利于创新人才培养的角度出发，研究型大学应实行通识教育和专业教育相融合的教育模式，将"以教为主"真正转换为"以学为主"，以实现培养"人"和培养具体行业"人才"兼得的目的。不容忽视的是，新中国

---

① 《仰望星空脚踏实地——"基础学科拔尖学生培养计划"十周年回顾》，高等教育出版社，2020，第 14 页。

成立后由于长期受苏联教育模式影响，我国高校的院系设置、专业设置、课程设置等带有明显的专才教育特征，在专业分类越来越细的情形下如何及时刹车，打破既定利益格局，围绕创新人才培养这一核心要务重新整合资源，是拔尖创新人才培养面临的制度性和根本性难题。

2021年4月19日，习近平总书记考察清华大学时明确提出，要坚定中国高等教育是能够培养出大师来的自信。清华的探索历程，让我们相信自己有能力培养出优秀人才，有能力实现基础学科拔尖创新人才培养的自给自足，通过清华的个案分析，希望能引发更多高校和教育管理部门的深入思考和持续探索。

参考文献

姚期智：《拔尖创新人才培养的新理念与新探索》，《中国高教研究》2011年第12期。

清华大学交叉信息研究院：《拔尖创新学术人才培养之改革与实践》，《北京教育（高教）》2013年第9期。

郑泉水、徐芦平、白峰杉、张林、王民盛：《从星星之火到燎原之势——拔尖创新人才培养的范式探索》，《政策与管理研究》2021年第5期。

蒋香仙、周平、洪大用：《国内高校本科拔尖创新人才培养的实践与思考》，《北京教育（高教）》2012年第Z1期。

B.10
北京高校学生满意度调查报告[*]

王 铭 王名扬[**]

摘 要： 2021年开展满意度调查的对象为9所高校的652名研究生、1148名本科生和3所高职院校的375名高职生。结果显示：三类学生最满意的均是"校园安全"，最大压力均来自"就业前景"；研究生就业、本科生读研、高职生升本是其毕业后的主要打算，计划创业的学生占比非常少；研究生在国内读研是"不后悔"的首选，与导师关系良好，部分学生认为存在"学术不端"和"在项目中'打工'"的问题；本科生对"上大学期待很高"，但是"任课教师课外与学生沟通"较少，"所学专业与期盼"存在差距；高职生认为"尽职尽责的教师"很多，但是"读高职不是首选""不太喜欢现在就读的学校""所学专业与期盼"存在差距。

关键词： 满意度调查 北京高校学生 校园安全 就业 能力品质提升

建立高质量高等教育体系、实现教育现代化，是我国和首都教育"十四五"时期以及今后发展的主要目标。"以学生为中心""成果导向""持续改进"是国际上高等教育高质量发展的重要理念。中共中央、国务院印发的《深化新时代教育评价改革总体方案》要求"促进学生全面发展的评

---

 * 基金项目：北京市教育科学"十三五"规划2020年度优先关注课题"基于大数据的市属高校学生发展质量监测研究（BEEA2020019）"的阶段性成果。

** 王铭，管理学博士，北京教育科学研究院高等教育科学研究所副研究员，主要研究方向为首都高等教育评估监测与改革发展；王名扬，管理学博士，北京外国语大学国际教育学院副教授，入选北京外国语大学卓越人才支持计划，主要研究方向为高等教育质量保障。

价办法更加多元"。学生发展包括其自身感受到的德智体美劳、能力和素养的综合全面发展。满意度调查是了解学生对教育教学、学校管理、自身发展等各方面感受的可靠方法。教育部委托中国教育科学研究院开展以四年为周期的"全国高校满意度调查",全面系统了解高校学生的主观感受。

2021 年 5 月,北京教育科学研究院高教所作为"全国高校满意度调查"北京地区高校联络机构开展相关工作。本次调查分为学生满意度和教师满意度两个部分,"学生满意度"在线调查的对象包括研究生、本科生、高职生,题目涉及学生在校的方方面面、学习成就等主观感受。对数据进行分析,可从一个侧面反映出北京高等教育发展和质量现状。

一 调查方法

本次调查采取分层抽样,北京地区抽取 12 所高校,包括 9 所本科和 3 所高职院校,各校再根据学生名单进行随机抽样和问卷催答,保证抽样的有效性和回收率,具体抽样情况如表 1 所示。调查问卷共分为 3 套,分别用

表 1　抽样情况

单位:人

省份	学校	高职生		本科生		研究生	
		学生	教师	学生	教师	学生	导师
北京	北京航空航天大学			140	50	80	40
	北京化工大学			140	50	80	40
	北京理工大学			140	50	80	40
	北京师范大学			140	50	80	40
	北京外国语大学			140	50	80	40
	华北电力大学			140	50	80	40
	中国人民公安大学			140	50	80	40
	北京城市学院			140	50	80	40
	中国石油大学(北京)			140	50	80	40
	北京电子科技职业学院	140	50				
	北京工业职业技术学院	140	50				
	北京信息职业技术学院	140	50				

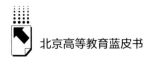
于研究生、本科生、高职生，由中国教育科学研究院统一设计。调查采用在线填答方式，有关满意度的题目，均采用李克特 7 分法设计，"7 分为非常高，1 分为非常低"。

二 研究生满意度

652 份研究生问卷（回收率 91%）显示，研究生感觉到"校园非常安全""与导师关系非常好"；经过研究生教育"自主学习能力""逻辑思维能力""团队合作能力"，以及"责任心""主动性"等品质得到提升。研究生最在意教师"真正关心学生""研究能力强""思想品质好"，特别认可学校的"教师水平""学术氛围""科研工作"。研究生自我报告的学习努力程度为"比较努力"，专业选择首先从兴趣出发，最大压力来自"就业前景"；更喜欢"教学科研型"教师来上课；毕业后大部分打算就业。

（一）背景信息

被调查研究生来自 9 所高校，女生占 54.8%，硕士为主体占 86.7%，学术学位研究生多于专业学位，占比为 62.3%，就读方式为全日制的接近60%，家庭常住地以城镇为主，30.7% 的研究生攻读学科与本科不同。研究生学科分布，工学最多，其次是法学、管理学、文学（见表 2 和表 3）。

表 2　被调查研究生背景信息

单位：%

项目	内容	频率	占比
性别	男	295	45.2
	女	357	54.8
学段	硕士	565	86.7
	博士	87	13.3
学位类型	学术学位	406	62.3
	专业学位	246	37.7

续表

项目	内容	频率	占比
就读方式	全日制	603	92.5
	非全日制	49	7.5
家庭常住地	城镇	473	72.5
	乡村	179	27.5
跨学科	是	200	30.7
	否	452	69.3

表3　研究生学科分布

单位：%

项　　目	频率	占比
法　学	138	21.1
工　学	212	32.5
管理学	89	13.7
教育学	26	4
经济学	16	2.5
理　学	42	6.4
历史学	7	1.1
文　学	76	11.7
医　学	6	0.9
艺术学	39	6
哲　学	1	0.2
总　计	652	100.0

（二）总体满意度

表4为有关总体满意度的各题目及得分排序，从中可以发现，研究生感觉到"校园非常安全""与导师关系非常好""在国内读研是首选""学校里努力学习的学生较多"。排序靠后的题目，"学术不端行为"和"五唯"问题依然少量存在，部分研究生感觉"在导师的科研项目中'打工'"。

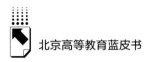
表4　问卷调查各题目满意度情况排序

单位：%

序号	题目	满意度
1	你觉得校园安全吗？	90.86
2	你与导师关系如何？	90.29
3	在国内读研是你的首选吗？	88.57
4	学校里努力学习的学生多吗？	87.86
5	研究生教育增强了你服务国家发展的信念吗？	87.43
6	你觉得你的导师能做你专业发展的引路人吗？	87.14
7	研究生教育给予了你不断挑战自我的力量吗？	85.86
8	研究生教育对提升你的学术研究能力帮助大吗？	85.43
9	导师对你的学术指导有针对性吗？	85.14
10	你愿意推荐亲友跟从你的导师读研吗？	84.14
11	疫情发生以来,学校的课程及教学调整安排得好吗？	83.86
12	读研前你就喜欢现在就读的学校吗？	83.29
13	学校的数字化建设(学术资源库、智能教学楼等)能满足你的学习需求吗？	83.29
14	你对研究生教育阶段获得的成长感到满意吗？	83.00
15	你觉得学校的奖学金评定公平吗？	82.43
16	学校的学习场所能满足你的研究需求吗？	81.29
17	你能公平获得学校的竞争性学术资源吗？	80.71
18	能启发你深度思考的老师多吗？	80.29
19	现在所学专业与你原本的期盼一致吗？	80.14
20	毕业后你想从事与专业直接相关的工作吗？	79.29
21	课程内容的学术前沿性强吗？	78.57
22	学校的实验/实践条件能支撑你的学术研究吗？	78.43
23	你觉得研究生的课堂讨论对你帮助大吗？	77.00
24	学校为学生提供了学习交叉学科的条件吗？	76.29
25	学校的心理健康教育开展得怎么样？	76.00
26	学生向学校反映意见和建议的渠道畅通吗？	76.00
27	学校的后勤管理工作(食堂/宿舍/生活服务等)做得好吗？	75.86
28	专业教育中交叉学科/跨学科的学习或研究多吗？	74.00
29	学校里热爱自己所学专业的学生多吗？	73.86
30	学校是否需要加强有关劳动/消费/借贷/投资等方面的素养教育？	73.86
31	读研期间的实验/实践任务多吗？	73.29
32	学校对来华留学生的支持合适吗？	73.29
33	学校的就业指导对你帮助大吗？	72.43

续表

序号	题目	满意度
34	你从校友资源中获益大吗？	71.29
35	学校为学生提供参与国际交流与合作的机会多吗？	71.14
36	你从学校安排的访学活动中受益大吗？	70.00
37	研究生教育的内容涉及国家重大需求(如解决卡脖子问题)的多吗？	70.00
38	学校毕业规定中关于论文发表的要求高吗？	69.00
39	你能切实感受到国家/省级"双一流"建设带来的益处吗？	64.29
40	读研时期的思政课内容与本科阶段的重复多吗？	56.14
41	导师让你做科研/项目"打工"的事情多吗？	48.71
42	你能感受到学校管理中唯学历/唯职称/唯"帽子"/唯论文/唯项目等现象吗？	48.57
43	你感受到身边学术不端的行为吗？	31.43

注：各题目的满意度计算方法为选项的平均值转化为百分数，后同。

（三）能力与品质提升

"经过研究生阶段的学习，你觉得自己哪些能力得到了很大提高？（限选三项）"，选择最多的是"自主学习能力"，占全部的 77.15%；其次是"逻辑思维能力""团队合作能力"；选择比较少的是"外语能力""信息技术能力""专注力"，说明广大研究生在学习阶段外语能力提升有限，缺乏信息技术能力的训练和指导，高校应开设相关课程，提高研究生信息素养（见表 5）。

表 5　学生能力习得情况排序

单位：%

项目	勾选数	勾选占比
自主学习能力	503	77.15
逻辑思维能力	226	34.66
团队合作能力	220	33.74
社会适应能力	194	29.75
实践能力	184	28.22
批判创新能力	167	25.61

续表

项目	勾选数	勾选占比
口头表达能力	110	16.87
写作能力	109	16.72
组织管理能力	83	12.73
专注力	64	9.82
信息技术能力	55	8.44
外语能力	40	6.13

"经过研究生阶段的学习，你觉得自己哪些品质得到了很大提升？（限选三项）"，选择最多的是"责任心"，说明经过研究生阶段的学习和训练，高校学生的"责任心""主动性""坚韧""规则意识""乐观""自信心"等得到普遍提升。同时，"诚信度""好奇心""勤俭"等提升较少，特别是"好奇心"是创新、探索和发现的来源，高校应研究如何保持和提升研究生的"好奇心"和创新意识；另外"诚信度"是做人做事的基本，即使在学术产出的压力下，高校也应该培养和树立研究生的诚信精神（见表6）。

表6　学生品质习得情况排序

单位：%

项目	勾选数	勾选占比
责任心	343	52.61
主动性	336	51.53
坚　韧	252	38.65
规则意识	167	25.61
乐　观	165	25.31
自信心	165	25.31
包　容	144	22.09
集体意识	121	18.56
尊　重	100	15.34
诚信度	72	11.04
好奇心	55	8.44
勤　俭	33	5.06

（四）对教师和学校的认可度

"比较而言，你相对最在意教师的是？（限选三项）"，选择较多的是"真正关心学生""研究能力强""思想品质好"；而比较有趣的是，学历、职称、职务、名气等在学校入职、晋升和外部评估评价中比较受重视的指标，研究生们并不在意（见表7）。

表7　最在意教师方面的排序

单位：%

项目	勾选数	勾选占比
真正关心学生	543	83.28
研究能力强	384	58.90
思想品质好	350	53.68
教学态度好	241	36.96
教书教得好	208	31.90
社会资源丰富	159	24.39
学术界有名	57	8.74
出任行政职务	7	1.07
是否为教授或副教授	6	0.92
学历	1	0.15

"你特别认可学校的方面是？（限选三项）"，选择较多的是"教师水平""学术氛围""科研工作"；勾选占比较低的是"校区面积""后勤管理""教学设备""校企合作""课程设置"等，说明高校需要加强以上方面的工作（见表8）。

表8　认可学校方面排序

单位：%

项目	勾选数	勾选占比
教师水平	251	38.50
学术氛围	241	36.96
科研工作	200	30.67

续表

项目	勾选数	勾选占比
校园文化	129	19.79
基础设施	119	18.25
学　风	112	17.18
研究生教育	112	17.18
专业质量	108	16.56
本科教学	87	13.34
学校管理	85	13.04
国际交流	81	12.42
学生服务	74	11.35
校友资源	70	10.74
科技创新	68	10.43
课程设置	49	7.52
校企合作	47	7.21
教学设备	44	6.75
后勤管理	43	6.60
校区面积	28	4.29

（五）学生个人感受

"总体来看，你在读研期间学习的努力程度是?"，选择"非常努力"的占19.8%、"比较努力"的占53.2%、"一般"的占23.9%、"不太努力"的占2.6%、"非常不努力"的占0.5%，总体平均值为3.89，处于"一般偏比较努力"的位置，"非常努力"和"比较努力"共占73%，说明研究生的努力程度较好（见表9）。

表9　研究生努力程度情况

单位：%

项目	频率	占比
非常不努力	3	0.5
不太努力	17	2.6
一　般	156	23.9
比较努力	347	53.2
非常努力	129	19.8

"在选研究生专业时，你觉得最需要考虑的是？（限选三项）"，选择较多的是"自己的兴趣"，其次是"学校的优势专业""容易找工作""国家需求"，说明研究生选择学科专业还是从兴趣出发的（见表10）。

表 10　选择专业原因排序

单位：%

项目	勾选数	勾选占比
自己的兴趣	529	81.13
学校的优势专业	316	48.47
容易找工作	281	43.10
国家需求	250	38.34
已学专业背景	230	35.28
科技发展的需要	214	32.82
学校排名	95	14.57
学习不费力	22	3.37
家长的资源	13	1.99
他人建议	5	0.77

"在校期间，你感受到的最大压力是？（限选三项）"，选择较多的是"就业前景""毕业要求""同辈竞争"，说明研究生非常重视未来就业（见表11）。

表 11　学生压力来源排序

单位：%

项目	勾选数	勾选占比
就业前景	475	72.85
毕业要求	313	48.01
同辈竞争	277	42.48
课程学习	239	36.66
实验/研究	219	33.59
经济条件	129	19.79
师生关系	92	14.11
性格局限	91	13.96
情感因素	50	7.67
家庭背景	39	5.98
同学关系	21	3.22

问及"以你研究生学习的体验，哪一种方式更有利于大学生的专业学习"，选择"大一分专业"占 22.9%，选择"大二分专业"占 51.1%，选择"大三分专业"占 10.0%，还有选择"无所谓"的占 16.1%，平均值为 1.55，位于大一到大二之间，或许大一毕业进入大二之前选择专业更有利于大学生专业学习（见表 12）。

表 12 选择不同年级分专业情况

单位：%

项目	频率	占比
大一分专业	149	22.9
大二分专业	333	51.1
大三分专业	65	10.0
无所谓	105	16.1

问及"如果有机会在本科毕业时重新选择一次，你更愿意读研还是就业?"，89.4%的研究生选择读研，说明绝大多数研究生对读研持积极肯定的态度（见表 13）。

表 13 重新选择的情况

单位：%

项目	频率	占比
读研	583	89.4
就业	69	10.6

"你更愿意哪类教师给你们上课?"，选择教学科研型的占比最高达 72.2%，其次是教学型（12.6%）、无所谓（9.4%）和科研型（5.8%）（见表 14）。

研究生"毕业后的打算?"，大部分为就业（84.5%），其次是继续深造（11.7%），尚不明确的有 3.5%，创业仅为少数人的选择（0.3%）（见表 15）。

表 14 喜欢上课教师的类型

单位：%

项目	频率	占比
教学型	82	12.6
教学科研型	471	72.2
科研型	38	5.8
无所谓	61	9.4

表 15 研究生毕业后打算

单位：%

项目	频率	占比
读博/做博后(含出国)	76	11.7
就　业	551	84.5
创　业	2	0.3
不明确	23	3.5

三　本科生满意度

1148 份本科生问卷（回收率为 91%）显示，本科生"对上大学的期待很高"，"校园非常安全"，"教师的教学态度良好"。经过本科教育"自主学习能力""社会适应能力""团队合作能力"，以及"责任心""主动性""集体意识"等品质得到提升。本科生自我报告的学习努力程度不如研究生，努力程度与自我报告的成绩排名成正比；最在意教师"教书教得好""真正关心学生""教学态度好"；特别认可学校的"本科教学""教师水平"；同时希望学校不断提升"教学质量"。专业选择从兴趣出发，最大压力来自"就业前景"，希望大一到大二之间分专业，更愿意教学科研型和教学型教师来上课，毕业后大部分打算读研。

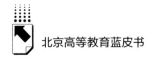

（一）背景信息

被调查本科生中，男生占52.9%，家庭常住地以城镇为主，第一代大学生与非第一代各占一半，近60%的本科生担任过学生干部。本科生所学专业分布，工学最多，其次是管理学、文学、法学（见表16和表17）。

表16　被调查本科生背景信息

单位：%

项目	内容	频率	占比
性别	男	607	52.9
	女	541	47.1
常住地	城镇	919	80.1
	乡村	229	19.9
第一代大学生	是	566	49.3
	否	582	50.7
担任学生干部	是	686	59.8
	否	462	40.2

表17　本科生专业分布

单位：%

项目	频率	占比
法　学	107	9.3
工　学	468	40.8
管理学	144	12.5
教育学	23	2.0
经济学	106	9.2
理　学	95	8.3
历史学	5	0.4
文　学	141	12.3
医　学	6	0.5
艺术学	51	4.4
哲　学	2	0.2
总　计	1148	100.0

（二）总体满意度

表18为有关总体满意度的各题目及得分排序，从中可以发现，本科生"对上大学的期待很高"，感受到"校园非常安全"，"教师的教学态度良好"；同时，认为"任课教师课外与学生沟通"较少，"所学专业与期盼"存在差距。

表18　问卷调查各题目满意度情况排序

单位：%

序号	题目	满意度
1	你对上大学的期待高吗？	89.86
2	你觉得校园安全吗？	88.29
3	教师的教学态度好吗？	86.43
4	学校里努力学习的学生多吗？	86.43
5	你觉得你们学校尽职尽责的老师多吗？	85.86
6	本科教育增强了你的家国情怀吗？	84.57
7	疫情发生以来,学校的课程及教学调整安排得好吗？	84.00
8	学校的数字化建设(学术资源库、在线平台、智能教学楼/图书馆等)能满足你的学习需求吗？	83.71
9	本科教育对提升你的综合素养帮助大吗？	83.43
10	学校的学习场所能满足你的学习需求吗？	82.14
11	学校里你愿意视为榜样的老师多吗？	81.86
12	本科教育给予了你不断挑战自我的力量吗？	80.86
13	学校的设施设备能满足你专业学习的需要吗？	80.43
14	学校的公共选修课能满足你的需求吗？	80.29
15	你对在大学里获得的成长感到满意吗？	79.43
16	学校的课程内容能充分体现本专业的新知识/新动态吗？	79.29
17	学校安排的在线课程教学效果好吗？	79.29
18	学校安排的实验/实践课程足够吗？	77.43
19	你觉得学校的评优评先活动公平吗？	77.43
20	学校的后勤管理工作(食堂/宿舍/生活服务等)做得好吗？	77.00
21	学校的心理健康教育开展得怎么样？	76.71
22	学校为学生提供开阔国际视野的机会多吗？	76.71
23	毕业后你想从事与专业直接相关的工作吗？	76.57

序号	题目	满意度
24	你能切实感受到国家/省级"双一流"建设带来的益处吗?	76.57
25	专业课程的理论部分你掌握得好吗?	76.29
26	学生向学校反映意见和建议的渠道畅通吗?	76.14
27	新生入学教育对你尽快适应大学学习与生活帮助大吗?	75.86
28	你愿意推荐亲友报考你们学校吗?	75.14
29	上大学前你就喜欢现在就读的学校吗?	74.71
30	学校安排本科生参与课题研究或学术讨论的机会多吗?	74.71
31	教学方法能吸引你的老师多吗?	74.43
32	学校的思政教育课程能打动你吗?	74.29
33	学校里热爱自己所学专业的学生多吗?	74.29
34	参与学校人才培养的企业多吗?	74.14
35	学校就业指导对你的帮助大吗?	73.29
36	学校是否需要加强有关劳动/消费/借贷/投资等方面的素养教育?	73.29
37	你从校友资源中获益大吗?	72.86
38	现在所学专业与你原本的期盼一致吗?	69.71
39	任课老师课外与你沟通的时间多吗?	69.43

（三）能力与品质提升

"经过大学四年学习,你觉得自己哪些能力得到了很大提高?（限选三项）",选择最多的是"自主学习能力",占全部的70.99%,其次是"社会适应能力""团队合作能力",选择比较少的是"写作能力",说明广大学生缺乏写作训练和指导,高校应开设写作类课程,提高大学生写作素养（见表19）。

"经过大学四年学习,你觉得自己哪些品质得到了很大提升?（限选三项）",选择最多的是"责任心",说明经过四年的学习和训练,高校学生的"责任心""主动性""集体意识"得到普遍提升。同时,"好奇心"和"勤俭"等提升较少,特别是"好奇心"是创新、探索和发现的来源,高校应研究如何保持和提升学生的"好奇心"和创新意识（见表20）。

表19 学生能力习得情况排序

单位：%

项目	勾选数	勾选占比
自主学习能力	815	70.99
社会适应能力	515	44.86
团队合作能力	455	39.63
实践能力	340	29.62
批判创新能力	247	21.52
口头表达能力	247	21.52
逻辑思维能力	228	19.86
组织管理能力	198	17.25
外语能力	145	12.63
信息技术能力	132	11.50
专注力	76	6.62
写作能力	41	3.57

表20 学生品质习得情况排序

单位：%

项目	勾选数	勾选占比
责任心	641	55.84
主动性	445	38.76
集体意识	357	31.10
包 容	347	30.23
乐 观	320	27.87
规则意识	309	26.92
坚 韧	293	25.52
尊 重	228	19.86
自信心	185	16.11
诚信度	151	13.15
勤 俭	86	7.49
好奇心	80	6.97

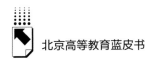
（四）努力程度与成绩排名

问及"你在大学期间学习的努力程度是?",选择"非常努力"的占10.0%、"比较努力"的占41.7%、"一般"的占35.3%、"不太努力"的占10.5%、"非常不努力"的占2.5%,总体平均值为3.46,处于"一般偏比较努力"的位置,说明学生的努力程度应该继续增强,学校和教师应该继续通过各类方法激发学生的努力程度(见表21)。

表21 学生自我报告的努力程度分布

单位:%

项目	频率	占比
非常不努力	29	2.5
不太努力	120	10.5
一般	405	35.3
比较努力	479	41.7
非常努力	115	10.0

问及"你在大学期间学习成绩在同专业同学中属于?",选择"排名前5%"的占11.6%、"5%(不含)~20%"的占26.8%、"20%(不含)~50%"的占32.8%、"50%(不含)~80%"的占22.0%、"80%(不含)以后"的占6.9%,总体平均值为3.14,处于"中等偏后"的位置(见表22)。

表22 学生自我报告的成绩排名分布

单位:%

项目	频率	占比
80%(不含)以后	79	6.9
50%(不含)~80%	252	22.0
20%(不含)~50%	376	32.8
5%(不含)~20%	308	26.8
排名前5%	133	11.6

通过数据说明（见表23），成绩排名与努力程度呈正相关，越努力排名越靠前，越不努力排名越靠后。

表 23　成绩排名与努力程度正相关

项目		成绩排名				
		后 20%	50%～80%	20%～50%	5%～20%	前 5%
努力程度	非常不努力	16	5	2	3	3
	不太努力	27	67	18	7	1
	一　般	31	123	168	67	16
	比较努力	4	52	171	188	64
	非常努力	1	5	17	43	49

（五）对教师和学校的认可度

"比较而言，你相对最在意教师的是?（限选三项）"，选择较多的是"教书教得好""真正关心学生""教学态度好"。与研究生相同，学历、职称、职务、名气等学校入职、晋升和外部评估评价重视的指标本科生并不在意（见表24）。

表 24　最在意教师方面的排序

单位：%

项目	勾选数	勾选占比
教书教得好	851	74. 13
真正关心学生	842	73. 34
教学态度好	806	70. 21
思想品质好	508	44. 25
研究能力强	220	19. 16
社会资源丰富	132	11. 50
学术界有名	54	4. 70
出任行政职务	15	1. 31
是否是教授或副教授	9	0. 78
学历	4	0. 35

"你特别认可学校的方面是？（限选三项）"，选择较多的是"本科教学""教师水平"，但是勾选占比并不高；同时勾选占比相对较低的是"校企合作""后勤管理""科技创新"等，说明高校需要加强以上方面的工作和服务水平（见表25）。

表25　认可学校方面排序

单位：%

项目	勾选数	勾选占比
本科教学	436	37.98
教师水平	356	31.01
学术氛围	329	28.66
基础设施	301	26.22
科研工作	249	21.69
学　风	236	20.56
校园文化	231	20.12
国际交流	196	17.07
学校管理	143	12.46
学生服务	137	11.93
校区面积	136	11.85
专业质量	131	11.41
校友资源	103	8.97
课程设置	96	8.36
教学设备	93	8.10
科技创新	87	7.58
后勤管理	81	7.06
校企合作	64	5.57

问及"在教师质量、教学质量、教材质量三项中，请排序你们学校最需要提升的是？"，教学质量排在第一位，其次是教材质量和教师质量。

（六）学生个人感受

"在选本科专业时，你觉得最需要考虑的是？"，选择较多的是"自己的兴趣"，其次是"学校的优势专业""容易找工作"（见表26）。

表 26　选择专业原因排序

单位：%

项目	勾选数	勾选占比
自己的兴趣	1004	87.46
学校的优势专业	634	55.23
容易找工作	556	48.43
国家需求	452	39.37
科技发展的需要	350	30.49
学校排名	247	21.52
学习不费力	96	8.36
家长的资源	75	6.53
高中老师的建议	22	1.92

"在校期间，你感受到的最大压力是？（限选三项）"，选择较多的是"就业前景""课程学习""同辈竞争"，说明大学生非常重视未来就业情况（见表27）。

表 27　学生压力来源排序

单位：%

项目	勾选数	勾选占比
就业前景	753	65.59
课程学习	710	61.85
同辈竞争	697	60.71
毕业要求	302	26.31
性格局限	252	21.95
经济条件	177	15.42
情感因素	165	14.37
家庭背景	146	12.72
同学关系	116	10.10
师生关系	106	9.23

"你认为，何时分专业更有利于学习？"，选择"大一分专业"占38.6%，选择"大二分专业"占46.3%，选择"大三分专业"占4.7%，还

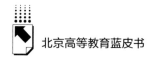

有选择"无所谓"的占10.5%，平均值为1.45，位于大一到大二之间，或许大一毕业进入大二之前选择专业更有利于大学生专业学习（见表28）。

表28 选择分专业年级的分布

单位：%

项目	频率	占比
大一分专业	443	38.6
大二分专业	531	46.3
大三分专业	54	4.7
无所谓	120	10.5

"你更愿意哪类教师给你们上课?"，选择教学科研型的占比最高，达54.5%，其次是教学型（29.0%）、无所谓（13.9%）和科研型（2.6%）（见表29）。

表29 喜欢上课教师的类型分布

单位：%

项目	频率	占比
教学型	333	29.0
教学科研型	626	54.5
科研型	30	2.6
无所谓	159	13.9

"毕业后的打算?"，最高比例的是读研（含出国）占55.0%，其次是就业（37.9%），尚有6.0%不明确，创业仅为少数人的选择（1.1%）（见表30）。

表30 本科生毕业后的计划

单位：%

项目	频率	占比
读研(含出国)	631	55.0
就业	435	37.9
创业	13	1.1
不明确	69	6.0

四 高职生满意度

375 份高职生问卷（回收率 89%）显示，高职生感觉到"校园非常安全"，"尽职尽责的教师很多"，"学习场所能够满足需求"；经过高职教育"自主学习能力""团队合作能力""社会适应能力"，以及"责任心""集体意识""主动性"等品质得到提升。高职生自我报告的学习努力程度不如研究生，最在意教师"真正关心学生""教学态度好""教书教得好"。认可学校的"教学质量""基础设施"，同时希望学校不断提升"教学质量"。毕业后大部分打算读本，且 2/3 选择普通本科，其余选择职业本科。专业选择从兴趣出发，最大压力来自"就业前景"。

（一）背景信息

被调查的高职学生背景信息如表 31 所示，男生占 61.6%，家庭常住地以城镇为主，第一代大学生与非第一代基本上各占一半，超过 60% 的高职生担任过学生干部。高职生所学专业分布中，信息技术类最多，其次是其他类、文化艺术类、财经商贸类、加工制造类（见表 32）。

表 31 被调查高职生的背景信息

单位：%

项目	内容	频率	占比
性别	男	231	61.6
	女	144	38.4
常住地	城镇	241	64.3
	乡村	134	35.7
第一代大学生	是	195	52.0
	否	180	48.0
担任学生干部	是	230	61.3
	否	145	38.7

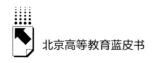
表 32　高职生专业分布

单位：%

项目	频率	占比
财经商贸类	33	8.8
公共管理与服务类	7	1.9
加工制造类	29	7.7
交通运输类	16	4.3
教育类	6	1.6
旅游服务类	6	1.6
能源与新能源类	8	2.1
农林牧渔类	1	0.3
其他（请注明）	60	16.0
轻纺食品类	5	1.3
司法服务类	6	1.6
土木水利类	19	5.1
文化艺术类	39	10.4
信息技术类	128	34.1
医药卫生类	11	2.9
资源环境类	1	0.3
总　计	375	100.0

（二）总体满意度

表 33 为有关总体满意度的各题目及得分排序，从中可以发现，学生感受到"校园非常安全""尽职尽责的教师很多""学习场所能够满足需求"；同时，也认为"读高职不是首选""并不太喜欢现在就读的学校""所学专业与期盼"存在差距。

表 33　相关各题目满意度情况排序

单位：%

序号	题目	满意度
1	你觉得校园安全吗？	88.57
2	你觉得你们学校尽职尽责的老师多吗？	84.71
3	学校的学习场所能满足你的需求吗？	83.00

续表

序号	题目	满意度
4	疫情发生以来,学校的课程及教学调整安排得好吗?	82.71
5	来自行业企业的教师教学水平高吗?	82.29
6	学校安排的实训/实习等操作课程足够吗?	82.14
7	学校里你愿意视为榜样的老师多吗?	81.86
8	你对在大学里获得的成长感到满意吗?	81.86
9	学校实习/实训的设施设备能满足你专业学习的需要吗?	81.57
10	学校的心理健康教育开展得怎么样?	80.86
11	学校支持教育教学的信息化建设效果怎么样?	80.86
12	参与学校人才培养的企业多吗?	80.71
13	学校重视"岗课赛证"协同育人吗?	80.43
14	你觉得学校的"双师型"教师水平如何?	80.14
15	你对实践操作的原理掌握得好吗?	79.71
16	学校与普通高校在教育教学方面的合作多吗?	79.43
17	学校安排的在线课程教学效果好吗?	79.29
18	学校里教学方法能吸引你的老师多吗?	79.29
19	学生向学校反映意见和建议的渠道畅通吗?	79.14
20	学校的后勤管理工作(食堂/宿舍/生活服务等)做得好吗?	79.14
21	你觉得学校的评优评先活动公平吗?	79.14
22	学校的课程内容充分反映了行业发展的新知识/技术/工艺/方法吗?	79.00
23	新生入学教育对你尽快适应大学学习与生活帮助大吗?	78.71
24	学校就业指导对你的帮助大吗?	78.57
25	学校安排学生参与企业技改/工艺创新的活动多吗?	78.14
26	毕业后你想从事与专业直接相关的工作吗?	78.14
27	任课老师课外与你沟通的时间多吗?	77.57
28	学校里热爱自己所学专业的学生多吗?	77.57
29	学校是否需要加强有关劳动/消费/借贷/投资等方面的素养教育?	77.29
30	你能切实感受到国家/省级的学校"双高"建设带来的益处吗?	77.14
31	高职教育给予了你不断挑战自我的力量吗?	76.86
32	学校里努力学习的学生多吗?	76.86
33	你从校友资源中获益大吗?	76.71
34	你愿意推荐有意向读高职的亲友报考你们学校吗?	76.71
35	高职教育对提升你的职业素养帮助大吗?	76.57
36	你们学校的思政教育课程能打动你吗?	75.86
37	学校为学生提供开阔国际视野的机会多吗?	74.57

续表

序号	题目	满意度
38	高职教育增强了你成为"能工巧匠"的信念吗？	73. 86
39	现在所学专业与你原本的期盼一致吗？	71. 29
40	你赞同普通本科和高等职业学校在入学考试招生上进行区分吗？	70. 00
41	上大学前你就喜欢现在就读的学校吗？	68. 86
42	你身边的农村学生多吗？	67. 57
43	你能感受到学校管理中"五唯"现象吗？	65. 57
44	读高职是你的首选吗？	57. 14

（三）能力与品质提升

"经过大学三年学习，你觉得自己哪些能力得到了很大提高？（限选三项）"，选择最多的是"自主学习能力"，其次是"团队合作能力""社会适应能力"；选择比较少的是"写作能力""外语能力"，说明高职学生缺乏写作和外语方面训练和指导，高职院校应开设语言写作类课程，提高学生听读说写的素养（见表34）。

表 34　学生能力习得情况排序

单位：%

项目	勾选数	勾选占比
自主学习能力	226	60. 27
团队合作能力	177	47. 20
社会适应能力	177	47. 20
实践能力	151	40. 27
组织管理能力	70	18. 67
逻辑思维能力	69	18. 40
口头表达能力	66	17. 60
批判创新能力	63	16. 80
信息技术能力	60	16. 00
专注力	37	9. 87
外语能力	14	3. 73
写作能力	12	3. 20

"经过大学三年学习，你觉得自己哪些品质得到了很大提升？（限选三项）"，选择最多的是"责任心"，说明经过大学期间的学习和训练，高职学生的"责任心""集体意识""主动性"得到普遍提升。同时，"好奇心"和"勤俭"等提升较少，特别是"好奇心"是创新、探索和发现的来源，高校应研究如何保持和提升学生的"好奇心"和创新意识，增强"勤俭节约"方面的教育（见表35）。

表35　学生品质习得情况排序

单位：%

项目	勾选数	勾选占比
责任心	241	64.27
集体意识	157	41.87
主动性	139	37.07
诚信度	96	25.60
乐　观	83	22.13
规则意识	77	20.53
包　容	75	20.00
尊　重	68	18.13
自信心	61	16.27
坚　韧	52	13.87
勤　俭	49	13.07
好奇心	25	6.67

（四）努力程度与成绩排名

问及"你在大学期间学习的努力程度是？"，选择"非常努力"的占19.5%、"比较努力"的占46.9%、"一般"的占29.3%、"不太努力"的占2.7%、"非常不努力"的占1.6%，总体平均值为3.8，处于"一般偏比较努力"的位置，说明学生的努力程度应该继续增强，学校和教师应该继续通过各类方法激发学生的努力程度（见表36）。

203

表36 自我报告的努力程度分布

单位：%

项目	频率	占比
非常不努力	6	1.6
不太努力	10	2.7
一 般	110	29.3
比较努力	176	46.9
非常努力	73	19.5

问及"你在大学期间学习成绩在同专业同学中属于?"，选择"排名前5%"的占34.7%、"5%（不含）～20%"的占29.9%、"20%（不含）～50%"的占24.3%、"50%（不含）～80%"的占10.4%、"80%（不含）以后"的占0.8%，总体平均值为3.87，处于"中等偏后"的位置（见表37）。

表37 学生自我报告的成绩排名分布

单位：%

项目	频率	占比
80%(不含)以后	3	0.8
50%(不含)～80%	39	10.4
20%(不含)～50%	91	24.3
5%(不含)～20%	112	29.9
排名前5%	130	34.7

通过数据说明，成绩排名与努力程度呈正相关，越努力排名越靠前，越不努力排名越靠后（见表38）。

（五）对教师和学校的认可度

"比较而言，你相对最在意教师的是?（限选三项）"，选择较多的分别是"真正关心学生""教学态度好""教书教得好"，同样，学历、职称、职务、名气等指标学生并不在意（见表39）。

表38　成绩排名与努力程度正相关

项目		成绩排名				
		后20%	50%~80%	20%~50%	5%~20%	前5%
努力程度	非常不努力	1	1	1	1	2
	不太努力	0	1	3	3	3
	一　般	1	23	38	34	14
	比较努力	1	11	44	63	57
	非常努力	0	3	5	11	54

表39　最在意教师方面的排序

单位：%

项目	勾选数	勾选占比
真正关心学生	279	74.40
教学态度好	266	70.93
教书教得好	225	60.00
思想品质好	163	43.47
研究能力强	82	21.87
社会资源丰富	59	15.73
学术界有名	26	6.93
出任行政职务	15	4.00
是否是教授或副教授	7	1.87
学历	0	0.00

"你特别认可学校的方面是？（限选三项）"，选择较多的是"教学质量""基础设施"，同时勾选占比较低的是"校友资源""学风""科研工作"等，说明高职院校需要加强学风建设（见表40）。

表40　认可学校方面排序

单位：%

项目	勾选数	勾选占比
教学质量	170	45.33
基础设施	144	38.40
教师水平	110	29.33

续表

项目	勾选数	勾选占比
学校管理	85	22.67
校园文化	69	18.40
校区面积	65	17.33
学生服务	60	16.00
国际交流	59	15.73
校企合作	57	15.20
学术氛围	47	12.53
课程设置	46	12.27
专业质量	38	10.13
后勤管理	33	8.80
教学设备	33	8.80
科技创新	31	8.27
科研工作	29	7.73
学　　风	26	6.93
校友资源	21	5.60

问及"在教师质量、教学质量、教材质量三项中，请排序你们学校最需要提升的是?"，教学质量排在第一位，其次是教师质量和教材质量。

（六）学生个人感受

"如果高职毕业后还可以继续读本科，你是更愿意继续接受职业本科教育还是普通本科教育?"，66.7%选择普通本科教育，33.3%选择职业本科教育，说明如果继续升本，虽然大多数选择普通本科，但是同样有1/3的学生选择职业本科（见表41）。

表 41　升本选择分布

单位：%

项目	选择	占比
普通本科教育	250	66.7
职业本科教育	125	33.3

"在选专业时，你觉得最需要考虑的是？"，选择较多的是"自己的兴趣"，其次是"学校的优势专业""容易找工作"（见表42）。

表42　选择专业原因排序

单位：%

项目	勾选数	勾选占比
自己的兴趣	263	70.13
学校的优势专业	195	52.00
容易找工作	183	48.80
科技发展的需要	164	43.73
国家需求	159	42.40
学习不费力	43	11.47
已学专业背景	41	10.93
学校排名	37	9.87
家长的资源	19	5.07
高中/中职老师的建议	19	5.07

"在校期间，你感受到的最大压力是？（限选三项）"，选择较多的是"就业前景""课程学习""同辈竞争"，说明高职生非常重视未来就业情况（见表43）。

表43　学生压力来源排序

单位：%

项目	勾选数	勾选占比
就业前景	262	69.87
课程学习	205	54.67
同辈竞争	161	42.93
毕业要求	140	37.33
经济条件	101	26.93
性格局限	58	15.47
家庭背景	54	14.40
师生关系	50	13.33
情感因素	50	13.33
同学关系	37	9.87

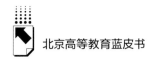

问及"毕业后的打算?",选择读本科（含出国）的占比最高达到52.5%，其次为就业（38.9%），尚不明确的有5.6%，创业仅为少数人的选择（2.9%），说明高职学生想要升本的愿望较为强烈（见表44）。

表44 毕业后计划

单位：%

项目	频率	占比
读本科（含出国）	197	52.5
就 业	146	38.9
创 业	11	2.9
不明确	21	5.6

五 问题与对策建议

（一）存在的问题

从问卷调查数据得出，三类学生存在的共性问题包括：第一，在学生能力和品质提升中，"写作能力"、"外语能力"、"好奇心"和"勤俭"提升较少。第二，教学质量处于学校需要提升的第一位；第三，学生最在意教师的是"关心学生""教书教得好"，而并不在意"学历、职称、职务、名气"等。

除此之外，不同阶段的特殊问题如下。

被调查研究生不太认可学校的"校区面积""后勤管理""教学设备""校企合作""课程设置"。信息技术能力和诚信品质有待提升。"学术不端行为""五唯"问题少量存在，部分研究生"在导师的科研项目中'打工'"。

本科生调查结果不太认可学校的"校企合作""后勤管理""科技创新"，自我报告的努力程度低于研究生，个别"985名校"出现多名学生选择"非常不努力"。"任课教师课外与学生沟通"较少,"所学专业与期盼"存在差距。

高职生的填答中52.5%希望读本,其中1/3希望读职业本科,目前北京地区高职院校升本机会和比例不足,尚无职业本科教育。学生不太认可学校的"学风",自我报告的努力程度偏低。"读高职不是首选","并不太喜欢现在就读的学校","所学专业与期盼"存在差距。

(二)对策建议

第一,北京地区应自主开展高校满意度调查,结合北京高等教育发展特点、特色、热点和重点开发调查工具。进行大规模测量、大数据调研,在此基础上,了解学生和教师体验、感受、问题和成就,并进行分析研究。

第二,将学生职业能力培养、职业生涯教育、就业规划和职业准备贯穿教育全过程。调查得出三类学生的最大压力均来自"就业前景",压力的来源可能包括外部经济环境的变化、自身职业能力和素养欠缺、与企业和实际岗位缺少接触等方面。因此,应将学生职业能力和素养培养作为重要的教育目标,提升学生在职业方面的"自信",增加职业就业指导方面的课程,加强"校企合作"和"实习实践",通过早接触、多接触工作岗位,提前解决就业,缓解就业压力。

第三,加强本科、高职专业建设。调查显示,本科生和高职生均认为"所学专业与期待"存在较大差距,原因可能由于专业设置和设计过于侧重理论知识学习,课堂教学过于照本宣科,理论学习与社会实际存在较大差距,对学生的学业挑战度较低,较难激发学生浓厚的兴趣。因此,加强专业建设,向"职业能力导向、就业导向、实际问题导向"转变。

第四,提高学生学业挑战度,增强学生的努力程度。目前,本科生和高职生自我报告的努力程度偏低,需要通过课程设计、提升教学质量,来提高学生学业挑战度,激发学习兴趣,增强学生的努力程度,相应地自然提高成绩排名。特别是,个别"985"高校出现多名学生选择"非常不努力"的情况,一方面"好学校的差学生"问题一直存在,问题的严重程度需要继续

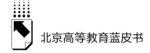
深入探究；另一方面针对"好学校的差学生"，需要及时发现、了解原因，给予更多的关怀和更特殊的教育，避免人才浪费。

第五，高校应开设写作类课程，根据不同阶段学生需求提高写作素养。研究生需要提高学术外语、学术写作能力、信息技术能力，甚至是外文的检索、阅读和写作能力。本科生需要提高毕业论文写作、公文写作、研究报告写作能力，为毕业、就业、升学做准备。高职生需要增强与职业相关的外语训练和指导，提高与职业工作相关的写作能力，增强听读说写的素养。

第六，高校需要培养学生的"好奇心""勤俭节约""诚信"等品质。"好奇心"是创新、探索和发现的来源，高校应研究如何保持和提升学生的"好奇心"和创新意识，培养学生的"好奇心"。增强"勤俭节约"方面的教育。培养研究生的"诚信"品质，严厉打击"学术不端""学术造假"，提高"学术品质""学术品位"，明确"诚信"是做人做事做学问的基本，即使在科研产出的压力下，高校也应该培养和树立研究生的诚信精神。

第七，根据国家要求，建立高水平现代职业教育体系，结合北京实际考虑"普职问题"。根据国家要求设立职业本科，通过"专业建设""队伍建设""课程建设""能力培养"等措施，高水平建设高等职业院校。考虑北京可能的实际需求：第一，北京经济社会中劳动者学历较高，高职学历含金量逐渐下降；第二，北京基础教育质量较高，家长普遍希望孩子读高中、上大学；第三，北京本地家庭经济条件较好，子女从事职业劳动意愿较低，高职学生升本需求大。因此，在建立北京高水平现代职业教育体系基础上，结合北京实际情况，通盘考虑、深入研究"普通教育与职业教育"的配比和衔接流通问题。

第八，广大学生最在意教师是否"真正关心学生"，研究生还在意"研究能力强""思想品质好"，本科生和高职生还在意"教书教得好""教学态度好"。因此，要研究将"关心学生""教书教得好""教学态度好"等学生最在意，而又或多或少被忽视的指标，纳入教师评价、教学评估中，如实反映教师"教书育人、科研育人"的水平和效果。

第九，需要在学校"校园面积""后勤管理""校企合作""科技创新"

等方面下大力气。"校园面积"是北京高校的老问题，在本科生迁出、老校区开展研究生教育的背景下，研究生不能认可"校园面积"是出现的新情况，因此，校园面积是北京高等教育难以绕开的一个题目，需要借鉴其他省市经验，从全市高度对全部高校统一开展中长期规划设计，彻底解决困扰首都高等教育几十年的难题。提高后勤管理水平，增强舒适性与人性化程度。从专业建设、促进就业、科技创新的角度，加强校企合作，提升高校在首都科技创新中心建设中的地位和作用。

B.11
北京高等教育信息化改革与实践

唐亮　田鹏*

摘　要： 高等教育信息化是高等教育现代化和高等教育高质量体系的基本内涵和显著特征。北京高校充分发挥区位、资源、科研等各方面优势，围绕深入实施国家教育数字化战略行动和北京市智慧城市发展行动纲要，在新形势、新挑战下开展了一系列教育信息化探索。本文深入梳理了"十三五"以来北京部分高校在教育信息化方面做出的改革实践，从加强教育信息化统筹、创新教育模式、打破数据孤岛、提升教学服务能力、服务国家创新战略、全面提升教师信息素养等六个方面，总结提炼典型性、代表性做法；从数字化进程深入推进、数字新基建持续发力、教学科研实践创新发展、信息化治理能力水平提档升级等四个方面，对北京高等教育信息化未来发展趋势做出判断。

关键词： 高等教育　信息化　信息技术　北京

　　全球信息化浪潮奔腾汹涌，信息技术以前所未有的力度、广度和深度与经济社会全面深度融合，信息化成为推动生产力跃升、引发生产关系重大变革的关键要素。进入 21 世纪特别是党的十八大以来，国家高度重视信息化发展，出台一系列重大方针政策，作出一系列重要部署，我国信息化进入全

---

　　* 唐亮，工学博士，北京教育科学研究院信息中心副主任，高级工程师，主要研究方向为教育信息化、"互联网+教育"；田鹏，北京市教育委员会信息化处副处长，工程师，主要研究方向为智慧教育、教育数字化。

面渗透、跨界融合、加速创新、引领发展的新阶段。在这样的大背景下，北京高等教育围绕"四个中心""四个服务"城市发展定向标，顺应信息化时代潮流，把握历史机遇，推动高等教育信息化进程按下"快进键"、驶入"快车道"、跑出"加速度"。

一　建设背景

（一）基本概念

较早对教育信息化进行学术定义的技术学专家南国农教授认为，"教育信息化是指在教育中普遍运用现代信息技术，开发教育资源，优化教育过程，以培养和提高学生的信息素养，促进教育现代化的过程"。[①] 此后，焦建利等学者概括性地将"教育信息化"定义描述为"运用信息与通讯技术系统地提升和变革教育的过程"。[②] 从教育信息化的定义中可以看出，教育信息化至少具有以下特征：是一个持续的过程；由信息和通信技术驱动和变革；会影响甚至改变所有教育要素（如教育资源、教育过程、教育目标等）；对教育现代化具有促进引领作用。

高等教育信息化作为教育信息化的重要组成部分，其概念内涵在继承教育信息化基础上，又有所丰富完善。学者宋京双指出高等教育信息化是基于计算机和网络等现代信息技术，在教育教学领域中，改善教学手段、提高管理效率、丰富教学过程而逐步实现个性化、大众化、便捷化的教学过程。从宏观角度来看，它涉及高等教育机构的管理、教学、科研和社会服务等领域。从微观角度来看，它包括高校的信息基础建设、管理制度建设、教学资源建设、人才队伍建设等方面[③]。可以看出，面对教育现代化目标定位、汹

---

① 杨晓宏、梁丽：《全面解读教育信息化》，《电化教育研究》2005 年第 1 期。
② 焦建利、贾义敏、任改梅：《教育信息化宏观政策与战略研究》，《远程教育杂志》2014 年第 1 期。
③ 宋京双：《基于技术批判的高等教育信息化改革路径探析》，《黑龙江高教研究》2019 年第 2 期。

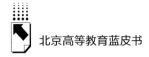

涌的信息化浪潮和人民对高质量高等教育的期待，高等教育信息化作为一项复杂的系统工程，面临着诸多新机遇与新挑战，需要系统谋划、多方协同、改革创新、探索实践，才能取得成功。

（二）政策背景

2010年中共中央、国务院发布的《国家中长期教育改革和发展规划纲要（2010~2020年）》明确提出"信息技术对教育发展具有革命性影响，必须予以高度重视"，这是"教育信息化"首次出现在国家层面的规划纲要中。此后，国家和有关部委出台了《国家信息化发展战略纲要》《关于积极推进"互联网+"行动的指导意见》《教育信息化2.0行动计划》《中国教育现代化2035》《关于推进教育新型基础设施建设构建高质量教育支撑体系的指导意见》等一系列推动信息化发展、深化互联网应用、提升教育信息化水平等方面的政策文件。

2015年以来，随着"互联网+"首次写入政府工作报告，"互联网+教育"热度持续升温，"互联网+"概念逐渐融入高校智慧校园建设，高校教学、教研、科研、管理、服务等层面与大数据、云计算、人工智能、物联网、5G等信息技术深度连接、持续反馈、有效互动，"化学反应式"创新和融合引发高等教育教学新模式、新理念、新样态。

2022年全国教育工作会议提出实施教育数字化战略行动，这是我国教育事业一项重要的改革举措，将为教育高质量发展注入新动力，信息技术对高等教育发展的支撑引领作用更加凸显，高等教育数字化将是实现高等教育从学习革命到质量革命再到高质量发展的突破口和创新路径。[①] 教育部高等教育司在2022年工作要点中明确指出：高等教育数字化主动适应高等教育普及化阶段质量多样化、学习终身化、培养个性化、治理现代化的需求，加快建设以数字化为特征的高等教育新形态。《北京教育信息化"十四五"

---

① 刘苗苗：《教育部高等教育司司长吴岩：以数字化构建高等教育新形态》，https：//baijiahao.baidu.com/s？id=1740009377057673970。

规划》提出：大力推进高校数字校园建设，完善学校治理体制机制，深化教育教学改革创新；积极推进区块链、边缘计算、智联网等新技术创新应用，推动高校数字化转型，提升教育治理能力和水平；鼓励高校建设优质数字课程资源，构建线上线下融合、校内校外融通、人技结合的新型教学体系。

北京高等教育信息化正是在国家、部委、北京市三个层面的政策引领下，围绕深入实施国家教育数字化战略行动和北京市智慧城市发展行动纲要，充分发挥北京高校各方面优势，以推进信息技术与教育教学、管理服务深度融合为核心，在加强教育信息化统筹、创新教育模式、打破数据孤岛、提升教学服务能力、服务国家创新战略、全面提升教师信息素养等方面做出了卓有成效的探索和尝试，为推动北京高等教育高质量发展、加快推进首都教育现代化、办好人民满意的首都教育奠定了坚实的基础。

二 改革实践

（一）重视统筹推进，推动教育信息化可持续规范发展

北京高校围绕教育现代化发展目标，站在全市乃至全国教育的高度，立足各自学校特色特点，坚持促进信息技术与教育教学深度融合的核心理念，坚持应用驱动、机制创新两个基本方针，整体规划新时期教育信息化的发展目标、任务、路径。在统一规划和总体设计的基础上，着力避免或解决多头管理、项目分散、建设重复、数据离散、效益低下、重建设轻运维等问题，有效整合各类软硬件资源、打通数据孤岛、深化数据整合、促进信息共享和业务协同，充分发挥信息化对教育的引领变革作用。

一是加强统筹，建立健全信息化建设领导机制。中国戏曲学院高度重视信息化建设，成立了中共中国戏曲学院委员会网络安全和信息化领导小组、学院信息化建设领导小组，认真贯彻"统一规划，统筹建设，归口管理，注重应用"的原则，制定了一系列规章制度，形成了科学高效的建设模式，

切实保证了信息化资源高度共享、系统的融合完整、投资的效益最大。北京电影学院及时调整校网络安全和信息化建设领导小组的组成人员，学校领导作为核心领导，落实网络安全和信息化建设的一把手工程；明确了网络安全与信息化领导小组工作职责，即在建设规划中引领，在建设过程中监督与检查；成立了网络安全和信息化建设领导小组办公室，明确了工作职责，在网络安全和信息化建设中切实起到执行作用。

二是建章立制，规划信息化建设实施路径。北京服装学院围绕学校发展目标定位，坚持"统筹规划、重点突出、应用驱动、注重实效、制度先行、标准规范、数据共享、特色发展"的原则，以规范管理为基础，以网络基础设施、服务平台建设和优化为支撑，制定了《信息化总体规划》和《信息化顶层设计方案》，形成近期目标、中期目标和长期目标的建设实施方案，更好地服务于学校的事业发展。北京舞蹈学院修订完善《北京舞蹈学院信息化建设管理办法》《北京舞蹈学院信息系统安全管理办法》等八项管理制度。完善了信息化建设的政策体系，制定了《北京舞蹈学院"十三五"信息化建设规划》，梳理了信息化建设的思路，加强了数据与信息系统全校顶层设计，明确学校公共数据管理责任，保证部门级业务系统和数据的统一调用。

（二）创新教育模式，促进信息技术与教学深度融合

教育信息化、数字化的重要价值在于，大数据、人工智能、5G、虚拟现实等新兴技术与教学过程深度耦合和嵌入后，能够改变传统教育教学理念、方法、流程，进而形成具有显著技术特征、以师生为本的教育新范式和新模式，为培育教育教学信息化生态环境奠定坚实的基础，支持高等教育持续高质量发展。

一是强化多方协同，打造教育教学新模式新样态。北京大学2020年2月5日在抖音开始了疫情期间的课程和讲座直播与推送，北大光华管理学院、学生心理健康教育与咨询中心和心理学院、体育教研部的老师们纷纷上线直播，大受欢迎；之后，北大和抖音合作推出了"抖音北大公开课"，共

11 门 78 节，把学校的课程搬到了抖音上，并获得了数千万的点击量。北大利用短视频平台进行资源建设和推广的成功实践，也带动了复旦大学等一批高校试水大众平台，开始了教育资源建设转型的探索。[①] 北京信息科技大学计算机学院围绕培养高端信息技术应用型人才办学目标，基于真实场景进行实践教学模式创新，逐步完善促进产、学、研进一步深度合作的信息化支撑环境。建设了真实场景实践教学的信息化支撑生态，完成真实场景资源服务于教学的信息化模式设计和实践，构建创新创业团体主导的多层次实践教学实施体系，已成为真实场景实践教学载体。例如开发多网融合的物联网终端，并升级改造现有自动售货机，实现完全电子化支付；融合学院和公共信息服务资源，改造和丰富了网络攻防平台，为师生提供 7×24 小时无间断服务，在计算机学院网络工程专业有关课程实验中发挥了巨大作用。

二是以虚拟仿真技术为突破口，开辟教育新场景。为贯彻落实"十四五"教育发展规划有关部署，2022 年上半年教育部相继公布两批虚拟教研室建设试点名单，共计 657 个，[②] 北京高校共有 153 个入选，占比 23.3%。北京交通大学与 6 所北京市属高校合作开展专业和课程共建，建设北京区域内的虚拟教研室，推进北京市"双培计划"工作，打通北京市校际人才培养通道。同时，依托学校优势特色专业，提出以促进全国轨道交通信号与控制专业质量提升为目标的新型基层教学组织——全国轨道交通信号与控制专业虚拟教研室，实现跨校区、跨地域、跨时空的"三跨"教研交流。北京交通大学国家级教学名师陈后金教授牵头建设了覆盖全国的"信号处理课程群虚拟教研室"，他认为虚拟教研室是利用现代信息技术促进教育资源均衡和教学改革的有效方式，最后的落脚点还是提高课程教学质量，会让更多

① 刘畅：《精品课、慕课和短视频直播：中国高校开放教育资源的 20 年》，https://baijiahao.baidu.com/s？id=1719826143531138739&wfr=spider&for=pc。
② 教育部办公厅：《教育部办公厅关于公布首批虚拟教研室建设试点名单的通知》，http://www.moe.gov.cn/srcsite/A08/s7056/202203/t20220322_609822.html；教育部办公厅：《教育部办公厅关于公布第二批虚拟教研室建设试点名单的通知》，http://www.moe.gov.cn/srcsite/A08/s7056/202206/t20220602_634144.html。

的学生受益。① 北京工业大学材料与制造学部"专创交叉融合研究虚拟教研室"进入教育部公布的首批国家级虚拟教研室建设试点名单。该虚拟教研室是北工大材料与制造学部"机械设计及理论"教研室以专创融合为目标，围绕机械工程专业所属"机械设计""创新方法"等课程建设，联合北京航空航天大学、燕山大学、重庆大学、汕头大学等高校共同发起的，旨在大力创新教研形态、加强教学研究、共建优质资源、开展教师培训等。② 此外，北京市教委根据教育部高等教育司《关于开展 2019 年度国家虚拟仿真实验教学项目认定工作的通知》，评审出北京市级虚拟仿真实验教学项目 75 项，涉及 37 所高校。截至 2021 年 8 月，教育部已批准高校建设了 300 个国家级虚拟仿真实验教学中心，③ 涉及北京大学、北京邮电大学、北京工业大学、北京建筑大学等多所高校。虚拟仿真技术支撑下的教研、教学、实验场景，已经成为北京高校改变传统教学模式、提升教学质量、促进资源共享、构建智慧教学环境的重要手段。

（三）打破数据孤岛，强化各类应用系统整合

数据孤岛是各业务系统、各业务流程的数据分散采集、各自存储、独立应用，导致数据无法充分共享和深度利用。针对这一问题，北京高校以"数据资源""数据资产"双定位来看待数据的价值，以"一数一源"为目标，建立统一标准和数据模型，打通不同应用系统间的"信息孤岛""数据孤岛"，促进信息共享，优化业务管理，提升服务能力。

一是建立标准规范，优化完善 IT 治理结构。北京建筑大学基于国标、部标，建立人事、科研等 11 个业务数据域的校内数据标准，完成了共享数据编码规范标准 113 个，包括学校概况子集（单位号、学科点编号）、学生

---

① 吴建瓴、陈彬、龚家琦：《北京交大虚拟教研室：突破时空界限的教师之家》，http://news.bjtu.edu.cn/info/1011/41180.htm。
② 曹雨：《北工大"专创交叉融合研究虚拟教研室"入选首批国家级虚拟教研室建设试点》，https://news.bjut.edu.cn/info/1002/1161.htm。
③ 胡茜茹、黄璐璐、王强：《中国工程院院士赵沁平：虚拟现实"新基建"为教育开辟新境界》，http://www.jyb.cn/rmtzcg/xwy/wzxw/202108/t20210819_614171.html。

管理子集（学年、班号、学号）、教学管理子集（专业号、课程号、培养方案号）、教职工数据子集（教工号、高层次团队编号、聘用合同编号）、科研管理数据子集（项目编号、合同编号、著作编号、论文编号）、资产设备管理数据子集（土地编号、建筑物号、房间号、教室编号）、办公管理数据子集（公文编号）等。北京服装学院以从"管理职能"向"服务职能"转变为导向，逐步完善了《共享数据标准和数据中心建设规范》和《智慧校园信息标准编码方案》技术标准，明确了对信息系统的建设要求，实现从注重业务流程信息化到服务信息化的转变，从信息资源的"数字化"到"数据化"的转变，从"数字校园"到"智慧校园"的转变，将过去信息化建设主要由信息中心负责、服务分散的状况，改变为以用户为中心、业务部门为主导、全校统一实施的建设模式，实现应用系统从"系统集成"向"信息集成"的转变，完善了IT治理结构。

二是打通数据孤岛，面向师生提供一站式一体化服务。中国人民大学2020年提出，打造一门（统一门户）两端（移动端、云端）三空间（线上线下融合的学习空间、科研—财务—评价全过程贯通的科研服务空间、线上一站式服务空间），现已完成校园大数据平台和数据共享中心平台建设，实现了440类数据的标准管理。[1] 北京工商大学实现统一认证，建立统一认证平台、统一支付平台、流程管理平台、内容管理平台、数据交换服务平台、数据分析平台、云盘服务平台。打通数据孤岛，通过统一信息门户，建立网上办事大厅，通过工作流引擎建立师生网上办事大厅。北京联合大学统一数据平台，实现了教务、人事、学务、科研等应用系统数据与学校主数据间的共享和交换。同时数据资源中心积累了全校教学、科研等业务数据，师生基本信息和各类教学基础信息数据，一卡通系统流水数据。在此基础上开展了信息服务一体化工程，建设了注册中心、迎新协同平台、离校协同平台、教职工信息服务平台等一系列跨部门信息系统，为学校提供统一服务和协同管

---

① 中国人民大学信息技术中心：《2020 中国人民大学校园信息化十大来"信"》，https：// it. ruc. cn/xwdt/ea9fe720fc884cb2853b25982f161fc3. htm。

理环境。北京建筑大学以建设数据标准一个库、门户认证一个口、云端管理一体化、全校信息一张网、师生每人一个号、师生办事一张表为具体目标，以信息化项目建设为抓手推动规划实施，打破信息壁垒和"孤岛"，实现互联互通。

（四）丰富教学资源，持续提升平台教学服务能力

优质教育资源问题特别是数字化教学资源建设和管理的问题，是教育信息化中被高度关注的核心和基础性问题。[①] 北京高校积极参加北京市级和国家级精品课程建设，持续丰富完善校级精品课程，致力于打造具有学校特色、覆盖各门类和各专业的精品课程体系。北京高校充分借助中国大学慕课、学堂在线等国内大型中文慕课平台或自建符合校内学科专业、教师教学、学生学习特色的教学平台，融合社会教学资源和学校教学资源，为师生提供更加智能化、多样化、个性化的教育教学服务。

一是丰富教学资源，打造精品课程体系。首都师范大学着力打造精品课程体系。在抓好校级精品课程建设的基础上，积极培育北京市级、国家级精品课程，建立起以精品课程为示范的课程建设体系和良性发展机制。持续完善课程建设体系，即构建以国家级、北京市级精品视频课程为品牌，校级精品视频课程为主体，引进网络视频课程为辅助的优质网络课程资源体系。中国戏曲学院建成中国京剧教学与研究数字资源中心，包含了自 1949 年以来的中国京剧表演、音乐、影视作品等信息资源，建设了大量的高质量中国戏曲视频资源库、中国戏曲数字图片库和中国戏曲特色教育资源库，通过数字资源建设与应用，实现了信息技术与戏曲艺术教育教学的良好融合。

二是构建教学平台，提升教育教学能力。2018 年初首都师范大学在线教学平台"师星学堂"正式启用，标志着学校"四位一体"的在线教学平台体系形成：以"中国大学 MOOC"平台为引领，主推优质 MOOC 课程，服务社会；以"师星学堂"为核心，承载优质 SPOC 课程，推动混合式教学发展；以 BB 网络学堂为辅助，为教师提供个人教学空间；以数字资源云平

---

① 张景中：《关注基础性教育软件产业的成长》，《中国科技产业》2022 年第 7 期。

台为拓展，积累并精选各类特色教学录像。首都体育学院所有多媒体教室与体育场馆实现有线、无线网络覆盖，建有理论课程高清录播教室、运动技术课程的移动演播系统、精品资源共享课程平台、综合教务管理系统、汉语HSK网络考试与教学服务平台、继续教育学院网络教学平台等应用系统，引入"智慧树在线教育平台"和"尔雅网络学习平台"，实现信息化服务过程涵盖学校所有理论和运动技术课程与实践环节。北方工业大学是开展网络教学研发和应用比较早的高校之一，其多模式网络教学平台从2003年开发到现在已经成为非常重要的教学应用系统。平台包括课程通知、课件、作业、考试、自学向导等功能，通过大数据分析技术提供学业预警，有力地支撑了学校的课堂教学，提升了教学效果。

（五）发挥区位优势，积极服务国家创新战略

北京高校积极面向网络强国、数字中国、京津冀协同发展等国家重大战略需求，紧密围绕首都"全国政治中心、文化中心、国际交往中心、科技创新中心"功能定位和"三城一区"建设，积极参与国家信息化相关试点建设，有效服务国家创新战略，把首都科研、人才、创新等各方面区位优势转化为信息化驱动高等教育发展的优势。

一是"5G+智慧教育"应用试点。由工业和信息化部联合教育部共同牵头组织开展"5G+智慧教育"应用试点项目申报，全国累计征集到项目1244个，经自主申报、地方推荐和专家评审后，有109个项目进入公示名单，北京高等院校共有13个项目入围。其中"北京大学5G专网建设及智慧教学创新应用"拟将智慧校园、绿色校园、平安校园、人文校园、创新校园和健康校园等多方面应用延展至5G环境中，赋能学校精细化管理、个性化服务，共同打造"5G+智慧校园"应用示范网络，提升师生校园生活无处不在的获得感、幸福感、安全感，为学校"双一流"建设提供关键保障。[①] 首都师范大学

---

① 北京大学网络安全和信息化委员会办公室：《北京大学申报网信项目双双入选工信部、教育部试点项目名单》，http://ocac.pku.edu.cn/wxdt/xwdt/136128.htm。

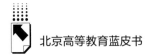

"'5G+智慧教育'应用促进教育高质量发展"项目将围绕"5G 融合'教学评研管'的智慧教育生态重构"主题，把 5G 技术精细化地应用于教育的核心环节，以教育领域的重点问题解决作为评判硬件投入的标准，推动智慧教育整体化升级，提升 5G 在教育信息化领域中的应用水平，助力教育高质量发展。①

二是 IPv6 技术创新和融合应用试点。中央网信办等 12 部门印发《关于开展 IPv6 技术创新和融合应用试点工作的通知》，联合组织开展 IPv6 技术创新和融合应用试点工作，探索 IPv6 全链条、全业务、全场景部署和创新应用，整体提升 IPv6 规模部署和应用水平。最终确定了 96 个试点项目，其中北京大学、清华大学、中国人民公安大学等三所北京高等院校入围。北京大学基于三网融合的 IPv6 智慧校园应用示范项目，立足教育新基建，由计算中心牵头实施，通过深化 IPv6，建设 5G 教育专网，助力实现信息网络新型基础设施，推动"数智校园"新型基础设施的创新与融合。项目建成后将全面提升 IPv6 在校园网的覆盖率和使用率，多层次、多角度实现校内用户流量从 IPv4 向 IPv6 的全面过渡，从而实现基于 IPv6+5G 的 2B+2C 专网与校园网无缝融合。该项目将创新和丰富一批 IPv6+5G 基于教育行业的典型应用，形成 IPv6+5G 智慧校园典型示范案例。此外，项目还能够促进 CARSI 联邦认证服务和 IPv6 的深度融合，强化 IPv6 安全防护体系的建设，提升 IPv6 网络安全的综合防护能力。②

三是国家区块链创新应用试点。2022 年初，中央网信办官网发布《中央网信办等十六部门联合公布国家区块链创新应用试点名单》，共有 164 个特色领域国家区块链创新应用试点名单入围，"区块链+教育"领域共有 14 家高校，其中北京大学、北京邮电大学、清华大学、北京师范大学、北京工业大学、国家开放大学等 6 所北京高校入围。国家开放大学基于前期学分银

---

① 春玲:《我校入选工信部、教育部"5G+智慧教育"应用试点项目》，https://news. cnu. edu. cn/xysx/jdxw/26634ed73dc84c38bae5dd0b2efdd065. htm。

② 《中央网信办等 12 部门联合印发 IPv6 技术创新和融合应用试点名单》，http://www. cac. gov. cn/2022-03/23/c_ 1649643811275374. htm。

行已有的区块链研究和实践基础，聚焦教育用户身份认证、数字教育档案存证与追踪、敏感信息流通控制与隐私保护等教育领域中的关键需求，实现了区块链技术在终身学习档案、学历认证、学分互认以及考核评价等方面的应用。基于该项国家试点，国家开放大学将进一步努力为国家"区块链+教育"贡献力量，形成可复制、可推广的区块链在教育领域中创新应用的典型案例和做法经验，让区块链在学分银行方面的实践应用得到更好更快的发展。[①] 北京工业大学作为唯一入选的北京地方高校，将按照"示范引领、应用为王、服务至上、安全运行"的工作要求和思路一体化推进各项试点工作，包括：搭建"自主可控、跨链互通"的区块链底层平台；探索区块链技术在可信存证生成、内部控制管理以及物联互联互通三个应用场景的落地方案，包括电子成绩单可信存证、教师多维评教存证、电子合同管理、知识产权保护以及一卡通互联互通等师生应用面广、数据安全防护要求高的应用服务；联合相关企业共建区块链实验室，积极推动区块链技术标准制定、专业方向建设以及人才培养等方面的工作。[②]

（六）营造良好氛围，全面提升教师信息素养

教师作为教学的引导者和社会教育的中坚力量，对于提高学生的信息技能、缩小整个社会的素养鸿沟起着关键作用。[③] 高校教师是培养智慧化人才、提高教育现代化水平的关键，提升与发展高校教师信息素养是加快教学信息化进程的要求。[④] 北京高校紧紧抓住教师信息素养这一"牛鼻子"，通过引导鼓励教师参加各类信息化教学技能比赛、展示教育信息化应用能力成

---

① 《国家开放大学获批国家"区块链+教育"领域特色创新应用试点》，https://www.163.com/dy/article/GSVF9SHG0516QHFP.html。

② 北京工业大学信息化处网络与信息技术中心：《我校入选国家区块链创新应用试点名单》，https://www.aisoutu.com/a/2091307。

③ 石映辉、韦怡彤、杨浩：《教师数字鸿沟的发展与弥合——基于从信息鸿沟到素养鸿沟的视角》，《现代教育技术》2018年第3期。

④ 于杨、赫明侠：《新信息技术环境下高校教师信息素养的内涵要素及其提升路径》，《情报科学》2021年第12期。

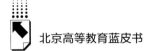

果、开展信息化环境下的教学研讨等多种方式，营造开展信息技术应用教育教学的良好氛围，全面持续提升教师信息素养，推动教育信息化真正服务教学、赋能教学。

第一，以赛促教、以赛促研，营造比学赶超的良好氛围。为深入学习贯彻习近平总书记关于教育的重要论述，落实立德树人根本任务，推动信息技术与教育教学融合创新发展，引导高校教师潜心教书育人，打造高校教学改革的风向标，2021~2022 年北京市教育委员会举办第二届北京高校教师教学创新大赛。大赛最终评出一等奖 20 个、二等奖 26 个、三等奖 32 个、优秀奖 85 个。北京各高校以此次大赛为契机，充分利用信息技术教学工具，创新教育理念，探索教学方法，优化教学模式，提升教学治理和教研水平，推进学校教育教学改革。其中，北京信息科技大学经管学院徐颖团队探索"价值塑造"与"学—用—研—赛—创"多元融合的智慧教学模式，建立智慧教学生态体系，设计"知识获取—知识内化—知识建构—知识迁移"智慧教学环节，创新依次递进、螺旋前进的智慧教学策略，对普通学生进行规模化培养，对拔尖学生进行个性化指导，取得了较为突出的育人育才效果。计算机学院周淑一团队秉持"以学生为中心，以能力产出、思维产出为导向"的教学理念，通过"重塑教学内容、创建育人体系、更新教学环境、混合教学形态"的"四驱动"措施，推动《C 语言程序设计》与"专业教育、创新实践、特色育人、信息技术"紧密联合的"四联合"目标实现，打造的"用以致学，能德兼进——面向非计算机专业信息类通识课创新教学"模式，在课程领域起到了很好的示范作用。①

第二，鼓励将信息技术融入日常培训教学，提升教师开展信息化教学能力水平。北京工业大学举办面向校内在职教师信息技术应用能力提升培训，开展多期"建构 21 世纪新型课堂"主题培训，共培训校内教师超过 400人，使教师们了解技术影响下教学模式与教学方法的改变与创新，促进教师

---

① 白菁、甄真：《学校在第二届北京高校教师教学创新大赛中喜获佳绩》，https：//www.bistu.edu.cn/yw/202206/t20220606_ 379160.html。

们使用教育技术手段优化教学，有效提高了本校教师们的信息技术应用水平。此外北京工业大学为了使新入职教师能够快速掌握信息技术教学手段，每年针对新入职教师开展多媒体课件制作和教育在线应用方法培训。北京财贸职业学院将教育信息化评价结果纳入各部门绩效考核范围，定期开展教育信息化应用能力成果展示活动。为提升教职工个人信息化素养，学院实行在全员教育信息化分级达标考核中，成绩不及格的教职工年度考核不合格的措施。北京交通职业技术学院加强师资队伍的建设，注重教师专业化水平、教学实践能力和信息技术应用能力的综合发展，鼓励教师探索新型的教与学模式，创新课堂教学模式，通过信息技术手段提高教学水平，培养教师利用各种信息技术手段进行教学资源开发。每学期通过公开课、观摩课、示范课等形式，组织教师对信息化环境下的教学模式与教学策略的选择、教学设计、教学资源的集成与整合等方面进行研讨，在评优课等活动中提出明确要求，评比优秀课件，促使教师自觉钻研、学习，在不断实践中提高信息素养。

三　创新发展

（一）高等教育数字化进程深入推进

2022年教育部决定全面实施教育数字化战略行动，高等教育数字化战略不是一般的策略问题，而是影响甚至决定高等教育高质量发展的重大问题，是实现高等教育学习革命、质量革命和高质量发展的战略选择和创新路径。[①] 北京高等院校将牢牢把握数字化发展趋势，坚持统筹协调、需求牵引、应用驱动、创新引领等原则，充分发挥北京教育高地、科技高地、人才高地优势，推动高等教育数字化赋能教育高质量发展，推动高等教育真正适应普及化阶段质量多样化、学习终身化、培养个性化、治理现代化需求。

---

① 吴岩：《扎实推进高等教育数字化战略行动》，《中国教育报》2022年6月6日。

（二）数字新型基础设施建设持续发力

北京高校带头响应国家政策要求，发挥自身优势，深入推进 IPv6 等新一代网络技术的规模部署和应用的技术创新、示范引领。推进物联网、区块链等技术在教育场景中广泛应用，提升教学设施、科研设施、生活设施、安防设施的数字化和智能化水平，建设绿色、高效、平安的现代化校园。发挥5G 优势，建设智慧校园、5G 教育专网，实现 5G 网络、边缘计算、传统有线网络和无线网络的全方位、多层次、宽领域融合，满足学校教研、科研、教学、治理、服务等智慧服务和创新应用需求。

（三）引领支撑教学科研实践创新发展

在新的历史方位下，运用高校信息化手段转变日常教学的方式，借助新兴技术实现多元互动融合，实现对优质教育资源的信息采集与信息存储，形成高精度、低成本、内涵化的评价体系。在5G 网络、云计算、人工智能等新技术环境下，信息技术赋能高等教育信息化，特别是对高等教育目标、高等教育内容、高等教育学习方式产生深远影响。[1] 后疫情时代，混合式课程模式、微型证书以及优质在线学习则是《2021 地平线报告》中新提出的关键技术与实践。[2] 虚拟现实与高等教育教学深度融合，构建多学科、多专业虚拟仿真教学实验资源库，打造虚拟与现实相互贯通的交互式虚拟仿真融合平台，为数字化实验提供新思路、新方法，推动数字化教学和科研升维，推动高等教育信息化多维度、全方位、立体化发展。

（四）信息化治理能力水平提档升级

建立数据的生产、存储、应用、归档、销毁的全生命周期管理规则，以

---

[1] 王梓名：《"智能化+5G" 时代高等教育信息化的发展路径研究》，《理论观察》2021 年第4 期。

[2] 朱天翔：《后疫情时代全球高等教育信息化的新趋势与关键新技术分析——〈2021 地平线报告（教与学版）〉解读》，《中国教育信息化》2022 年第 2 期。

数据资源配置为核心，打通数据流转过程的痛点和堵点，实现数据资源在各部门、各流程的充分共享和自由流转，充分发挥数据资源价值，推动数据资源向数据资产转变。以服务为宗旨，以问题为导向，打造线上线下双向融合，面向移动应用场景，探索常态化疫情防控下网络育人新举措，充分满足师生教学、教研、科研、学习、行政、后勤、生活等日常需求，有效支撑领导决策，实现"利用信息技术转变管理理念、创新管理方式、提高管理效率、支持教育决策、管理和服务、推进教育治理现代化的进程"。

Abstract

In 2021, Beijing's higher education has maintained the overall trend of steady development, continued to optimize its structural benefits and deepened its connotation construction in the face of changes in the complex external environment. Beijing's higher education adheres to the principle of excellence, comprehensively implements the fundamental task of building moralityeducation and cultivating students, and has made remarkable achievements in the classified development of colleges and universities, the adjustment of spatial layout, the creation of high-quality and cutting-edge disciplines, the breaking of the "Five Only" evaluation inclination, and the stability of employment. Facing the "Fourteenth Five Year Plan" period, Beijing's higher education should adhere to the principle of deepening reform based on the first good standard, take improving the governance system and governance capacity as the main guarantee, take digital empowerment and expanding opening up as the important support, seize new opportunities in serving the national strategy, and firmly follow the path of connotation development, differentiation development and characteristic development.

Postgraduate, undergraduate and higher vocational education are parts of Beijing's higher education. In 2021, Beijing will consolidate its advantages as a highland of national graduate education, systematically improve its ability to cultivate high-level students, and serve the strategic positioning of the capital as a "four centers" city. Under the background of "double first-class" construction, it needs to continue to make efforts in key areas and key links such as discipline construction, professional degree development, quality of academic theses, and construction of tutor team. · Based on Xi Jinping Thought on Socialism with

Chinese Characteristics for a New Era, Beijing undergraduate education continue to deepen the reform with the first good standard, and accelerate the construction of a high-quality education system, as well as comprehensively improve the modernization level of undergraduate education. Achievements have been made in the cultivation of top-notch innovative talents, the construction of "four new" majors, innovation and entrepreneurship education, student learning achievements, etc. In the future, Beijing undergraduate education will further innovate the students' training mechanism and deepen the reform of education and teaching. Aims to the "four centers" city positioning, Beijing's higher vocational education strengthens top-level design, deepens connotation construction. Through systematically combing important reform implements, analyzing various indicator data, the problems obtains the matching between majors and industries, positioning in the new development pattern, and the construction of modern vocational education system. The policy and suggestions were put forward such as optimizing majors, reforming evaluation, strengthening education reform projects, and promoting system construction. The quality of higher education in Beijing has been continuously improved and its role in serving economic and social development has been enhanced.

This Report conducts policy research on the themes of "double first-class" construction, innovation and entrepreneurship education, and international exchanges under the epidemic situation. The first round of "double first-class" construction in Beijing has taken important construction measures in six aspects, including the joint construction of colleges and universities, first-class disciplines, high and sophisticated disciplines, teachers, innovative talent training and performance evaluation system, and achieved positive results in seven aspects, including first-class discipline construction, funding, teachers, talent training, scientific research output, social services and international exchanges and cooperation. The reform and development of innovation and entrepreneurship education in Beijing's colleges and universities have shown four changes: firstly, the concept of talent cultivation develops from entrepreneurship and employment to innovation and entrepreneurship; Secondly, the curriculum construction develops from Innovation and entrepreneurship courses to professional courses that embedded with innovation and entrepreneurship. Thirdly, the faculty construction has developed from "Double-qualified" teacher construction to specialization and integration. Fourth, on innovation and entrepreneurship training, it develops from single fight to institutional cooperation. Based on the summary of excellent practice cases, of specialization and innovation integration, three future trends of innovation and entrepreneurship education are proposed from the microscopic perspective of curriculum construction: (1) the teaching concept of integrating ideological and political education, innovation and entrepreneurship education, and industry awareness; (2) project-based learning and practice based on real situations; (3) value-added assessment of innovation and entrepreneurship focusing on the learning process. In the "post epidemic" era, the environment faced by the development of international cooperation and exchange among universities has undergone profound changes. At the same time, new opportunities are ushered in relying on the urban internationalization and national development strategy. Based on the analysis of the text of the Fourteenth Five Year Plan for Beijing's universities, the basic characteristics of the development of international cooperation and exchange among Beijing's universities include expanding cooperation space, "quantity and quality", etc. The main measures are to tap resources, explore models, etc. The development strategy is to coordinate development and security, establish the values of fair and inclusive development.

The internal governance of colleges and universities, the cultivation of top innovative talents, student satisfaction and educationinformatization are the research focuses of the development of Beijing's higher education in recent years. The modernization of the governance system and governance capacity of grass-roots academic organizations is the key to the reform of university governance. The reform of the academic department system integrates colleges and departments with similar disciplinary nature, builds a platform for interdisciplinary cooperation, and provides organizational guarantee for the intersection and integration of disciplines. Take Tsinghua University as an example, a case study on the cultivation of top-notch innovative talents was carried out, which systematically sort out the practical exploration of the school in the cultivation mode of top-notch innovative talents in basic disciplines, deeply analyze the development context and training measures of organizational models such as "individualized teaching project", "basic science class", "Tsinghua School Talent Training Plan", and "strong foundation academy", and explore the achievements and thoughts in the cultivation process. In the survey of student satisfaction in Beijing's colleges and universities, 652 graduate students, 1148 undergraduate students and 375 vocational students were surveyed in 2021. Employment, postgraduate study, and undergraduate study are respectively postgraduate, undergraduate, vocational college students' main plans after their graduation. Few students plan to start their own businesses. Postgraduates study in China are their first choice and "no regretting" one. They have a good relationship with their tutors, and some feel "academic misconduct" and "labor in projects". Undergraduate students have a high expectation of going to college, but there is too little communication between teachers and students after class, and there is a gap between their majors and expectations. Higher vocational students believe that there are many "teachers who are conscientious", but "higher vocational education is not the first choice", "I don't like the school I am studying in" and there is a gap between "my major and expectation". In terms of informatization construction, Beijing universities give full play to their advantages in location, resources, scientific research and other aspects, deeply implement the National Education Digital Strategy Action and the Beijing Smart City Development Action Plan, strengthen the overall planning of education informatization, innovate the education model, break the data island, improve the teaching service ability, serve the national innovation strategy, and comprehensively improve teachers' information literacy.

Keywords: Higher Education; Educational Reform and Development; First Good Standard; Beijing

Contents

I General Report

Abstract：In 2021，higher education in Beijing has withstood the impact of complex external environmental changes such as the COVID－19，maintained the overall trend of steady development，continued to optimize the structural benefits，and deepened the connotation construction. Beijing's higher education adheres to the principle of excellence，fully implements the fundamental task of establishing morality education and cultivating students，attaches great importance to the construction of the teaching staff，perseveres in the reform of education and teaching，deeply promotes the integration of industry and education，and has made remarkable achievements in the classified development of colleges and universities，the adjustment of spatial layout，the creation of high-quality and cutting-edge disciplines，the breaking of the "Five Only"，and the stability of employment. The comprehensive support ability of higher education for the development of the capital in the new era continues to improve, The Beijing characteristics of the reform and development of higher education are more evident. In the new historical period, Beijing's higher education is facing a severe test from the new goals, new requirements and more complex internal and external development environment to achieve higher level education modernization. How to vigorously improve the overall strength of municipal colleges and universities under the overall situation of high-quality development, to solve the problem of insufficient space in the in-depth promotion of the coordinated development pattern of Beijing, Tianjin and Hebei, to promote the rebirth of higher vocational education under the background of the national vocational undergraduate pilot program, to make real use of talents staffs while vigorously importing high-level staffs, and promote the opening up of higher education while doing a good job in the prevention and control of normal epidemics, these are the new challenges that the reform and development of Beijing's higher education must face. Based on the new starting point of the centennial history of the Party and facing the "Fourteenth Five Year Plan", Beijing's higher education should adhere to deepening the reform with the first good standard, take improving the governance system and improving the governance ability as the main guarantee, take digital empowerment and expanding openness as the important support, seize new opportunities in serving the national strategy, and firmly follow the path of connotation development, differentiation development and characteristic development.

Keywords: Higher Education; Educational Reform; Beijing

II Sub Reports

Abstract: Beijing is the national graduate education highland and doctoral education center. In 2021, the number of graduate students in Beijing has greatly exceeded 400000, including nearly 120000 doctoral students in school. Among the doctoral students in Beijing, the proportion of science, industry, agriculture and medicine doctoral students is about 73% ; Among the master students in the school, the proportion of professional degree master students is close to 57%. Beijing implemented the spirit of the National Graduate Education Conference, held a Graduate education conference, issued a programmatic document for the reform and development of graduate education, and systematically promoted the high-quality development of graduate education. Beijing graduate training units pay attention to value orientation and discipline system construction, and comprehensively improve the ability to cultivate high-level talents. Facing the new situation and new tasks, Beijing should give full play to the advantages of "double first-class" construction of universities and high-level scientific research institutions, and accelerate the construction of a global graduate education highland.

Keywords: Graduate Education; Educational Reform; Beijing

B.3　Report on the Reform and Development of Beijing

Undergraduate Education in 2021

Wang Huaiyu, Wang Ming / 055

Abstract: on the first year of 14th five-year plan, the development of Beijing undergraduate education based on Xi Jinping Thought on Socialism with Chinese Characteristics for a New Era, and the spirit of relevant conferences of the Central Committee of the Communist Party of China, the State Council and Beijing are deeply studied, planning the reform and development of undergraduate education as a whole. Taking morality and students cultivation as the fundamental task, Beijing undergraduate education continue to deepen the reform with the first good standard, and accelerate the construction of a high-quality education system, as well as comprehensively improve the modernization level of undergraduate education. Beijing's undergraduate education have the courage to explore and innovate, and continue to work hard to write a new chapter in the reform and development of undergraduate education from the aspects of implementing the fundamental task of establishing morality and cultivating students, innovating the students training mechanism, deepening the reform of education and teaching, strengthening the construction of teaching resources, and improving the guarantee of teaching quality.

Keywords: Undergraduate Education; Higher Education Reform; High-quality Development; Higher Education Modernization

B. 4 Report on the Reform and Development of Higher Vocational Education in Beijing in 2021

Zhao Xinliang, Ji Xiaohui / 074

Abstract: The National Vocational Education Reform Implementation Plan proposes that vocational education and general education are two different types of education with equal importance; In recent years, Beijing vocational education has closely focused on the positioning of "four centers", strengthened top-level design, deepened connotation construction, and introduced a number of important reform measures, which have played an important role in improving the quality of Beijing's higher vocational development and serving Beijing's economic and social development. In order to comprehensively review the high-quality development process of Beijing's higher vocational education and summarize the typical experience of development, this study will systematically sort out the important reforms of high-quality development of Beijing's higher vocational education in recent years, focusing on the analysis of various indicator data of Beijing's higher vocational education development in 2021. Based on this, this study will deeply analyze the problems and challenges faced by the current development of Beijing's higher vocational education, and try to put forward

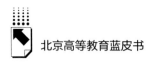
policy recommendations to further promote the high-quality development of Beijing's higher vocational education.

Keywords: Beijing; Higher Vocational Colleges; High-quality; Educational Reform

Ⅲ   Special Reports

B.5   Research on the Current Situation of the Construction
of "Double First-class" Universities in Beijing

Ji Xiaohui / 095

Abstract: Summing up the current situation of the first round of "double first-class" universities construction in Beijing is of great practical significance for the smooth promotion of the second round of "double first-class" construction. This paper first sorts out the main policies issued by Beijing in the fields of "double first-class" universities, advanced disciplines and first-class professional construction; Secondly, based on the selection criteria and the availability of relevant data for the first round of "double first-class" universities, the construction effect of Beijing's "double first-class" universities is systematically analyzed from seven aspects, including first-class disciplines, funds input, teaching staff, personnel training, scientific research output, social services and international exchanges and cooperation; Finally, it summarizes the main measures taken by Beijing from six aspects, including the joint construction of colleges and universities, first-class disciplines, sophisticated disciplines, teaching staff, innovator training and performance evaluation. Beijing's "double first-class" universities have achieved remarkable results in the first round of construction cycle, and the discipline development and overall level of municipal universities have been improved.

Keywords: Beijing; "Double First-Class" University; University Construction

B . 6   Research on the Reform and Development of Innovation

and Entrepreneurship Education in Beijing

Universities

Yang Nan , Zhang Lian and Wang Huaiyu / 112

Abstract: Innovation and entrepreneurship education is a profound change of talent cultivation paradigm in higher education and provides talent support for national innovation-driven development strategy. Beijing universities present four changes in the reform and development of innovation and entrepreneurship education. Firstly, the concept of talent cultivation develops from entrepreneurship and employment to innovation and entrepreneurship. Secondly, the curriculum construction develops from Innovation and entrepreneurship courses to professional courses that embedded with innovation and entrepreneurship. Thirdly, the faculty construction has developed from "Double-qualified" teacher construction to specialization and integration. Fourth, on innovation and entrepreneurship training, it develops from single fight to institutional cooperation. As the 2. 0 of innovation and entrepreneurship education, the integration of specialization and creation is in the initial period. Through the research of some colleges and universities in Beijing and the summary of excellent practice cases of specialization and innovation integration, three future trends of innovation and entrepreneurship education are proposed from the microscopic perspective of curriculum construction: (1) the teaching concept of integrating ideological and political education, innovation and entrepreneurship education, and industry awareness; (2) project-based learning and practice based on real situations; (3) value-added assessment of innovation and entrepreneurship focusing on the learning process.

Keywords: Innovation and Entrepreneurship Education; Integration of Specialty and Innovation; Undergraduate Education; Innovative and Entrepreneurial Competences

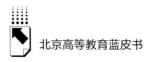
　　Abstract: Profound changes have taken place in the international and domestic environment of the internationalization of higher education in the "Post-epidemic" era. With the new development strategy of our country and the international development strategy of Beijing City, the internationalization of universities in Beijing has met new opportunities. In this context, how to implement the internationalization strategy? This study followed the Qualitative Research Paradigm, specifically using the method of content analysis, using the text of the 14th five-year plan as a source of data, based on the text analysis of the 14th five-year plan of Beijing Universities, this paper describes the basic characteristics of the internationalization of Beijing Universities in the post-epidemic era, combs the main measures of the internationalization of Beijing Universities, puts forward the problems faced by the internationalization of Beijing Universities, and discusses the strategies for the future internationalization of Beijing Universities.

　　Keywords: Internationalization of Universities; Internationalization of Cities; 14th Five-year Plan of Universities; Internationalization of Regional Higher Education

Ⅳ　Hot Topics Reports

　　Abstract: Modernizing faculty governance structures and capacities is a crucial component of university governance reform. The reform of faculty system integrates departments of related disciplines, re-integrates university departments based on disciplinary clusters and disciplinary categories, and builds an interdisciplinary cooperation platform, which provides organizational guarantee for disciplinary crossover and integration, all against the backdrop of policy promoting disciplinary crossover and integration. Beijing University of Technology is dedicated to the physical and institutionalized reform of faculty system, upgrading the disciplinary level of traditional faculties, coordinating and integrating resources, integrating the benefits of disciplinary groups, and fostering disciplinary crossover and integration, all the while lowering the management center of gravity to improve the effectiveness and efficiency of internal university governance. The governance of the faculty system, however, involves interlaced power networks. It takes ongoing attention to balance the power struggles across various subjects, types, and levels, as well as to encourage the departments within faculty system to evolve from a simple patchwork to a high fit.

Keywords: University Governance; Reform of Faculty System; Interdisciplinary

B. 9 Exploration and Reflection on the Cultivation of Top-notch Innovative Talents in Basic Disciplines

—*A Case Study based on Tsinghua University*

Zhu Huixin / 161

Abstract: China has continuously improved the overall layout of the top-notch innovative talents cultivating in basic disciplines since the launch of the "Top-Notch Students Training Program", and the pilot universities have achieved positive results in the project practice. Taking Tsinghua University as a case, this paper summarizes its practical exploration in the mode of training top-notch innovative talents in basic disciplines, and thoroughly analyzes the development context and cultivation measures of organizational models such as "Innovative Talent Cultivation Program", "Basic Science Class", "Tsinghua Xuetang Talents Program" and "Strengthening Basic Disciplines Program

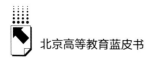
College", as well as the achievements and reflections sparked. This paper aims to promote more universities and education management departments to jointly explore the cultivation of top-notch innovative talents in basic disciplines.

Keywords: Top-Notch Students Training Program; Tsinghua Xuetang Talents Program; Strengthening Basic Disciplines Program College; the Integration of General Education and Professional Education

B.10　A Survey on the Satisfaction of College Students in Beijing

Wang Ming, Wang Mingyang / 178

Abstract: In 2021, the survey included 652 graduate students, 1148 undergraduates from 9 universities and 375 vocational students from 3 higher vocational colleges. The results show that the three types of students are most satisfied with "campus security", and the pressure comes from "employment prospects". Employment, postgraduate study, and undergraduate study are respectively postgraduate, undergraduate, vocational college students' main plans after their graduation. Few students plan to start their own businesses. Postgraduates study in China are their first choice and "no regretting" one. They have a good relationship with their tutors, and some feel "academic misconduct" and "labor in projects". Undergraduate students have a high expectation of going to college, but there is too little communication between teachers and students after class, and there is a gap between their majors and expectations. Higher vocational students believe that there are many "teachers who are conscientious", but "higher vocational education is not the first choice", "I don't like the school I am studying in" and there is a gap between "my major and expectation".

Keywords: Satisfaction Survey; Beijing University Students; Campus Security; Employment; Ability and Quality Improvement

Abstract: Higher Education informatization is the basic essence and significant feature of the moderation of higher education and a high-quality higher education system. Focusing on the in-depth implementation of the National Education Digitization Strategy Action and Beijing Smart City Development Action Plan, universities in Beijing have carried out a series of education informatization exploration under the new situation and challenges, by taking full advantage of their strengths in location, resources and scientific research. This paper provides an in-depth overview on the practices in education informationalization of some universities in Beijing since the 13th Five-Year Plan. It summarizes typical practices in terms of six aspects: strengthening the overall planning of education informatization, innovating the education model, breaking the data island, improving the teaching service ability, serving the national innovation strategy, and comprehensively improving teachers' information literacy. It makes a judgment on the future development trend of Higher Education informatization in Beijing from four aspects: in-depth promotion of digitization process, the continuous development of new digital infrastructure, leading and supporting innovation and development of teaching and research practice, and the upgrading of informatization governance ability.

Keywords: Higher Education; Informatization; Information Technology; Beijing

社会科学文献出版社

皮 书

智库成果出版与传播平台

✦ 皮书定义 ✦

皮书是对中国与世界发展状况和热点问题进行年度监测，以专业的角度、专家的视野和实证研究方法，针对某一领域或区域现状与发展态势展开分析和预测，具备前沿性、原创性、实证性、连续性、时效性等特点的公开出版物，由一系列权威研究报告组成。

✦ 皮书作者 ✦

皮书系列报告作者以国内外一流研究机构、知名高校等重点智库的研究人员为主，多为相关领域一流专家学者，他们的观点代表了当下学界对中国与世界的现实和未来最高水平的解读与分析。截至2022年底，皮书研创机构逾千家，报告作者累计超过10万人。

✦ 皮书荣誉 ✦

皮书作为中国社会科学院基础理论研究与应用对策研究融合发展的代表性成果，不仅是哲学社会科学工作者服务中国特色社会主义现代化建设的重要成果，更是助力中国特色新型智库建设、构建中国特色哲学社会科学"三大体系"的重要平台。皮书系列先后被列入"十二五""十三五""十四五"时期国家重点出版物出版专项规划项目；2013~2023年，重点皮书列入中国社会科学院国家哲学社会科学创新工程项目。

权威报告·连续出版·独家资源

皮书数据库
ANNUAL REPORT(YEARBOOK)
DATABASE

分析解读当下中国发展变迁的高端智库平台

所获荣誉

- 2020年，入选全国新闻出版深度融合发展创新案例
- 2019年，入选国家新闻出版署数字出版精品遴选推荐计划
- 2016年，入选"十三五"国家重点电子出版物出版规划骨干工程
- 2013年，荣获"中国出版政府奖·网络出版物奖"提名奖
- 连续多年荣获中国数字出版博览会"数字出版·优秀品牌"奖

皮书数据库

"社科数托邦"
微信公众号

成为用户

　　登录网址www.pishu.com.cn访问皮书数据库网站或下载皮书数据库APP，通过手机号码验证或邮箱验证即可成为皮书数据库用户。

用户福利

- 已注册用户购书后可免费获赠100元皮书数据库充值卡。刮开充值卡涂层获取充值密码，登录并进入"会员中心"—"在线充值"—"充值卡充值"，充值成功即可购买和查看数据库内容。
- 用户福利最终解释权归社会科学文献出版社所有。

数据库服务热线：400-008-6695
数据库服务QQ：2475522410
数据库服务邮箱：database@ssap.cn
图书销售热线：010-59367070/7028
图书服务QQ：1265056568
图书服务邮箱：duzhe@ssap.cn

社会科学文献出版社 皮书系列
SOCIAL SCIENCES ACADEMIC PRESS (CHINA)

卡号：369351141626
密码：

基本子库
SUB DATABASE

中国社会发展数据库（下设 12 个专题子库）

紧扣人口、政治、外交、法律、教育、医疗卫生、资源环境等 12 个社会发展领域的前沿和热点，全面整合专业著作、智库报告、学术资讯、调研数据等类型资源，帮助用户追踪中国社会发展动态、研究社会发展战略与政策、了解社会热点问题、分析社会发展趋势。

中国经济发展数据库（下设 12 专题子库）

内容涵盖宏观经济、产业经济、工业经济、农业经济、财政金融、房地产经济、城市经济、商业贸易等 12 个重点经济领域，为把握经济运行态势、洞察经济发展规律、研判经济发展趋势、进行经济调控决策提供参考和依据。

中国行业发展数据库（下设 17 个专题子库）

以中国国民经济行业分类为依据，覆盖金融业、旅游业、交通运输业、能源矿产业、制造业等 100 多个行业，跟踪分析国民经济相关行业市场运行状况和政策导向，汇集行业发展前沿资讯，为投资、从业及各种经济决策提供理论支撑和实践指导。

中国区域发展数据库（下设 4 个专题子库）

对中国特定区域内的经济、社会、文化等领域现状与发展情况进行深度分析和预测，涉及省级行政区、城市群、城市、农村等不同维度，研究层级至县及县以下行政区，为学者研究地方经济社会宏观态势、经验模式、发展案例提供支撑，为地方政府决策提供参考。

中国文化传媒数据库（下设 18 个专题子库）

内容覆盖文化产业、新闻传播、电影娱乐、文学艺术、群众文化、图书情报等 18 个重点研究领域，聚焦文化传媒领域发展前沿、热点话题、行业实践，服务用户的教学科研、文化投资、企业规划等需要。

世界经济与国际关系数据库（下设 6 个专题子库）

整合世界经济、国际政治、世界文化与科技、全球性问题、国际组织与国际法、区域研究 6 大领域研究成果，对世界经济形势、国际形势进行连续性深度分析，对年度热点问题进行专题解读，为研判全球发展趋势提供事实和数据支持。

法律声明

"皮书系列"（含蓝皮书、绿皮书、黄皮书）之品牌由社会科学文献出版社最早使用并持续至今，现已被中国图书行业所熟知。"皮书系列"的相关商标已在国家商标管理部门商标局注册，包括但不限于LOGO（ ）、皮书、Pishu、经济蓝皮书、社会蓝皮书等。"皮书系列"图书的注册商标专用权及封面设计、版式设计的著作权均为社会科学文献出版社所有。未经社会科学文献出版社书面授权许可，任何使用与"皮书系列"图书注册商标、封面设计、版式设计相同或者近似的文字、图形或其组合的行为均系侵权行为。

经作者授权，本书的专有出版权及信息网络传播权等为社会科学文献出版社享有。未经社会科学文献出版社书面授权许可，任何就本书内容的复制、发行或以数字形式进行网络传播的行为均系侵权行为。

社会科学文献出版社将通过法律途径追究上述侵权行为的法律责任，维护自身合法权益。

欢迎社会各界人士对侵犯社会科学文献出版社上述权利的侵权行为进行举报。电话：010-59367121，电子邮箱：fawubu@ssap.cn。

社会科学文献出版社